触点

高黏性高转化的用户运营秘籍

安妮·M. 许勒尔（Anne M. Schüller） 著
李琪 译

TOUCH.POINT. SIEG.

Kommunikation in Zeiten der digitalen Transformation

中国人民大学出版社
· 北京 ·

目录

01 展望数字化未来

从前，一切都是那么简单。那个时候，大家的交流方式相当普通——不论是无拘无束的闲聊还是罗曼蒂克的约会，也不管是激烈地论辩或无谓地争执。然后，我们渐渐开始借助数字化的平行世界彼此问候、相互交谈。而今，线上的人际关系似乎已经顺理成章地融入了我们的离线交流之中。人们呼朋引伴，透过显示屏一起高谈阔论；又或者，通过视频会议与世界另一端的商业伙伴展开长谈。对话就这样演变成三维形式。这种情况如今又往前更进一步，而这一步，是划时代的。

通过这一步，我们迈入了交流沟通的新纪元。我们与名叫 Siri、Cortana 或是 Alexa 的位元和字节说话。这些数字助手只要稍加训练，就能理智、礼貌并且很温顺地为我们解答种种问题。我们与机器人的对话也早就开始了。数字化的设备不仅为我们提供信息，还在给我们下达着命令。如今，运动腕带和应用软件在监督、鞭策、提醒我们，而从前，是内疚和心虚感在进行这项工作。

算法在倾听我们，它们能理解我们的意图，并且能够从中整理出大数据，为我们提供——它们所认为的——能让我们满意的东西。和我们交谈的并不只有和蔼可亲的邻居或是喜怒无常的上司，使用说明书、陈列柜甚至路上开过去的汽车都能够和我们聊天。机器与手机对话，传感器则与所有配备了传感器的东西交流。这样一来，一块白铁皮可以自发地向下一台空出来的机床解释说明自己应该被打造成什么样。而在加工的过程中，它还可以和其他铁皮侃一侃大山。

这意味着什么？这意味着数字化变革以疯狂的速度席卷而来，给交流沟通换上了一副崭新的面孔。这场变革的具体形式是一张遍布全球的网络，网络中有数以亿计的智能化仪器、机械和物体，它们通过传感器和应用软件彼此沟通，与人类以及人类环境进行通讯。

这个“物联网”将彻底改变我们的生活方式和工作方法。一切可以数字化的东西都将被数字化（卡莉·菲奥莉娜语）。一切可以自动化的东西都将被自动化。而一切能被联网的东西，都将互联互通。这将怎样发生？这不会是一个和缓的直线式过程，而将是飞跃性的、破坏式的过程。破坏式？人们对这一概念的理解是：对传统商务模式和传统价值链的突然毁灭——它与进化的概念以及持续性转变正好相反。因为真正的新事物并不是通过更新现有事物而产生，它产生于对混乱的整合排序。

数字化能力不过是一个必备品

从新千年伊始就一直与我们相伴的社交媒体及其网络效应蹑手蹑脚地悄然而至（见图 1－1）。然而，它带给我们的是一场范式转移，权利从企业、组织和机构转移到了个人身上。这意味着什么？如今，客户通过线上闲谈来决定是否再次光顾商家。员工则在网上投票，以此决定哪个企业能赢得最优秀的人才。

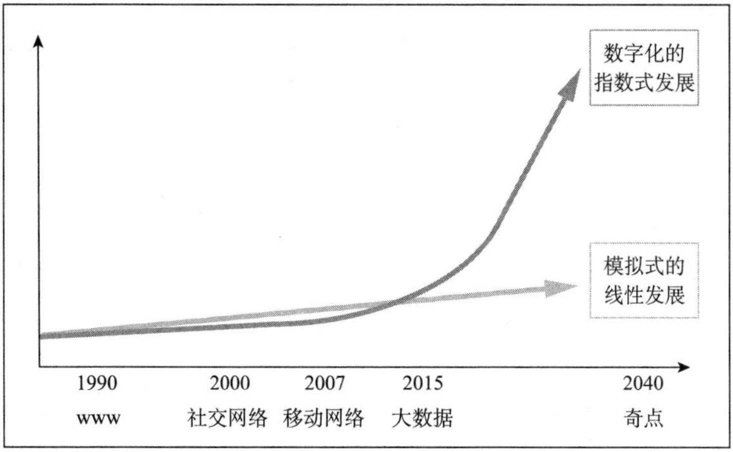

图 1－1　数字发展和模拟发展的时间进程

然而，在大多数供应商还远远没能预见到这一后果，很多管理者也完全没能顿悟时，变革的第二阶段已然启动。时代在从线性发展向指数式发展过渡，卷入其中的我们被裹挟向前。数字进化（拉尔夫·T. 克罗策/卡尔·海因茨·兰特）的出击是不遗余力的，它有如海浪一般滚滚向前，让人无法逃避、无力抗争。而这一次处于领先的并不是那些速度快且无所顾忌的人，而是很好地适应了数字化的人。各行各业都将或多或少地牵涉其中。经济界的预言家们说，企业最多还有五年时间，届时做不到全盘数字化的人，就将沦落到墓地。

数字化将毫无例外地涉及所有企业领域，它很快就会成为顾客期望中不可或缺的东西。这意味着，它顶多只能获得顾客满意度，因为它是必备项目。然而这就和跳舞是一个道理：真正的乐趣只会来自自由发挥动作，也就是对客户需求的感受能力、全心全意和热情。顾客只有在其体验来到欣喜区域才会掏钱。奉行技术至上论的企业也潜藏着隐患，很容易让一切都围绕着系统、流程、数据以及分析、演示和测量打转，而忽视客户关系中人性化的一面。

> 没有人情味的我们只是机器。我们需要的是人性化的信息技术。

然而，没有人情味的我们只是机器。为了让顾客向欣喜区域挺进，人情味正是我们所需要的东西，它表现为感情、感性和实用性。它对着冰冷的技术展现出一张欢快的脸。它能赢得顾客的尊重、认同，也会获得他们的忠诚和推荐，从而也将赢得新的客户。这些方方面面就是本书将要探讨的重点。急不可待的读者可以马上翻到第一部分。但接下来我们需要打下一个基础，而这就无法再绕过数字化这一主题。

数字化的时钟在滴答作响，明天很快就会到来

如果基础因素不对头，就根本不需要着手研究欣喜因素，因为它们将无法收到应有效果。恰恰相反，态度极其友好但却一问三不

知，可能会让顾客怒火中烧。因此，基础必须先行。从现在开始这就叫作：专业化应对数字化需求。时间也所剩无几，因为数字化的时钟在滴答不停。它的秒针并非以惯常的节奏行进，而是打过兴奋剂一般越转越快。行动迟缓的供应商将无法继续存活。他们中的很多人已然开始“心律不齐”，有的甚至马上就要“心肌梗死”。而那些对“所谓的数字化”大摇其头的人，则肯定会离我们而去。用数字化武装自身，并且为之创造一个适合的法律环境，这是一个绕不过去的必然任务。

我们不必过分担心，实体的东西并不会消失，甚至还会得到增强，因为我们并不是由位元与字节构成的，而是由原子与神经细胞构成的。活跃于世界范围的未来学家格尔德·莱昂哈德说：“数字化变革永远不会取代人际关系。”来自数字世界的很多东西一开始曾带给我们振奋和鼓舞，如今却变成再平常不过的东西，它们自然而然地就淡出了人们的视线。我们的生活质量得到了令人欣喜的提高，与此同时，我们还可以根据心情和兴趣将线上与线下两重天在现实中混配起来。

线上与线下在互融共生。其宗旨并不是“非此即彼”，而是“兼容并蓄”。虽然会有一部分经销商倒闭，但实体经销商并不会垮台。在线支付系统不会把银行营业厅完全排挤出局，Airbnb 不会让所有旅店关门大吉，Uber 也不会把所有出租车都从大街上赶走。然而，那些没能及时把自己惯有的线下领域与线上世界结合起来的商家，可能就无法顺利抵达未来。还有那些把模拟世界视为仇敌而大肆驱逐的商家也将难以存活。因为真正的敌人潜伏在各个角落。

真正的敌人在用数字化武装自己

戴姆勒股份有限公司首席执行官迪特·蔡澈 2015 年说出了他职业生涯中可能最为危险的一句话："毕竟发明汽车的是我们嘛。"这句话是他针对当时苹果公司有意进军汽车业务的传闻而做出的回应。当许多像戴姆勒这样的企业还把重点放在传统竞争上的时候，在行业之外，一批企业仿佛从平地里冒出来似的开始起步，轻装简从地迈向未来，因为它们知道：一个机构越笨重，它的赶超行动就会越迟缓。于是我们看到，发明网店的不是实体经销商，发明网上支付的不是银行，发明 iTunes 的也不是音乐产业，传统的钟表产业突然间也要把手机供应商当作主要对手而展开竞争。

每一个企业都有被数字化击倒的危险，"我们这个星期要攻破哪个行业呢?"这就是数字游击军团向全世界发出的战斗呐喊。没有谁的处境是安全的，银行也好，保险公司也罢，贸易商自然也一样，还有能源供应商、汽车制造商、物流公司、教育和卫生部门，而数字化的兄弟姐妹们就更不用说了。互联互通的初创企业打造者和勇气十足的年轻企业家所提出的创意在飞快地改变着世界。面对他们敏捷自如的行动，过度膨胀的老派官僚们却还抱着避险心态，他们的专家组啰唆迟缓、决策过程慢条斯理，这样的他们将毫无胜算。因此，未来的重大革新不会来自老牌市场参与者，而是会出自行动迅捷的创业者圈子。

创造性毁灭是宏观经济学家约瑟夫·熊彼特在 1942 年就已经向世界展示过的一番景象，它正在魔术般推动着年轻的创业者们不断向前。它首先必须是颠覆性的。这一概念是由哈佛大学教授克莱顿·M. 克里斯坦森于 1997 年在他《创新者的窘境》一书中提出来的。于是大批数字土著蹲守在显示屏面前，充满希望地敲击着键盘。他们的击打速度快得令人难以置信，所产生的创新不是只对传统产品和技术加以发展完善，而是要能够对传统进行彻底的挤压。他们应对网络媒体时游刃有余，对作为数字世界基石的位元和字节也了如指掌，这就是他们最重要的资本。他们不恭不敬、无畏无惧，狂妄肆意得无人可挡。他们咄咄逼人，渴求成功，对胜利也信心满满。他们把自己称为“游戏规则改变者”“增长黑客”“网络斗士”，或者自称为“Disruptor”（破坏者）——与之押韵的是“Raptor”一词，就是《侏罗纪公园》里那些极具攻击性的猛兽。

当旧式经济还在费时费力地进行着规划、无休无止地争论着预算问题的时候，年轻的创业者一代直接起跑出发。穿 T 恤衫和运动鞋当然要比穿西装和手工皮鞋更轻便，因为跑动的时候，需要双脚不断地腾起，需要大步向前，在这个过程中速度最为重要。“完成比完美要更好”，Facebook 创始人马克·扎克伯格如是说。喜欢安全稳妥的人，就会选择按部就班的模式：在这里来一点 PS，那里加一些设计元素，在这边再添一点新特色，然后就把这玩意儿廉价地推上市场，想要给对手一点颜色看看。他们在产品方面的做法也完全相同：增加一点内容，扩大一下包装，把瓶身做得更便于握在手里，把商标弄得更缤纷艳丽，推出特价活动，清仓大甩卖！“线性”意味着：推出更多同样的东西，于是错误的东西也保持不变。相反，破坏性则代表着跨越针对不安全因素的防火墙。

数字化的速度比我们想象的更快

所有的新事物都在以前所未有的速度发生、发展着，这绝非错觉。数字化过程的行进速度从来不会像电脑上往前移动的进度条那样一目了然。想要停止进程？这绝不可能。它属于一场指数式的发展，人们一开始完全没能意识到发生了什么。如我们所知，生物的世代发展进行得相当缓慢，这样就能让每一代适应各不相同的新环境。而一切技术方面的改进却与之相反，已有的技术改进加速了下一场技术改进的到来。一旦有某项技术能被用来改善人类的生活，或者能把人类从苦难中解放出来，它就会被立即投入使用。仅仅由于能带来进化优势这一个原因，我们使用新技术的速度就已经快得令人难以置信了。

人类和机器从此不仅仅共生共栖，还将彼此结合。

一直以来，机器从我们手中接过的都是肮脏或者是危险的任务，一些枯燥单调和相对简单的任务它们也会替我们完成。然而现在的电脑拥有了智慧，它们通过学习来自我完善。而这一发展的结果会是什么？作为数字世界单位的位元，将与原子、神经和基因这些物质世界中的基石逐渐结合在一起。人类和机器从此不仅仅是共生共栖，还将彼此结合。如果按照摩尔定律来看（它本来不过就是一个拳头法则），集成度每隔半年到两年就会增加一倍。因此在接下来的数十年里，我们会看到技术的飞跃将把我们一直以来所经历的一切统统甩在后面。那些只在科幻电影里见过，从未想过能发生的事情将会成为现实。它们不会等到 100 年后才来临，而是 10 年或者 20 年就会成真。

备受争议的未来学家、超人类主义者、谷歌工程总监雷蒙德·库茨维尔预言：技术奇点将于 2045 年出现。还有一些观点则把这一日期定在 2039 年。到那时，机器将借助人工智能把技术进程加速，使得人类的未来再也无法被预测出来。天真的乐观主义并不合时宜，但是末世预言也不会马上应验。因为按照现代科学家史蒂芬·平克在他的代表作《我们天性中的美好一面》中提出的看法，人类在千年以来变得越来越平和。而在史前时代，每两个人中就有一人死于非自然原因。因此对未来怀抱希望是很现实的，我们完全有理由更加相信彼此的善意。无论如何，“不以人为本、没有社会责任感的技术至上是一大危害”，这就是数字化倡导者、Competence Site 运营者温弗里德·菲尔斯的观点。

为了清楚地描述出这个正在迎接我们的变化有多大规模，库茨维尔引用了棋盘和米粒的典故。据说，这一“皇家”游戏的发明人希望他的奖品是在每一个棋格子中都放下比上一格多一倍的米粒，也就是 1 粒、2 粒、4 粒、8 粒，如此递增。按照这个说法，我们现在已经抵达了棋盘的下半段。而到达第 64 格时，就是游戏结束的时候了。

不管怎样，我们现在身处数字化的大冒险之中。今天，谁也无法声称自己并不清楚这个状况。因为网络为我们提供了这个世界的所有知识，它让我们几乎无所不知。数字化预言家们也及时到位，他们测量了数字化的震波。Apple、Google、Facebook 以及 Amazon 这些数字巨头轰轰烈烈地接踵而来——近年来它们也被称为 A. G. F. A.，即“网络四巨头”。

为什么传统企业速度过慢

“Too big to fail”，意即“大到不会失败”，这句话早就不适用了。恰恰相反，那些死守着非数字化的“恐龙状态”的人或企业都受到了市场的惩罚，墓碑上刻着的可都是一度如雷贯耳的鼎鼎大名。Agafa 这家摄像产品制造商也是其中之一。要怎么做才能避免沦落到被淘汰企业的墓地中去呢？想要快速前进，就必须打造出快艇。数字能手们早就意识到了这一点。因此，创业公司经常是以现有企业的技术漏洞为基础建立起来的。一些明智的企业请来厉害的专家对自己展开针对性的攻击，以发现自己的弱点。这样的试验被称为“kill the company”。还有一些企业以高昂的价格从创业公司那里买断适合的解决方案，有时会将整个公司一起买下来，以减少一个竞争者。还有一些企业则有针对性地建立起小型部门，目的在于让它们能远离等级体制和官僚主义，从而推动创新项目的高速前进。这样的“沙盘团队”或者说“创新实验室”是变革的衍生地，也是颠覆式创新的孵化器。而有远见的企业则很有目的性地把它们的管理者送到全球变革热点周围的数字精英身边。大概只有这样才能让有如油轮一般重载的集团组织在创新力量方面得到加强。

为什么传统企业大多不能迅速地超越自我？它们不是早就沿着技术的进程重新调整了方向吗？当有新事物产生的时候，旧事物让路是不可避免的。老企业首先看到的是自己会失去什么，而新生企业不会陷入这种进退两难的局面。它们没有什么可以失去的，没有公司配车，没有头等包厢，也没有领导地位。它们没有需要保卫的职权范围，行囊中也没有老旧无用的东西需要事先清空。它们更不会有任何“从前的一切都比现在好”的怀念感伤。不管未来给它们带来什么，它们都只会赢、不会输。

现任的管理者们却必须离开他们的舒适区。因为旧模板是无法套用到新时代的。可是，虽然外面的一切都在变，但在企业内部，人们却还在拿上个世纪早期的惯用做法以及老旧仪式浪费宝贵的时间。权力争夺、自上而下的等级体制、部门保护主义以及上令下行风气都阻碍了必需的进步。用以往的工具是无法在将来做好工作的。被自己的体制束手束脚的企业，不会输在市场上，但却会败于自己的机制。

特别危险的是那些按照老套路拟定的商业计划和目标奖励机制。它们要求的不是最佳结果，而是在过度乐观的猜测游戏中想要实现定点着陆。那么，一名听话的管理人员会怎么做呢？他不会依循现实，而是遵从计划。这也太荒谬了吧！今日的企业在市场上遇到的永远都是暂时和变动，不安定是一种常态。此外，大的机遇多数都出现在计划之外。纳西姆·尼古拉斯·塔布勒所说的“黑天鹅”，也就是最没有可能的事件，眼下正潜伏在各个角落。对此，企业应该时刻备有前瞻性的随机应变脚本，要有灵活的目标以及应对不同未来的可选项。因为“黑天鹅”不会等到人们预测的那天才出现，“白天鹅”就更不可能了。

为什么新兴企业能够如此迅捷

传统的企业是封闭的体系，每个人都把自己的知识囤积起来。相反，新兴企业则已经明白：如果一个人把所有的东西都只留给自己，他将是非常贫穷的；而如果与大家共享，那么他就会相当富有。新兴企业对所有人和事都抱着开放的态度，它们开诚布公，在市场上大声响亮地进行着交流，它们运用集体的智慧，心怀感激地融合一切有用的创意，不管来自何方。它们对传统的模式展开革命式的而非渐进式的攻击。

在做这一切的时候，它们的速度之迅捷令人难以置信。它们尝试所有的可能性，从不计较失败。“下一次我们会犯一个更好的错误”，它们轻松开朗。“Start many，try cheap，fail early”，谷歌对这条定律的诠释是：启动大量的项目，借助较少的资源在市场中检验它们，迅速发现并排除失败。工业生产中的失误可能导致毁灭，而数字产业中的错误却被当作教材而备受称颂。

> 传统的管理者不是叛逆者，充其量只是改进者。

旧经济时代的大型企业在这样的环境中到底有没有机会？正如克莱顿·M. 克里斯坦森认为的那样，这些企业统统被自己的成功束缚住了。如果要颠覆它们的业务模式，首先就会失去季度性的盈利。他们是听命于交易规则以及股东意愿的人，更愿意采用小步的改良措施，这里整一整容，那里做一点效率小革新，却不会先破坏性地摧毁然后再重建。传统的管理者不是叛逆者，他们充其量只是改进者。其后果就是没有创意、没有勇气，并且做事犹豫不决。

然而，大家别无选择，每一个企业家都不得不面对数字化变革对自身所处行业和自身业务所产生的影响。今天，B2B 领域的购买流程和 B2C 领域的购买流程都同样是以数字形式进行的。不用多久，销售团队将彻底消失，一切信息都能在网上找到，人人可以便捷地查询，交易也会更加透明。那时谁还愿意在自家的客厅里听推销员喋喋不休呢？纯粹的折扣销售策略再也派不上用场了，因为互联网在“价格低廉”方面做得更好。

“借助物联网，所有产品迟早都会数字化。而在目前，处于中心地位的不再是实体产品，而是企业能围绕产品提供什么样的服务”，不来梅大学企业管理学教授海克·西莫特如是解释道。而未来研究专家思文·嘉博·扬茨基补充道：一直以来，那些拥有最佳基础设施，比如最佳生产车间、物流仓储或者销售网点等的企业，在自身所处行业中更具战略实力；在将来，处在优势地位的将是那些价格优惠且与顾客可以灵活沟通的企业。在这一过程中，扮演重要角色的将是“知情的第三方”，也就是凭自己的经验说话的顾客以及提供此类信息的论坛。

忠于客户需求在将来是必不可少的。

这意味着什么？当传统的管理者首先考虑的是竞争、季度目标和费用时，新兴的网络供应商早就明白了：一切都是围绕着顾客（以及他们的数据）打转的。他们称之为“忠于客户需求”。他们所运用的是新的组织模式以及颠覆性的服务流程。

然而，在此过程中似乎产生了文化问题。在新世界以及新工业化国家里，人们觉得一切新事物都非常有吸引力，而旧世界里的人热衷的却是那些经受过考验的事物。老思维对所有新事物都抱着怀疑的态度。尤其是在德国，在我们这个抱怨连天的国度里，如果牵涉到对新条件的适应，大家首先看到的不是机遇，而是风险。受保护的不是新事物，而是受到官僚主义、繁冗的法案、墨守成规的司法保护起来的旧的东西。也许在数百年之后，考古学家们会疑惑地问：为什么偏偏是德国再次成为了发展中国家呢。以上这些就正是原因所在。过度的调控所摧毁的恰恰是能产生出责任感的自由。所以，自由，同时还有谨慎和信任，大概是不久的将来所需要的最重要的价值观。

从万维网到物联网

大自然最开始是通过生物化学来进行沟通的，蚂蚁的行进、蜜蜂的舞蹈以及想要交配的雄性与雌性之间的求爱都是有力的证明。社交性质的咕噜声，比如嗯、啊、哦，曾陪伴着早先的人类，而这些音节至今仍然是普遍存在的。为了克服远距离的不便，热带草原上的人们用烟雾来发信号，山区的人们通过约德尔式吟唱利用回音传信，而在丛林里人们则是通过敲击树根来通讯。语言是后期开发品。语言的出现和兴盛也不过才十万年。有了语言后，人们开始在篝火边讲述故事。这些故事深深影响并保存了部族的文化。这些文化的遗产则以洞穴中、墓室里以及教堂墙壁上的图画形式留存至今。

这就是曾经的网络 0.0 时代，也就是没有网络的时代。然后蒂姆来了。蒂姆·伯纳斯·李于 1990 年前后在欧洲核子研究组织（CERN，该组织在日内瓦运行着一台巨型的粒子加速器）研发出万维网的基础。从此以后，全世界基本能够实时地进行相互交流（见图 1-2）。

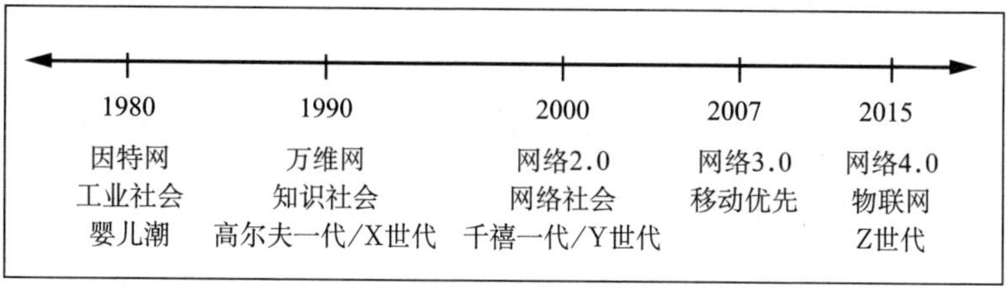

图 1-2　自 1980 年以来交流形式的变化

网络 1.0：万维网

网络 1.0 是属于企业的。它完全存在于常规企业交流的传统之中："我是供应商，你是购买者！我说，你好好听着！决定事情怎么发展的人是我，不是你！"市场被广告淹没，这是一种独白式的交流。它尖锐、急迫、幼稚而虚伪。不管愿不愿意，人们都被强迫性地透视了个干净。他们刚刚把自己的地址交给一个供应商，马上就会收到四面八方的邮件。企业宣传部门孜孜不倦地对着全世界大唱赞歌，想要塑造自身的良好形象，而每一桩投诉都只不过是企业既定运营过程中让其不快的干扰因素。"好好购买我们为你们想出来的东西嘛，然后别来烦我们"，这就是自我陶醉的供应商们传递出来的信息。

"我才不会让顾客来告诉我该怎么经营我的店铺"，有一位企业家当初曾对我说过这么一句话。我很为他担心，而我的担忧也不无道理。骄傲自负的管理者以及高校精英都像从前的大主教一般守护着自己的知识，并将之神秘化。在那个时代，从所谓的经济方法中产生出了股东价值以及其他臆想出来的"神奇工具"。不符合常识的数学模式、不讲道德的贪婪欲念以及"华尔街之狼"给我们带来了2008年金融海啸。企业的职工不是“工作人员”，而是完成指令、标准和规范的“苦力”。企业还聘用主管人员来监督手下员工按照计划全力冲刺。员工们就像重症监护室里的病人那样被测量仪器牵制住了；也像是穿着衣服的猴子，手拿饼干努力干活。这一原则被称为“指挥与控制”（Command & Control）。它大概是飞跃未来之路上最大的一双绊脚铁鞋。因为它让企业“集体犯傻”，管理思想家冈特·杜尔克在他的《集体犯傻》一书中如此写道。领导力专家莱因哈德·K. 斯布林格补充道：“聪明的人在愚蠢的机构里是不会有机会的。”

自上而下不仅仅只是内部的事情。单向式的信息在向四面八方蔓延。“当蛋糕开口的时候，饼干渣子就要闭上嘴”曾是一句至理名言。所谓品牌盯梢，也就是那些不请自来地骚扰着、伏击着并跟踪着我们的广告，无疑已经不适合如今的时代。而今的我们对各种形式的广告都有了免疫力，我们不再看，不再听。我们可以关掉电视或者换台。数据安全性的匮乏、对消费者的欺骗以及企业丑闻摧毁了我们最后残留的些许信任。我们不再相信精致宣传册里华丽的宣传语，不再相信销售团队的高歌或者收音机里的广告音乐。我们觉得这是对自己的打搅和骚扰，我们不会再让自己上当受骗。强制性销售和无穷无尽的广告都不再受欢迎。统统滚蛋吧！这些东西太浪费我们的宝贵时间。

尽管如此，广告策划人仍然认为：必须对人们喋喋不休，以便让广告能在尽可能多的脑袋中落地生根。这真是一派胡言！数量很多并不一定就能带来很多帮助。粗制滥造的东西不会因为数量多而变得更好，反而只会更糟。而大量的造假行为引发的后果有时则会是毁灭性的。如果供应商们最终能够明白这个道理该多好，那么，目前仍然随处可见的嘈杂、愚蠢的传统广告很快就会消失不见了。我们当然还会继续喜爱广告，但只喜欢那些对顾客展示出爱与关怀的广告。沟通意味着让人着迷，而不是骚扰大家。

网络 2.0：社交网络

套用软件产品版本的编号方式，网络 2.0 就是新一代的因特网。从 2000 年开始，社交网络已经在没有企业协助的情况下实现了用户彼此之间意见的广泛交换，以及畅通无阻的信息流通。这一切都非常迅速，并且还很活跃、复杂、混乱。从这样一片混沌之中，新的事物在不断地产生和发展。独创、坦率、迅捷、合作以及平等，都是决定性的参数。人类的一切知识统统地对所有人开放。现在，顾客们掌握着价格的完全透明度，他们能得到市场上供应的商品的所有信息。

因此，网络 2.0 宣告了一个划时代民主化进程的来临。权力中心从企业移向了顾客。而很有典型意义的是，这个听上去像是技术至上的概念又被相当利落地扔到了一旁。今天我们谈论的是社交网络。它不仅提供了新型的基础设施，还发动了一场深深触动了经济世界的价值观变迁。从现在开始，适用的方针不再是自上而下、自内而外，而是由外而内、从下到上。今天，产品的研究开发会通过消费者的帮助来实现，品牌则会借助顾客来营销。顾客和员工们一起成了新一代的企业顾问。

以前，人们只能借助高成本的市场调查，从挑选出来的测试者那里搞到反馈信息；现在，满世界都是非常有启发性的反馈意见。

然而，很多企业只把社交网络看作一个能为它们痛快地大量灌输信息的宣传渠道，而非视为互动的机会。因为社交网络不是电动挤奶机，而是免费的心律仪、捕梦网，是信誉制造机、凝聚力催化剂，是数字化魔法师，是精良的客户热情优化器，同时也是一个服务工具。

社交网络中常见的“点赞”和“分享”理念，不仅实现了新的商业模式，还让企业内部的沟通合作发生了决定性的改变。现在，寻找成功要诀的人们越来越多地跨越了部门界限。在不断扩张的创业公司里，第一批正能量管家（Feelgood-Manager）开始大展拳脚。

网络 3.0：移动网络

2004 年，诺基亚在移动电话的世界市场上尚且掌握着将近 40％的份额，就在那年，时任 CEO 约玛·奥利拉犯了一个后果严重的错误，他在一次新闻发布会上表示“借助手机的移动互联网是没有市场的”。当史蒂夫·乔布斯在 2007 年宣布了他对全新 iPhone 的销售目标时，一位诺基亚的管理人员说：“1 000 万部手机根本算不了什么，我们两个星期就能卖出这个数。”2014 年年初，诺基亚手机部门那可怜兮兮的残部被卖给了微软，接着就关门大吉。

带着颇具美感的外壳，拥有可以指触操作的显示屏、移动的网络接口以及与之相连的应用程序商店，智能手机宣告网络 3.0 时代来临。这个发明把市场和人连接成了一套生态系统，开启了一系列颠覆运动。

目前，智能手机作为控制中心在我们的数字生活中发挥着作用。现在的我们平均每天会掏出手机 214 次，会在它身上花费 90 分钟。然而不停查看和总是念念不忘也非常让人厌烦。而总是要去充电就麻烦了。十年之后的我们肯定会觉得：拿手机抵着耳朵走来走去真是一件挺傻的事情。物品在逐渐地非实体化。智能手机首先担负起了如下功能：唱片、书籍、照片、票据、钥匙、钱、闹钟、记事本、名片、身份证等。同样，这个设备自身大概很快也会以另一种形式现身。

但在那之前，智能手机就是在线与离线之间的纽带。在人生的一半时间里我们都带着它来来去去。它可以作为看门人自主自发地向我们预警很多东西：不公平或者过于高昂的价格、我们不喜欢的商家、我们忌口的食品、剥削者以及环境破坏者。在紧急情况下它还能救命。不过，最主要的是，它让我们的日常生活变得更轻松了——这包括工作和私人生活两个方面。我们的这些移动小伙伴从虚拟空间的深处取出数字化的信息，实时传送到显示屏上。当人们漫步在某个地区时，会有相关的推荐信息传来，告诉人们哪里有合自己口味的餐馆，附近的朋友们会发来消息介绍周边的风景名胜。我们的智能小伙伴神乎其技地向我们透露：在哪里有我们最喜欢的品牌正在打折，在哪里有代金券可以下载，从而将我们从街头引导到店铺中去。而当我们打量店中陈列的商品时，我们的数字助手已经开始查验该店的口碑、供应商的环保立场，当然还会比较价格。

总而言之，来自网络的移动式信息逐渐成为人们在购买、使用以及生活中做决定时的基础。从供应商的角度来看，可以通过本土化、个性化以及实时化研发出崭新的营销理念。这样，原来的大众式传播将会变为一对一交流。当人们可以随时随地查询需要的信息时，商家就不能再继续操控大众。只要在搜索引擎上查询，今天的每一个人都可以借助电子助手按照各自的意愿得到个人化的报纸、个人化的电视节目以及个性化的查询结果名单。从今以后，人们在访问网页的时候也可以获得完全个人化的观点。

这一切在今天已经发展到了什么样的程度，我在去年过生日的时候就领教过了。那天，在我的电脑上出现了一幅谷歌涂鸦（搜索栏上方的图画），上面画了蜡烛和蛋糕，当我用鼠标扫过图画时，涂鸦会说：安妮，衷心祝福您生日快乐。虽然我知道正和我说话的不过是算法而已，因为谷歌截获了我的数据，但是这仍然让我相当高兴。

网络 4.0：物联网

互联网一步一步地占领了每个角落以及日常生活中的一切电子设备。用来监视、控制并调度机械、产品以及各种物体的传感器如今正在飞速发展。在网络 4.0 中，一切物体都变成既是发送器，同时又是接收器，万事万物彼此连接起来。

网络 2.0 把人们连接到了一起；到了网络 3.0 时期，移动化和建立在数字化基础上的购买过程是重点所在；而网络 4.0 涉及的则是所有企业领域的彻底数字化：开发、生产、运输、就业、销售理念、客户服务、服务流程。总而言之，我们可以将之称为彻底数字化的业务。未来的一切都将更加智慧、更加互联，也就是更加智能化地彼此连接。

在一家智能化餐馆中的情形大概会是这样的：餐桌对智能手机说：“我已在恭候大驾，您预订的时间是 19 点。一切都还好吗?”智能手机对餐桌说：“是的，这一次我绕了小路，主干道正在堵车。

我大约会迟到 10 分钟。”汽车对红绿灯说：“请为我亮出绿灯。”片刻之后，餐桌对手机说：“我注意到，您将在两分钟之后抵达本店。还是和往常一样喝白啤酒吗？我先通知一声酒水龙头。顺便跟您说一句，您血液中的酒精含量已经有 0.2 了。另外，我建议您用一份杂拌沙拉。您的维生素值都快见底了。”手机对汽车说：“多谢，您还是那么细心周到。”餐桌又对汽车说：“请停在 3 号停车位，这是专为您预留的位置。”汽车对餐桌说：“好极了，我将倒入车位。对了，请给蓄电池充满电。谢谢。”白啤酒通知侍者乔凡尼和大门：“我已经准备就绪。”大门里的全息影像说道：“又见到您了，许勒尔女士，欢迎大驾光临。我们给您留了您最喜欢的位置，乔凡尼和白啤酒已经在恭候您了。愿您在本店度过一个愉快的夜晚。”我一定会过得愉快的，因为接待我的是这位英俊得不得了的乔凡尼，而不是一个机器人侍应。更何况，大厨将为我变出诱人的大餐。他已经和我的手机进行了一番沟通，了解过哪些东西既能迎合我的味蕾，同时又能让我的健康值回升。

网络应用的每一个进化阶段都深刻地改变了消费行为（见图 1-3）。变革的推动力是各个时代的工艺技术，它使新的交流形式成为可能。数字化变革不仅要让技术水平得到不断攀升，更应该不断追求更高的道德水平。

在这一过程中，信任也许是最重要的价值观。在因为时间不够或者是知识匮乏而无法看透一件事情的时候，信任就是最好的凝聚力。而当我们想在全球性的网络市场中从陌生人手里购买东西的时候，办法就只有一个：给予信任。信任是通向未知世界的桥梁，是

	网络 1.0	网络 2.0	网络 3.0	网络 4.0
兴起年代	1990	2000	2007	2015
技术基础	万维网	社交网络	移动终端	物联网
营销方式	以网络为基础的自上而下营销	社交媒体营销	移动营销	人机营销
目标	信息	合作	灵活性	网络化
关键词	自上而下的、自说自话	点赞、分享、评论	一切、始终、随时随地、即时	智能、交联、颠覆
谁与谁	B2B，B2C B2B2C	P2P（点对点）	M2W（手机对网络）	M2M（机器对机器）
物	占有事物	分享事物	自己塑造事物	与物交联
交流方式	一对多	人人对人人	一对一	万事对万物
经济结构	关注式经济	知悉与分享式经济	认同式经济	联网式经济
价值云	增长状态/权威的指挥与控制	坦诚、透明、平等、参与	动态、变化、自治、近距离	信任、责任、独创、自由、专注

图 1-3　沟通 1.0 到 4.0 的不同层面

迈向皆大欢喜的希望。然而，信任是无法凭空产生的，在必要的时候它甚至会自行终止。而且，可信度必须在每次建立新关系时重新证明一番。它需要长时间来生长，却可以在短短几秒钟之内就被摧毁。

尤其是，当商家想要得到客户的数据时，就必须信任这些客户。在将来，名列前茅的企业将是那些证明了自己能够可靠地守护客户信息的企业。让顾客看到自己的数据动向对自己是透明的，并且受到了商家的尊重，这就是其中的两大要点。对此，要让客户随时随地都能够轻松地查看、修改或者删除自己的数据。由 Silverpop 委托、Forsa 进行的一项民意调查显示：71%的被调查者希望自己能够了解个人数据记录的情况，并且想要拥有修改的权限。然而，能为顾客提供这种服务的企业却只有 10%。

平台资本 vs. 工业 4.0

如今的创业者一代——尤其是在硅谷热点区的那一批——对平台的建设有着极大的热情。这大概是他们与中欧顶尖管理者的数字化变革战略的最大区别。在工业化历史的深刻影响下，德国企业主要是打着“工业 4.0”的标语在作业。而工业 4.0 所涉及的首先是制造工艺的信息化和机器人化。其结果就是智能化机器的产生。工业 4.0 代表的也就是生产中的数字化变迁。

与之相反，平台则将消费者和制造者连接在了一起，推动着销售模式以及交流沟通方式这两方面的数字化变革。它们的竞争优势并不在于复制产品，然后再以低廉的价格出售，而在于网络化的、不可复制的生态体系。

于是，数字化平台开发出了全新的商业模式。它们的力量来源于从需求方获取的数据。其例证就是：谷歌、Facebook、YouTube、Instagram、Pinterest、Twitter 和 WhatsApp，以及 Amazon 和 eBay 这一批商城，还有预订门户和应用程序商店。在这样的生态系统中，获利的有生产商、服务商和利基供应商，它们不必自己去建造基础设施，而是可以通过背负式技术利用现成的营销渠道开展业务。这样一来，不仅形成了新的、丰富多样的触点，即企业与客户之间的互动点，还产生出新形式的交流沟通和定制集成。

平台世界的运作方式

数字化平台市场从根本上有别于传统工业生产市场。后者最大限度地允许生产商自己选择销售渠道，或者建立自己的分销渠道。“在数字化平台市场上这是不可能的。一个平台一旦建成，那么就不可能绕过它。因此，通常就会形成寡头垄断的市场状况，对此贡献最大的是网络效应。群雄逐鹿中的胜利者强而有力，正如他们脚下强有力的权力地位”，托马斯·拉姆格在经济月刊《头号品牌》中如是写道。

为什么会这样？伴随着每一个新的参与者——不论是供应商还是顾客——加入，所有用户的使用量都会增加。一旦用户量达到了一个临界值，网络的价值就不再呈直线式增长，而是呈指数式增长。简单说来就是：是成功喂养出了成功。或者也可以说：赢家通吃。从 Facebook 的崛起可以清楚地看到，其他类似的网站是多么迅速地被排挤出局。然而和辉煌的成功相同，全盘的崩溃也同样可以来得非常迅速。只要有更具吸引力的网络建立起来，这甚至会发生在 Facebook 身上。因为哪里人多，大家就都喜欢往哪里跑；而没什么人的地方，也没人想涉足。经济学家称之为“自我增强式反馈”。

平台现在已经成为一切事物的标准了吗？这取决于从哪一个角度去看。对用户而言，平台为他们所能够想到的一切行动提供了免费的游戏场地——并且还是一个爆炸式的购物天堂：全天候营业、没有边界、价格透明。然而人们必须把个人信息交出去才得入其门。对于没有自有销售渠道的供应商来说，平台是一台潜在的销售机器。效益大奖最终却没有落在做出大量成绩的人们头上，而是属于平台运营者。因为运营者是决定合作规则的一方，他们也决定了差价。想要加入的人就不得不忍气吞声。

没有接入平台的小型网络销售商以及市场参与者只有在占据利基市场的情况下，才能在大型平台市场自说自话的文化中获得不错的机遇。占有地的划分，也就是用界桩区隔开来的区域，如今正在全球范围显现。把供应商和消费者连接起来的平台机制在很多行业拓展扩张。而不愿意被超级平台运营者玩弄于股掌之间的生产商们则需要一个与平台相似的生态体系。或者，至少需要一个能与顾客沟通联络的交流平台。关于这部分话题的内容我将在第三章中详细讨论。

平台及其网络效应：哪里人多，大家就都喜欢往哪里跑。

平台资本主义是非常危险的

要想避免市场集中化，平台市场就迫切地需要多样性。因为哪里存在半垄断，哪里就基本上没有其他的选择。而这种情况可能带来的危险就是全面控制和极权主义趋向。战略咨询顾问萨沙·洛博在《明镜周刊》网络版的一个犀利的专栏中提起过平台资本主义。他明确地说："其结果将是产生一个肆无忌惮的技术阶层，它摆出一副想要改良世界的姿态，然而它却极其危险。"

为什么会这样？在垄断性机制里，管理者常常觉得自己是不可侵犯的。或者可以说，他们屈从于对权力的迷醉。当然，权力本身无所谓好坏。问题在于，人们怎样去使用它。权力既有光明的一面，也有阴暗的一面。它让好的成就更好，让坏的变得更坏。好坏只有一线之隔，诱惑却是巨大的。人们守卫着自己的金饭碗，哪怕越过道德底线。因为权力和垄断正如金钱与欲望一样都能遮挡看向现实的视线，很可惜，经济圈里这样的例子是再多不过了。另外，男性的大脑尤其会受到以上这些因素的影响，因为在取得胜利的情况下，男性身体里会产生大量的睾丸素，而睾丸素能让人变得无情、愚蠢，甚至铤而走险。少一些同情心、少一些思前想后，这放在从前的确是明智又合理的，因为在战争中，男人们必须能够不讲条件地拼杀。而在今天，他们的脑筋却要用在更好的事情上。

即使是硅谷这个全世界最强大的谷地，也和数字经济界一样，整个被牢牢掌握在男性的手中。和每个地方一样，在那里有创业者和投资人在狂热地猎取着庞然大物。而这样的行动，必然是充斥着睾丸素的行动。不过，当这一激素被用在了错误的头脑中时，那就是灾难性的。当竞争、权力和战利品成了长远的主题时，那么变成一个“高 T 人”——也就是睾丸素水平很高的人——的危险性就会更大，甚至会摇身成为“黑暗三合会”中的一员，也就是心理变态、自恋狂和马基雅维利分子这“三合”。而可能引发的后果就是：盲目自满、虚荣心膨胀、自以为无所不能、不择手段、自私自利、毫无底线。

曾经有一个实验揭示出：当涉及权力的时候，局面将会发生极其迅速的变化；该实验被冠以“饼干测试”之名记录在了相关文献之中。实验是这样的：斯坦福大学社会心理学家黛博拉·哥伦恩菲尔德让学生每三人一组来讨论争议性话题。通过抽签方式从三人中选出一人来评判另外两人的意见。这个人于是就拥有了一点小小的权力。过了一会儿，有人给大家送上一碗饼干，这时，这些“得到委任”的学生就会第一个伸手去拿，大口咀嚼而不在意饼干渣掉落一桌。这些人是在不知不觉中彰显着自己的“权力优势”。

数字化将改变一切

毫无疑问，数字化在改变着全社会以及所有人的生活，还在改变着我们工作以及相互交流的方式。这样的改变是无可逆转的，人人都被卷入其中，并且是持久性的。然而这到底是好是坏呢?易怒的文化悲观论者在每一个进步面前都会先把他们认为的糟糕后果展示给我们看。当普罗米修斯违背上帝的意愿将火种带给人类时，肯定有大批的悲观主义者对火的危害性提出过警告。火的确能够激发出强大的能量，我们首先要做的是利用它所带来的好处。

从那之后，很多东西都被宣判为魔鬼的作品。藏书被销毁，天才被烧死在柴堆上。当铁路刚刚发明出来的时候，巴伐利亚高级医学院曾在一份评估报告中预测：火车快速地运行将毫无疑问地导致“乘客们罹患类似于狂躁症的大脑疾病”。曾经也有这样一代父母，他们认为猫王埃尔维斯的扭屁股舞步会毁掉青少年的道德观。没过几年，他们又认为，从利物浦流行开来的蘑菇头发型对他们前程似锦的孩子是一种致命的威胁。

一直以来，每一个与进步连在一起的价值观变迁都曾被斥责为价值观的堕落。因此，数字恐惧症患者不仅臆造出了数字痴呆症，他们甚至还非常好莱坞风格地预言了由机器导致的人类灭亡。与此同时，我们的大脑正在为未来做准备，因为未来急需新的技能。所以，编程知识能帮助人们依靠直觉在位元和字节的广阔天地里行动自如。

“到2030年时，没有C＋＋语言基础却能大有作为的情况就如同现在不懂英语却事业有成的情况一样少见”，记者克里斯托夫·基斯在《硅谷》一书中这样写道。飞扬的文采和诗歌词赋固然是很美妙的东西，然而在数字世界里重要的首先是速度。像“tl；dr”（too long，didn't read）、表情符号这类缩写代码就是典型的例子。于是现在的情况就是：语言和文字也随着人们的生活在起变化。比如，曾于1915年启用，却在1941年就被废除的聚特林字体，在当今的德国已经没有几个人能看明白了。

说到知识，如今的人们已不再需要把一切都装在脑子里了。人们必须更加善于飞快地把知识找出来。当我和我那三个年龄在25～29岁的侄子们聊天时，他们一碰到疑问就会反射性地去拿手机。当一切可以想到的信息都能够以片断形式在数秒之内被调出来使用时，负责背诵工作的脑神经就可以放心大胆地拆除了。赶紧把这个消息通知教育局吧！

“不使用则松懈”，这就是大脑的优化原则。众所周知，随着导航装置的使用，人们的方向感在呈下降趋势。当神经路径不再被使用的时候，就会很快被清除。从前当人类开始定居的时候，情况也正是一样的。用于在阴暗的森林中求生以及在祸福难料的狩猎中获得好运的技能慢慢地都萎缩到了可怜的地步。当时肯定有悲观主义的专业户警告过：所有人都会集体饿死。可是，我们仍然存活了下来。因为居有定所，文明才成为可能。“石器时代之所以结束，并非因为石头被人们用光了，”考古学家们这样阐述道，“而是因为人类采用了新的技术。”

取得胜利的将是善还是恶?

有一个问题肯定也是很重要的：我们面对的这个形势，会让世界变得更好还是更糟？技术本身也和权力一样，是无所谓好坏的。起决定作用的其实是它掌握在谁的手里，以及被用来干什么。一张“暗网”早就已经存在了，邪恶者在这里胡作非为。然而在世界上的其他地方，处于主流的是积极的事物。用户量最大的网络社区之一 Disqus 进行过一次调查，结果显示：在该平台上发表的言论中，只有大约 10%是负面的。为什么会这样？“在网络中表现得亲切友好是很明智的”，媒体理念专家诺伯特·波尔兹说道。因为网络能让被输入其中的东西得到加强，它们让人和企业的个性更加鲜明。

> 没有人想要和口碑差的人做生意，这样一来，邪恶终将得到遏制。

不管是网上商城还是实体市场，它们都意味着对大众开放。而共同的集体则制造出了社会性压力，这反过来又迫使大家公平做事。今天的人已经毫无机会紧闭大门、肆意妄为，因为在一个网络社会中再也没有紧闭的大门了。至于那些无法摆脱的从前的“老底”，最好深深地埋藏起来，因为在钥匙孔的那一头总是会有人偷窥的，这些人会把所见所闻讲述给全世界。因此，关系到信誉的信息就是网络中的货币。没有人愿意和口碑差的人做生意，这样一来，邪恶终将得到遏制。“未来最大的业务模式就是拯救世界”，趋势研究专家思文·嘉博·扬茨基引用他组织的会议上一位参与者的话来描述这一局势。从长远来看，获得胜利的将是保护者，而不是破坏者。

如果更好也意味着更和平的话，我们大可更乐观一点。然而在每一个团体中都会有“对抗”原则。敌人总是蹲守在篱笆、围墙、河流、国界的另一头，也就是在“外”地、“外”国。可是通过网络，人们却大大地靠近了。一种“世界大同”的感觉弥漫在空气之中。“social”这个词可能最能表达这种感觉。它象征着团结、集体和正义，它超越了所有地理和文化的界限，通过联合阻止了敌对，通过共识缓和了分歧。穿同样衣服的人、喜爱同一个品牌的人、玩同一个电脑游戏的人以及说同样语言——也就是作为网络语言的英语——的人，他们对我们来说都不再是“彻头彻尾的陌生人”了。矛盾冲突只会造成鸿沟；交流、参与和平等从来都能达成社会和平。

也许，男人必须再温柔一点，而女人应该再坚强一点。而且，大自然早就开始插手。阿伯丁大学对 5 000 名女性做了一项调查，结果显示：一个国家的健康指数越高，对充满男子气概的男性的偏爱就越低。棱角分明、硬朗的面部特征首先代表的是保护功能和潜在的攻击性。能够自力更生的女性是不需要这些东西的。对她们而言，处于中心地位的其实是可靠性、可信度以及合作能力，而柔和的脸部线条正是这些特性的代码。在有些地方，女性没有半点权益，变态的攻击欲在疯狂肆虐；但是在一个文明的环境中，男人却可以把他们所拥有的无穷潜能用来为所有人的利益服务。当然，害群之马也有一大批，但是年轻的网络弄潮儿中的大部分人在狩猎“独角兽”的过程中都有这样一个目标：通过自己的行动不仅仅要获得金钱和声誉，更要创造出价值和意义。独角兽被看作所有奇幻动物中最高贵的一种，它是善的象征。在数字化经济中，人们用独角兽来形容那些价值至少达到 10 亿美元的创业公司。如今，这样的企业已经有大约 140 家。

人类与电脑的融合

“人类是假体拼装出来的神明”，西格蒙德·弗洛伊德在1930年曾这样写道。人们对助听器、起搏器、大脑植入体早就习以为常。往耳朵里植入耳机以及智能手机的应用软件来帮助我们预防失眠、糖尿病、哮喘和帕金森症，也都成为了现实。不用多久，我们穿的衣服也将连入互联网。生物识别型智能衣物将通过被织入布料的传感器来测量我们的呼吸、热量消耗以及心跳。又或者，人们可以往手机附件里头吐口水，然后分析结果就会被送到自己的（虚拟）医生那里。这样一来，健康检查就变成了借助彼此联通的电脑来进行的医疗保健。在不久的将来，就连我们的体内也会有纳米机器人窜来窜去，随时修复需要修复的地方。

我们现在已经能够见到真正的“电子人”，也就是人与机器结合物。尼尔·哈维森就是一例。这位出生于1982年的艺术家在2004年作为第一个正式注册的电子人而得到了英国官方的承认。他一生下来就只能分辨出黑白两色。现在，他的前额戴着一只永久植入大脑的电子眼，于是他就可以听见颜色了。没错，是听见。而这只是众多很有意思的例子中的一个。

人类和人形机器人正大踏步地向彼此靠近。而想要转变的愿望是非常明显的：覆盖全身、赋予身体全新外观的文身就是相当惹眼的第一步。用来完善自身的微创手术也早就很平常了，这不仅仅是指那些从美学角度来看稍有不足的人，越来越多的怪人把电脑芯片植入皮下随身携带。这样的芯片兴许在某一天就能将我们的大脑直接连入因特网。科学家们已经开始研究如何能把人类大脑的备份存储到云端，届时离人与电脑的物理性融合就不会太遥远了。如此看来，《经济周刊》主编米丽安·梅克尔在一篇文章中所说的也不无可能：“在未来的某个时候，我们将能够在别人脑子里搜索信息。”

你是否联想到了潘多拉的盒子？这个盒子其实早就被打开了，而且再也无法关上。这样的一种发展，不管是造成了我们伦理上的顾虑还是提出了哲学上的难题，又或者只是某些方面让人觉得毛骨悚然，未来终究会到来。每一次技术进步都有足够多的人等不及要进行尝试。从这些早期使用者所带来的积极体验中又产生了针对全体市场参与者的新要求。于是，新的事物就变成我们生活中不可或缺的一部分。自从人类存在以来，凡是人力能及的方面，我们都会进行开拓。自我的完善就是我们所得到的收获。

每一次技术进步都有足够多的人等不及要进行尝试。

即便是死亡也不再是模拟式的了。第一位将在多年之后从黄泉路上折返红尘的人已经躺下好一段时间了，他和其他数百人一起被阿尔科公司的人体冷冻机用－196℃的液氮保存在亚利桑那州。也许，他醒过来之后看到的第一个生物将是人形机器人，而它大概会非常友好地同他交谈。

人类与数字化机器的团队合作

在西方文化中，机器人大多都被视为威胁，它们可能会在某一天消灭全人类；对于这个观念的形成，电影产业颇有贡献。但是在亚洲文化中，机器人被看作是好的事物，所以亚洲的机器人总是显得非常可爱。它们个子要比我们小得多，这是为了避免引起我们的恐惧；而它们的面孔也很符合可爱模式。

西方的机器人却大都有着仿若成年人的外观。我们与它们两相对峙。目前的讨论内容主要集中在：机器人变成了抢饭碗的家伙。然而，我们应该更好地去研究如何有条理地组织整合各种可能性，而不是像通常做的那样把力气浪费在防御上。因为人机合作是一条绕不过去的道路。人们早就在不断尝试了解这样的合作将会是怎样一番景象。核心问题是：人类借助智能机器可以做出哪些新成绩？哪些事情机器可以比人类做得更好？哪些事情人做得比机器好？怎样才能够让两者最为理想地结合起来，从而能让人与机器组成优秀团队并肩作战？一个实例就是：总部位于香港的风险投资公司 Deep Knowledge Ventures 于 2014 年 5 月将名叫“Vital”的数字智能工具召入了公司委员会。

IBM 开发的软件“沃森”于 2011 年在美国智力竞赛节目《危险边缘》中战胜了两名人类高手之后，开始钻研医学。今天，它被应用在决定生死存亡的第一线。这套程序在斯隆·凯特琳癌症中心（一家位于纽约的癌症医院）是很宝贵的顾问，它参与决定对不同癌症患者具体要采用什么样的治疗手段。不过，这套软件从来不会独自决定具体的疗法，它主要是在录入资料的基础上提出建议，这些建议在大多数情况下都被医疗团队采纳。

与机器人相比，人类的优势主要在于：拥有幽默感、幻想力、换位思考能力和直觉，同时还拥有创造力、健全的基础常识，并且能够理解前后关联，能够以自我适应方式去应对各种各样的任务，能互联互通地运用各个感官。谁能不断地发展自身，并且善于借助智能机器的帮助完成常规工作，那么谁就能在数字时代占据领先地位。

如果机器生物看上去真实且不具危险性，那么人类是很乐意跟它们交流互动的。因此，它们要能够友好地点头、把脑袋稍稍偏向一侧、垂下视线、闭上眼睛、微笑、脸红和挥手，因为我们的大脑会把这些动作诠释为恭敬谦卑的迹象。而它们也不可以太过完美，也不能太像人类，因为研究结果表明，如果太像人类的话，它们会和真正的人类一样产生相同的偏见与歧视。“一名理想的机械同事要拥有若干人类的特质，但却能让人明显看出它的本来面目：一个机器人”，沃尔特·弗里克在 2015 年 9 月的《哈佛商业经理》上总结道。

电脑是如何迫使我们与它们交流的

我们既是先进的自动化的受益者，同时也是牺牲品。“每一种职业中的常规工作都落入了电脑的手中”，前 IBM 技术负责人冈特·杜克说道。所有能用电脑完成的事情都被系统性地自动化了。而能力偏低的人则最多只能作为助手从旁协助。薪水高的只有那些能比互联网产出更多东西的人，这些东西是高难度的、个性化的、量身定制的、概念化的或者是非常特别的。对工作绩效的监控也越来越多地通过软件程序来进行。这样一来，管理人员就只需完成电脑（迄今）无法办到的事情，也就是结合了直觉、识人能力以及换位思考的分析工作。

市场推广人员在从前是职业性的善解人意专家，而今却在异变成 IT 技术官僚。一直以来完美维系着客户关系的销售人员则转型成为大数据专家。而在呼叫中心这一行业里，接线员早就给自己冠以“电脑奴隶”之名。在网络界，大家只在谈论人群分析。人们实实在在地被电脑征服了。“我很想就照这个样子输入，但是我的程序不允许啊”，有人会疲惫而无奈地发出这样的感慨。而对机器的信任度却在大幅度迈进，这就意味着机器比人类更了解人类自己。“什么，您说您是……？这完全不可能嘛！在我的数据库里可不是这么说的啊！”

我们可以让机器提供帮助，却不能被它们掌控？想得倒挺美，可是太迟了！“通常说来，人类与技术设备的互动所涉及的是一场竞争，从来也无法说清究竟是谁服务于谁”，时事评论员贡纳尔·索恩如是说。一台丢失的智能手机有着多大的力量，可以从失主的心灵受伤程度上很好地检测出来。而一台卑鄙的笔记本电脑是怎样通过它的不合作来折磨最有权势的男人的，每一位秘书对此都颇有体会。而那些可以把我们从这种无能为力中救赎出来的供应商将会大获成功。“无论如何，智能界面都给人一种错觉，认为自己是技术的主人，即使在事实上人们最终依旧是机器的奴隶”，诺伯特·波尔兹做了这样的补充。

算法的秘密

随着算法的崛起，点石成金的美梦终于实现了：数据变成了金子。到目前为止，它们偶尔还很难深刻理解我们的思考，可它们却学得飞快，同时我们也在勤劳地用信息喂养着它们。这就是联网所要付出的代价。每当我们使用智能手机时，每写一封电子邮件时，每次通过搜索引擎查询或是上传东西到网络时，我们都会泄露有关自己的一些信息。我们不断地留下数字痕迹，也就是所谓的“数字足迹”：我们在哪里、我们对什么感兴趣或者我们对自己的将来有什么样的规划等等，所有这一切都会被用来进行概率的演算。然后合适与不怎么合适的商品推荐就像变戏法一般凭空冒出来。亚马逊以客户数据为基础来推算我们下一次可能会订购什么样的商品，然后就以此来规划自己的库存；航空公司会根据顾客不同的里程状态来显示相应的价格表；旅店预订网站上的价格不仅会按照入住状况，还会配合天气预报以及我们的信用卡颜色来进行调整。这就是所谓的动态价格策略。

我们当然必须要透露一些信息才能达到相应的目的。在线下的世界中情况也完全相同。比方说，当我们站在卖冰激凌的窗口前，服务员问我们“您想要哪种口味的冰淇淋”时，没有人会恼怒地回答“关你什么事”。我也不会把餐馆侍应生乔凡尼看作数据小偷，因为在自己最喜欢的意式餐馆里，我们必须透露一些信息才能订到自己最中意的位置，才能让对方斟出自己最喜欢的葡萄美酒、变出最合自己胃口的美味佳肴。事情进展到这一步时，我们毫无异议，但是，“在我购物之后，该店铺从来不会往我肩膀上装一个信号发送器。在网络中这却是惯常做法，而这种做法是大错特错的”，网络活动家、《线车宣言》作者之一多克·塞尔斯在一次采访中这样说道。

“通过 Facebook、谷歌等，我们可以看到：人类为了成为某个社群的一部分而割舍了大量的自由”，心理学家伊内斯·伊姆达尔在其《沙发上的广告》一书中这样写道。没错，毫无疑问，紧密感和集体从属感对作为群居动物的人类来说都是基本要素。而我们也很清楚：面对纷繁复杂的局势，大家是无法独自解决所有问题的。当社交网络对我们来说几乎成了生活必需品时，我们不得不接受它们提出的条款，即使这些条款让我们处于不利的位置。如果一个网页上有对我们来说不可或缺的内容时，那么被 Cookie（小型文字档案）窥探就不过是轻微的不适而已。而如果有东西对我们确实有用时，绝大多数人更情愿用数据代替金钱进行支付。这桩生意就是：拿走我的数据吧，补偿给我一个更好的生活。可如果手机变成了窃听器呢？电视机变成了真人秀呢？不行，免谈！

人的尊严优先

以数据为重点的监控机制与保护私人领域之间的这场持久战似乎早已决出了胜负。针对窥探行为的防护措施变成了基本要素，因为数据“大灰狼”的到来（正如在《小红帽》故事中那样）总是显得毫无危害。比如，音乐辨识服务商 Shazam 声称：“我们只想让人们与周围的媒体能够尽可能简单地互动。”这肯定会有一定的实用性，但如果把相关的应用软件转到 Auto Shazam 上的话，后者就会监听到周围一切动静。这就和安装了对话软件的芭比娃娃是一样的，孩子们玩耍时对娃娃说过的话会被它们传送到制造商美泰公司的服务器上。

数据不在乎道德，道德只能来自人，而人的尊严是不容侵犯的。每一家供应商都应该明白，自私自利地截取并且利用客户的数据很容易就会给自己造成损害，美国一些零售商就这样成了众矢之的。他们发现通过女性的购物行为可以在很早的阶段就推测出她们已经怀孕，然后就拿婴儿用品广告朝着目标对象狂轰滥炸。在好几个实例中，孕妇本人还没有宣布怀孕，她们周围却人人皆知了。说好的私人领域权益呢？它受到了违法的侵犯！

利润思维并不能作为不择手段的理由，并不是所有能做到的事情都可以去做。与顾客之间的信任关系应该放在优先位置，这就是双赢原则。要获得成功就不能再以牺牲第三方为代价（因为不光彩的行径在今时今日大多会被泄露出去），而应通过给第三方带来好处和利益而获取收益。

算法是愚蠢的还是精明的?

互联网供应商的滤波算法和推荐算法决定着哪些信息会被我们优先听到、看到和读到。比如，YouTube 是通过广告来营利的，在人们观看自己想要看的视频之前会先播放一段广告。如果用户在 4 秒钟之后跳过广告，而在这几秒内（但愿）用户已经看到了所有重要信息，那么广告客户就不需要付费。这个机制叫作“TrueView”。通过在我们每看一个视频之前播放不同的广告，算法就会了解我们喜欢什么、不喜欢什么。然后 YouTube 就会热切关注如何提高命中率，以便让观众能完整地看完整个视频。

这样一来，网络巨头不仅仅插手舆论的形成，还大肆地指挥调度着购买潮流。我们越来越多地收到非常符合我们口味的推荐，这意味着我们将成为个人喜好的囚徒。网络活动家伊莱·帕里斯称之为“过滤气泡”——我们坐在由自己的观点所形成的“气泡”中，而不再与相反的观点和事实对峙。然而，每一个新闻节目和每一份报刊当然也在制造“过滤气泡”。也许更严重，它们是在按照自己的口味把信息挤压在一起，完全不采取中立态度，而是肆意引导兴趣走向。它们很有目的性地对文字、图片和音频进行筛选，通过这种方式来深深地影响大众舆论。在广告被削减容量的同时，这一趋势得到了进一步的增强。

应用程序让我们的世界变得更小，让我们受到了限制。而网络却随着每一个提问让我们的视野更开阔，对信息的获取也从未像今天这样畅通无阻。当然也会有愚蠢的算法：当对一台早就售出的割草机还一连数周地在网络上进行追踪时，这就是算法的责任。不过，现代的算法有自学能力，而且很复合化。“它们不断向用户展示陌生的东西，仅仅是为了探测出用户目前正对什么感兴趣、对什么没兴趣。很多时候不仅仅对一位用户的过往进行评估，还会评测其他很多有着相同行为的用户。而对客户的新了解比旧信息更受到它们的重视——它们并不认为客户的兴趣是一成不变的。”凯瑟琳·帕西和萨沙·洛博在他们《祸福难辨的互联网》一书中这样写道。而谁点击了类似“不再推荐该商品”这样的提示信息，他甚至就亲手操控了算法。

算法到底是什么？根据维基百科的释义，算法是一种用于解决任务设置的明确处理规则，它的表述很精准，能够通过机器来完成。算法通过数学公式对过去发生的事情进行评估，然后以此为依据推测未来。

大脑中的算法机

我们大家都知道算法机，其实每个人的脑子里都有这么一架机器，它就是负责记忆并在我们作决定时起辅助作用的大脑海马组织。传进来的感觉信息在这里被解码，通过可对比的模式加以分析，在过往经验的基础上进行诠释，并连接成一个神经网络。网络中神经细胞之间的连接通过重复得到加强。海马组织以此为依据，不断生成各种“如果……就……”式的可能性预测，并相应地给我们提出合理的行动建议。我们的头脑汲取的知识、办法、策略和途径越多，它提供给我们的解决办法也就越好。

这些从实践中得来的知识——它们在我们身上的具体表现就是直觉——即便是在广阔的网络中也是难觅踪影的，在数据库里就更加找不到了。它们只存在于人们的头脑中。直觉是一条通向目标的快车道，它可以让决定做得更稳妥，但也会像算法那样迷惑我们。然而，机器（目前仍然）是无法取代人类直觉的。

为了能在数字的丛林中辨明方向、去伪存真，我们当然会利用导航系统以及数字帮手。智能网守（Gatekeeper），也就是虚拟助手、红黄绿灯模式和推荐系统等，它们接过了过滤这一职能，只让那些得到我们许可的信息通过。它们必须先敲门、征求进门许可，而不能用垃圾广告向我们狂轰滥炸。所有没得到放行许可的东西都必须待在门外。针对网络广告和移动终端的拦截器无所不在，Cookies 会被定期删除，只有真正的触点才会在正确的时间真正发挥作用，才能确保信息被传达给客户。

然而，能把复杂的东西变简单的最重要的主体却是人类。我们既能在实体的环境中也能在虚拟的现实中找到他们：在私人网络、商务网络、社交网络、测试平台和“答疑妈妈”之类的网站上。他们的实践经验和他们的“赞”与“贬”都是信息群中的信号灯。他们避免了损耗并且只推荐真正重要的东西，从而让我们的生活更轻松。他们可以说是人性版本的算法，是熟悉与未知之间不可或缺的环扣。在推荐功能可以良好运作的地方，也就能够顺利地赚到钱。

“不在线”是新型的奢侈品

遗憾的是，那些固执的线上战略家在当今的数字狂潮中往往会忘记：我们生活中的很大一部分时间仍然是在线下度过的。有人已经提出这样一种说法：不在线是新型的奢侈品。能够步行或骑着单车去购物，能在室外的阳光下与人一起享受一杯咖啡或者喝上一小瓶啤酒，这样的生活才谈得上是有质量的生活。面对面的相聚永远比网上聊天更为可贵。实体物质世界还远远未到可以功成身退的时候，事实恰恰相反。14 岁的朱利安是 YouTube 游戏玩家社群的明星，他也证实了我的看法：“我对现实生活更感兴趣”。在数字化的同时，人们也越来越强烈地想要有真正的会面，想要有摸得到、碰得着的经历以及实体的感受。

> 在数字化的同时，对真正的会面与实质性体验的渴望也油然而生。

我们并不是由字节和位元组成的，我们拥有的是血肉之躯。在大部分时间里，我们都是生活在碳素世界中的。雄心勃勃的初创企业早就认识到：想要做大做强，光靠网络广告是不够的，还必须在离线状态下也有出色的表现。精明的网络供应商们已经明白：了解顾客的最佳方式不是算法也不是 A/B 测试，而是在现实生活中观察他们，和他们聊一聊。怎样巧妙地提出问题，将在这个过程中起着决定性作用，这也是我们在本书第二部分中将要进一步探讨的主题。网络上的愤怒波潮大多数时候也涉及现实中的不良状况。浇灭怒火的最佳途径是彼此之间好好地进行沟通，而不是来来往往地发送充满恶意的邮件。

对数字的疲劳让人渴望一种反向趋势，“暂时失联”变成了新型的奢侈品。如果可以的话，人们很愿意去享受一段数字暂停期。以戒掉数字瘾为目标的短期“数字排毒训练营”如今遍地开花。修道院以及某些旅馆甚至提供了付费的服务项目，让人们交钱来使用不被因特网覆盖的区域。这都做得很对，也做得很好。因为正如一句非洲格言所说的那样：我们必须时不时地放缓脚步，才好让心灵能够跟上来。想要找到最佳创意，有时需要加速，有时也需要在头脑中腾出空间。

繁殖受孕需要空间上的接近

灵感产生于并不复杂的交流机会之中。繁殖受孕也需要空间上的接近。如果能与他人共享，那么每一个想法都将变得更敏锐，而每一个工作步骤也将更轻松。建立起虚拟的关系要比一无所有更好，可是距离会随之疏远。波士顿大学的相关研究指出，亲身到场的人相较于虚拟出现的人往往能获得更积极的评价。信任也产生于实质性的亲近。只有在经过了亲身接触、品味并领会了言语的真正意义之后，人们才能通过虚拟呼叫展开良好的合作。而如果并未结识对方本人，也就不太会信任对方。而我们大家是不会与信不过的人做生意的。

网络精英对这样一种情况知之甚详。几乎没有任何一个物种能像他们那样维系着自己的联系人，也包括在现实生活中。他们尤其善用 Barcamp 这种还相当新颖的会议形式，比如柏林的 re：publica，它在 2015 年拥有的成员已达 6 000 名。在那里，网络活动家、博客主、网络营销人士、公关专家和数字化影响家进行着真真切切的碰面。他们都知道，仅仅依靠数字化的网络是不够的。在 Apple 每年举行的全球开发者大会（WWDC）上，都会有超过 5 000 名数字专家聚集到一起，共同针对新的发展进行面对面的讨论。同样的情形也可以在 Google 每年的 I/O 大会上见到。同样，在传统会议以及行业博览会上，内行人士也确认，这些会议的首要服务对象不是专业工作，而是网络。

即使是在硅谷这个数字化程度最高的地方，实体的东西也是极受重视的。克里斯多夫·基斯为了给自己的新书收集资料而在这个互联网圣地生活过一段时间，他寻找着成功的模式，却发现它其实并不怎么数字化："所有我拜访过的公司都对亲密度很重视。他们认为，'实质性的彼此靠近'与'不制定过于严格的规则'是同样重要的。空间上的距离会妨碍创造力，僵化的社交行为和风气习俗也同样如此。而规则戒律会扼杀创意。要想人们富有创造力，就要允许他们像过私人生活那样去工作：紧密交织、保持友好的距离，不断对话、无须惧怕会受到来自上级的惩罚。"

总而言之，这是对工作 4.0 的一个非常美好的构想。因为想要抵达未来的人，首先需要做的是针对企业管理和领导的方式进行变革。关于这一要点，我还将在后文中作进一步阐述。

创造力是未来的关键资源，它只能在自由空间中产生和发展。它就像一位喜怒无常的大牌明星，需要恰当的状态，比如好的心情、闲暇和闲情、排解压力等等。知识工作者需要的是这样的老板：他并不想统治自己的员工，却能够为他们创造理想的条件，让他们能充分地发挥自我。要想工作干得好，那么工作就必须能带来乐趣。出于这个原因，网络公司也极为重视舒适的氛围。所有人都无拘无束地聚在一起，大家彼此进行对话，即使是作为亿万富翁的马克·扎克伯格，也把自己那张简单的办公桌摆在了员工圈子中间——在那个全世界最大的办公室里。

未来成功模式是 on 还是 off?

如果一切事情都是在线上发生的，那么我们将忘却在离线状态下应该如何行事。可是，我们是拥有多元感应的生物，这一功能在现实中比在纯粹的虚拟世界能够得到更充分的施展。未来属于那些能把在线与离线完美结合在一起的人。那些叫苦连天的销售商必须明白这一点，而不是一味地把潜在的客户称作“咨询服务的窃贼”。把网络从自身业务中驱逐出去的商家将在未来的赛跑中失败，因为他无异于在与风车作战。

而纯粹只依靠离线业务的商家，也必须找出网上无法做到的服务项目。比如，眼镜店配镜时可以为顾客提供验光定制服务，服装商场可以开发个人购物理念，专业市场可以和非数字化服务商联合起来。而如果顾客不上门，那就必须自己去找顾客。这样一来，建材市场销售员可以走访当地的潜在客户，借助 AR 应用程序与客户共同规划如何美化住宅、花园等。

“Internet”（互联网）在逐渐朝着“Outernet”（外联网）的方向转变。橱窗人偶早就可以与顾客交流互动。通过魔镜系统，我们可以向 Facebook 上的朋友们请教如何穿衣打扮。宣传海报能够识别出站在它们面前的人是谁，然后会显示出适合对方的广告。所有的平面都可以通过我们的触碰或者是动作激活而直接联网。使用便捷、能将位元与原材料转变为物体的三维打印机将继续推广“自己动手”的理念。Beacon（灯标）可以通过智能手机将行人吸引到展示厅里去——当然，我们也很快就会对这样的事厌烦不已。广告人做任何事情似乎都不得不夸张夸大，可是，让人厌烦的商家就等着关门大吉吧。

对客户需求的狂热执着

在将来，业务模式必须严格地从顾客角度来考虑并实施。这是陈词滥调吗？企业着重进行优化的是自身，但目的却不是为了顾客。各位顾客敬请服从制定好的流程规定，与分派给自己的员工谈话，填写指定的表格——哪怕这一切既不实用也不便利还费时费力。有的企业非常善于浪费顾客的时间，擅长让流程变得更复杂艰难。从前，顾客们都一边抱怨一边忍受了下来，但是这种情况已成为过去。“这可不行！”现在的顾客们高声宣告：“我可不买账！”就这么定了！

网络可以把那些对消费者不友好的公司向全世界进行揭露，并且加以抵制。想要迈入未来的商家，最好赶紧为此而尽量地简化自己的流程来方便顾客，即使这会给自己增添一些麻烦。今时今日，一个企业的首要任务是要为顾客的生活质量与事业成功做出贡献。这里的关键就是：让一切尽可能简单、尽可能迅捷，最好能做到随时随地、即时生效。

我们在互联网上寻求的首先是效率，是时间上的节约以及价格上的优惠，当然还有信息、联络和消遣。而在物质世界中，我们寻求的是能够让我们的全部感官充分发挥作用的社交活动。70％的消费者甚至赞同“体验比占有更为重要”这一说法。如果我们遵循这一观点，那么就应该让所有的沟通形式都更加感官化。多元感官交流提供了大量的可能性，然而迄今为止，它们一直被大大低估了。所以在本书的第一部分将着重探讨这些可能性。

对人类行为的数字测量

在可以实现的程度尽可能地对未来加以预测，这在激荡变幻的时代中是前所未有的可贵。在这一领域，以下四个学科为我们提供了帮助：

- 大脑研究
- 行为研究
- 软件运算
- （预测性）分析

人们早就想借助神经学以及用计算机截取工作中的大脑视图来探讨这些问题：促使人类做出“是”或者“否”的选择的动力何在，购买的兴趣又是如何产生的。人们想要通过对动机和行为的研究来识别出其中的行为模式，并探究购买行为背后的原因所在。

演算程序和预测分析近来也加入了战局。它们就是让亚马逊这样的企业成为巨星的那一句“芝麻开门”魔咒。据传，亚马逊仅仅通过推荐系统就为自己多赢取了25%的收益。它们的具体操作就是：“购买了甲产品的顾客也购买过乙产品”，又或者“因为您最近购买了甲产品，您可能也会对乙产品感兴趣”。而要做到这一点的前提条件是：系统能够再次认出顾客，还要能不断地观察他们。

数据学家、统计学家和博弈理论家是这一成就的开路先锋。他们用数以百万计的数据记录喂养着数学模式，以此来分析过往的规律和行动模式。他们从中推导出关于未来将出现何种结果的预测，从而为企业决策提供预测模式，并提出尽可能精准的建议，以便呈献给有意购买的顾客。而在搜捕犯罪分子和预防盗窃的行动中也早就运用了预测分析方法，这样的程序叫作“Precops”（Pre-Crime Observation System，预犯罪监测系统）。

尽管如此，仍然需要有人来对所有数据加以整合，做出有凭据的诠释，并从中得出方法。算法是通向这一目标的适当手段，但它也仅仅是手段而已。在数据的狂热中，很多企业负责人完全没有明白这一点：算法得出的只是一幅不完整的画面，因为即使对我们的在线行为，它也只掌握了零碎的片断；而对我们的离线行为，它完全没有掌握。然而，数字瘾君子们却把这样的片断当作完整的真相，认为无法测量的东西不会对你，也不会对我造成任何影响。在对数字的迷醉和对数据的依赖之下，已经有不少人踉踉跄跄地误入迷途。

人类并不只是 0 和 1

如今，人们可以做到的事情已经非常之多，但是，可行性并不应该凌驾于人性之上。因为这就和分析工具的惯常情况一样：机灵的供应商总是能够迅速地编出程序、制造出“可行性”，然后天花乱坠地推销给那些贪心的人。我管这叫“寻求使用领域的可行性”。而在分析工作中百炼成钢的管理者们常常会一股脑地扑向它。然而淘金者的心情是不应该被误导的，不能让大数据堕落成一个纯粹的技术专制性主题。归根结底，起决定作用的是：人们用这一大堆数据可以做什么。

趋势研究专家彼得·维普曼也曾提出过警告："大数据不仅仅是技术挑战，它更是一项文化挑战。因为数据还算不上知识。只有在提出了正确问题并且建立起正确的联系之后，才能从数据中产生出有利的认知。"大数据——即以分析为目的、对大量数据进行的实时加工——所需要的不仅仅是众多的服务器，更主要的是"大头脑"，也就是聪明的做法。并且，它不能演变成一种对用户的全面监控。"除了法律的界限之外，企业必须学习的首先是把握道德与分寸的界限"，未来研究院的安德里亚斯·施坦勒劝诫道。技术智能必须与社交智能结合起来。这里将需要大量的知人之智、识人之明。在本书的第一部分你将读到大量的相关内容。

> 大数据需要"大头脑"，即技术智能结合社交智能。

另外，大数据的炒作还让我想起了本世纪初的CRM热潮。CRM原意为"customer relationship mangement"（客户关系管理），刚开始的时候实施效果是很不错的。它所涉及的内容是，怎样在数据的基础上更好地建设、打造客户关系。然而，当软件制造商们嗅到了商机，并且把他们的标准解决方案用"CRM"这三个意义很空洞的字母来冠名时，这个本来感觉热乎乎的主题就变得相当冷漠了。CRM一下子就变成了EDV（电子数据处理）。缺乏实践的信息学家们掌握了决策权，从此，在有如雨后春笋般不断翻新的程序帮助下，人们把注意力过度地集中在了技术方面；他们甚至调整内部的流程来迎合购置的软件，而不是让软件来配合流程。本应该成为中心对象的顾客，以及本应该因为系统的引进而大受裨益的员工反而统统变成了配角和陪衬。企业首先关心的是对数据的管理，它们不去学习怎样与活生生的顾客打交道，反而把顾客挤压成合乎规定的程序。正因如此，大批 CRM 项目已经遭遇失败或者正在走向失败。

而零售商们在很多方面的做法也太过于技术至上。在超市里，流动的购物车比迷失的顾客受到了更多的重视；店家为了吸引顾客而在店面设计、音乐效果、照明氛围、走道调整以及货架管理方面投入了大把大把的资金，却在顾客最最需要的环节上使劲省钱，那就是员工环节。员工的任务变成了仅仅是整理货架和收银。在如今的超市里，顾客不仅仅在追着打折商品走，更多的时候，他们是在追寻售货员这一快要灭绝的物种。在终于逮着了一个之后，却还要与大批其他顾客做斗争："这人是我先找到的，我得占用一段时间，你先别急着问你想问的，小问题也不行!"购物俨然变成了打嘴仗，难道这能够唤起购买兴趣？人们乐意谈论自己要购买的东西，然后也会乐意多付一点钱、多买一些东西。但如果线下的商家做不到这一点，顾客们就会转向网络。因为，如今几乎人人都在自己的手提袋或者裤兜里揣着一个随传随到的购物商城。

数据瘟疫的侵袭

事实上，如今谁也无法绕开电脑一族。市场对优秀程序员的需求前所未有地迫切。可是技术至上者和数据狂人却容易忽视这样一个问题：真正重要的东西并非发生在数字的队列之中，而是发生在员工、企业与顾客之间的触点上。数字和信息给企业营造了一切尽在掌握的幻象，可是，数字述说的从来都不是真相，原因如下：

首先，最终的产出是好还是坏始终只会和之前投入的原始材料保持一致。这一原理在信息学中被称为“GIGO”（garbage in，garbage out，垃圾进，垃圾出）。正如我们看到的那样，完整无缺的分析是完全不可能的，因此，跟踪数据总是有欺骗性的。

其次，错误的问题提法或者有引导性的调查时间点都会导致测定结果的偏差。而这样的结果最终也会带来危险：让人在关联与因果之间的（刻意）混乱中作出错误的诠释。

最后，数字也始终是（奖励机制中）部门目标的结果，是不得不编出来的谎言，是个人兴趣和自私自利的动机。这是一种病毒，它叫“更快、更高、更远，最好是现在马上”，它尤其喜欢在男性的大脑中筑巢。

综上所述，从所有这一切中得出来的数字混合物绝对是错误的。而从中萃取出的那个“适用于董事会”的、CEO最终需要的数字则是从各种错误以及系统欺骗中得出来的答案，而正是这样的数字如今正肆虐于所有的企业当中。更加糟糕的是：战略决策的制定以及股票价格的评估都将会在这个错误的基础上来进行。

分析指数当然很重要，而可测性也有助于去伪存真。要养肥一头猪，光靠称量它的体重是办不到的。尽管如此，有些领导班子仍然对数字有着一种让人费解的臣服。错得离谱的情况多得让人震惊，可企业只关心能不能进行测量。想要举个例子？弹窗就是一例！它就是那些未经同意出现在网页中，并且没完没了地遮挡用户视线的玩意儿。窗口被用户点开的概率大致为0.2%，而这其中也包括了大量因为没能顺利找到那隐藏得太好的关闭按钮而不小心点开的人。而且，点击弹窗的主要是僵尸程序，也就是机器，并不是真人。合计下来，广告主投入的广告资金中有99.9%打了水漂。他们知道这个情况吗？当然知道啊。尽管如此，弹窗仍然被辛勤地插接进来，每个上网的人都深有体会。为什么会这样？因为点击率真是太方便测量了。这都是什么事啊？

然而，被数字瘟疫侵袭的不仅仅只有营销人员，谁也没有护身符可以抵抗指标的奴役。就连员工绩效也是通过仪表盘和操作舱来操控的，这是把大活人当作了需要测量转数的机器。我有时候觉得，这与针对社交盲患者开展的就业计划挺相似的，因为只要一直忙碌于对人的测量，就不必关心精神与心灵。然而，把焦点集中在数字上的人也只会在数字的范畴里思考问题。总而言之就是，数据狂干掉了换位思考的能力，最终，在季度盈利的祭坛上被牺牲的将是未来客户的兴趣。

人类不是点击动物，不是数据包，也不是行政程序。

于是，不断增长的技术化便包含了一个很大的危险：在技术至上论者掌握着决定权、由数据一族统治的地方，人性人情就会遭到漠视。然而，人类并不是点击动物，也不是数据包、不是行政程序。人类根本就不愿意被管理。私人关系的质量不在于互相送了多少玫瑰，而与顾客的距离也是无法用长度来衡量的。

真正产生影响的东西是不能用数字计算的

成功的沟通和数学的关系并不太大，但却与换位思考能力密切相关。这种能力是明日的真正财富，而它的挑战性是不容小觑的，因为顾客是选择行为多元化，并且自我矛盾的生物。每个人都有自己独特的地方，会不断地做出出人意料的选择，大多数时候都被情感指引着，并且很少会只受纯粹理智的支配。他们会失望、无聊、着迷，他们也会愤怒、恐惧、开心。他们受周围环境的影响，并且被日常情绪所束缚。简而言之，他们是独立的个体。

而独立的个体是不喜欢被扔进某个目标群体的大锅里的。“目标群体”是大众传媒时代的辅助设计，而这个时代已经过去了。今时今日，我们如果想吸引购买者，就必须再多付出一点努力。而在这个过程中，以自己为出发点这种错误是你绝对不可以犯的。因为没有任何一名顾客和你是一样的。归根结底，商家应该尽可能地去了解：当一个人想起自己最中意的供应商时，当他在准备做一个购买决定的时候，又或者是热情地向别人推荐某个物品时，他的脑子里在想些什么。

> 好的感受是积极的客户关系最重要的养料。

可以肯定的是：积极的客户关系主要是靠良好的感受来维系的。所以，集体中的个体想要得到他人认同的渴望是人类行为最重要的动机之一。与他人联合起来会让我们产生一种自己也很重要的感觉，而有了不同的选择可能让人拥有自主性。产品与流程是可以取代的，只有良好的客户关系品质才能让一个供应商拥有特性，变得独一无二。然而，如果工作方式毫无人情味，对重视客户、珍爱客户没有定出指标，同时只追求业绩最大化，什么事都由计算器说了算，那么在这样的地方显然就没有给“软要素”留出位置。

我们当然必须通过学习数字化机器的语言来让它们为我们服务。这也可以称为数字沟通能力。无论如何，机器在学习我们的语言方面已经取得了良好的进展，用不了多久，电脑系统也将比我们某些缺乏训练的同类更善于理解我们的精神状态，这种能力被称作“情感计算”。但这些都不是本书的主题，算法和分析就留给专业人士吧，从现在开始，首先要关注的是人性人情。我们想要探讨的是：人们怎样思考，什么可以打动他们，我们要怎样和他们沟通才能最终让他们点头同意。了解了这些问题，不管是实体店铺还是网上卖家都将大受裨益。

新商业世界的沟通交流

如果对未来作一番了解，就会清楚地看到：交流沟通将会有彻头彻尾的改变。在旧的模拟化世界中，掌握权力的是企业，而消费者的行动是被动式的、屈从式的，并且是要求不高的。在新的数字化世界里，掌握权力的是网络，而说了算的是顾客。今天的消费者很有自我意识，他们不会妥协让步，并且很独立自主。他们正在发展为越来越有责任感的世界公民。此外，他们还拥有如下身份：

● 预售员。通过口口相传、相互推荐以及网络上的体验报告、意见和评估，他们对第三方的购买行为所产生的影响远比供应商自己大得多。

● 参与者。他们在由外而内的流程中，通过顾客参与、互动营销和众包把自己的创造动力纳入企业的一切价值创造过程中。

● 共享者。他们并不重新购买，而是与那些有需要的人一起共享资源。这样一来，大多以网络为基础的“共享经济”，以非常新颖的方式挑战了本已渐趋疲软的经济增长。

● 制造者。他们自己在进行创造性开发和生产，在三维打印机的帮助下通过共同协作以及“自己动手”项目创造出新的业务模式。

怎样才能为自己赢取这样的人呢？简单说来，有如下几条：

- 培养出一种对顾客所关心问题的狂热执着。
- 提高顾客的生活品质，协助他们获得事业的成功。
- 营造多重感官的体验和互动。
- 通过信息特别是通过讲故事来创造更多的内容。
- 通过网络和社区实现共享。
- 让真实的空间与虚拟的现实相互交联。
- 对所有顾客认为有意义并且恰当的触点进行数字化。

这里所说的几个方面我们将在本书中分成以下三个部分进一步探讨。

- **触**。在本书的第一部分我们将介绍：哪些交流工具和沟通方法可以真正地“触动”顾客，并且让他们点头购买。从对大脑以及行为的现代研究中得出的认知将帮助我们更好地进行探讨。
- **点**。我们在本书的第二部分中研究的是供应商和顾客之间的接触点。这里首先涉及的是触点分析、客户旅程，还有人物志以及由员工参与的、正确的实施纲领。
- **制胜**。本书的第三部分探讨的是内容营销、社区、众包以及面向未来的交流沟通中其他的几个方面。我们关注的还有一种新的职业形象：触点管理人。作为客户的律师，触点管理人负责的是让所有流程能够协调一致。

我们在本书中不作讨论的是传统的口头与非口头交流中的常见谈话和谈判技巧，它们已经被无数的书籍详细解释过了。我们想更多地探讨沟通的不同方面，它们能在数字化的世界中为企业提供如下支持：

● 引发拥有意愿。我们的所作所为，尤其是我们做事的方式能否触动顾客，能否让他们感到惊讶、振奋？是否能让我们的产品受到推崇，让顾客无论如何都想要使用或者拥有？

● 加强口碑。我们的所作所为，尤其是我们做事的方式是否能提高我们的公众声望，能否留下痕迹、推动进展，最重要的是，能否为世界带来一点点改善？

● 巩固客户忠诚度。我们的所作所为，尤其是我们做事的方式能否促使顾客再次光临并且再次购买？

● 制造推荐度。我们的所作所为，尤其是我们做事的方式能否引发口口相传，并且让我们的顾客成为热心的粉丝，成为舆论制造者、倍增器和积极的推荐人？

关于达成这些目标所必备的内部先决条件，特别是在新的工作环境中相应的员工管理，我曾在《触点管理》一书中进行了详细的论述。该书被评为2014年度最佳管理书籍。而我的《触点制胜》一书探讨的是社交媒体时代中的现代客户关系管理，该书被评选为2012年度最佳中小企业书籍。而您眼前这本以交流为重点的书则补全了这套以触点管理为主题的三部曲，让我们马上进入第一部分吧！

第一部分

怎样触动顾客

时代的转折已经到来，无法阻挡。电脑能够做到的事情，将来都会由电脑来完成，整个销售流程都将转移过去。我想要哪种发型、想做什么样的投资或者想知道哪个工具最适合自己的目的，软件程序都会告诉我；要买哪栋房子或者要租赁哪间办公室，虚拟巡览能够帮助我做决断；哪个商品我最好应该收入购物篮里，算法将会为我考虑、核算。然而，在这种自动化流程形成的一片毫无激情、理智冷静、一切皆可计算的丛林之中，一点点“感性”是会很有好处的。我们的大脑说：偶尔来一个惊喜也挺不错的。有时候撒一点魔法“星尘”变一个戏法，那就可以令人大喜过望了。

在数字化时代，最为有效的交流沟通风格主要是这些类型的：动人的、人性化的、感性的、俏皮的。以下是几个拐点：

- 我们不再是廉价购物，而是精明购物。迄今为止，很多东西都被纯粹的价格呐喊声掩盖遮挡，如今，成为焦点的是诱人的体验以及感性的精致。

- 在从前，交流是围绕着产品进行的；而如今，交流强调的是解决问题的能力以及个性化的生活感受。

- 神经心理学理念越来越多地被用来改善每一个触点上的客户体验。同时，多感官方案也越来越重要。

- 讲得好的故事（storytelling）和有用的内容（content）强势取代了广告。

- 真诚有着越来越重要的意义。因为在互联网的透明化之下，几乎没有东西可以被长期隐藏起来。

感性和情感在这个过程中发挥着什么样的作用，而与此同时在大脑中又发生着什么，这就是我们现在要深入探讨的问题。

02

用感性为沟通充电

为我们的舒适做出贡献的，绝大多数是模拟式体验，因为我们在用全部的感官体会着世界。我们听到、看到、闻到、感觉到、尝到的东西都被大脑解码，得出的答案是“对自己有益”或者“对自己有害”，并以此为依据做出反应：认同或者否定、欢呼或者憎恶、享受或者恐惧。各种各样的评价分别在两个层面上展开：一个是情感层面，一个是认知层面。神经学实验不断表明，要想在消费者的头脑中占据第一的位置，建立情感体验就是最佳手段。你的产品是否平庸乏味，是否没有情感方面的潜能？如果设计者和产品研发人员不仅仅关心功能性，同时也能更多地从产品使用时的感官角度以及体验维度出发，那么就能产生不少让客户“哇”地大叫一声的效果。

于是，要创造成功的交流那就只有一个选择：把感性摆在理性之前。一切情感化的东西都要放在第一位，以避免自己被过早地淘汰出局。然而在现实中，情况却恰恰相反。数据作品和字母组合统治着商务世界。管理者的语言是中性而理智的，即便他们在描述愿景的时候也是如此。他们大多数时候都显得没有人情味，表现得过于冷漠。然而，统治着消费者头脑的是情感。不管是机械、服务抑或商品，如果顾客能调动全部感官感受一样东西，那么他购买时就不会仅仅以价格为选择标准。

> 要创造成功的交流只有一个选择：把感性摆在理性之前。

在交流中处于中心地位的问题是：什么能真真正正地触动顾客。传感技术于是就站到了第一位。想要提高整体效力并且变得无可取代，那就应该尽可能地唤起顾客更多感知通道的兴趣。一场感官的充电就好像是一张免费车票，可以在人们大脑中那已满满当当的存储器上搞到一个包厢座位。而在一个越来越数字化的环境中，感官印象的重要性将尤为突出。

多元感官大师

一座天主教的教堂就是一位精通多感官演出的大师。让我们想一想教堂里的钟声、焚香时散发的香气，想想在炎炎夏日时分置身其中感受到的凉爽、落在大理石地板上的轻缓脚步、正殿中喃喃的语音、透过彩色玻璃窗洒进来的阳光，还有圣母祭坛前方燃烧着的蜡烛、萦绕在耳的管风琴演奏、神龛的神秘玄妙、圣饼、嗡嗡的祷告声以及弥撒上的仪式。而类似的元素也可以在 Apple 这样的“宗教式”品牌中找到，这个品牌甚至建立了一个属于自己的“大教堂”，也就是在纽约第五大道的苹果旗舰店，它被看作全球营业额最高的店铺之一。在这里，企业调动起顾客的所有感官来向他们颂扬这个品牌。手机美观的外形设计通过独特的灯光呈现在公众眼前，用什么样的角度在大家面前展示这些精美的小东西也是经过精确计算的。这些手机极大地迎合了审美感受，以至于人们把它们当成了圣物膜拜，并产生了一种近似于强迫性的购买意愿，而不惜花上一大笔钱。而且，当我们触摸机身的时候，会有种种感触，iPhone 被一片打磨过的钢板精心包裹起来，不仅看上去高档，更是对高品质的一种昭示。我们可以真真正正地去感受它，因为金属有传导性。包装手机的盒子不仅很雅致，而且还散发着香味。而拆开包装的过程，所谓的“unboxing”，被用户们大肆欢庆并被拍成 YouTube 短片分享给全世界。白色的耳机变成了整整一代人的族群标志。来自企业中心的每一个小小的信号都会带来集体的兴奋，新机发布会就仿佛是“上帝的启示”一般，而每一次演讲就如同搭配着管弦乐的宗教仪式。

毫无疑问，Apple 激发了狂热，它成为目前全球最成功的品牌。另外，它也是为数不多的几个调动全部感官来表现自己的品牌之一。它创造了符号与仪式，神秘与传说围绕着它。既有为它疯狂的年轻人，它也有针锋相对的对头。真正强大的品牌总是会有喜爱者和憎恶者的，还有憎恶者的憎恶者，也就是痛恨该品牌憎恶者的那些人。家电制造公司 Blendtec 的那位古怪老板汤姆·迪克森让人录制了他用自己的高功能搅拌机破碎各种物品的视频。那些“i”字开头的设备就是这场实验中特别热门的推荐物品。在 YouTube 上，仅仅一个粉碎 iPad 的视频就被大家观看了超过 1 800 万次。破碎后的这一小堆冒着烟的 iPad 废渣被汤姆·迪克森轻松愉快地称为“iSmoke”。

> 只有丰富多样的感官体验，才能让实体经销商在对抗网络商家时有一线生机。

只有借助丰富多样的感官体验，并结合卓越的服务，现在的实体经销商才能在对抗网络商家时（尚且）有一线生机。店铺现场必须改变自身职能，转变为体验式的场所；可以吃饭、喝酒，有舒适干净的卫生间，和朋友聚一聚，给自己一段安静时光，收集现场体验等，所有这些都不是网上经销商能够提供的。这样的理念被称为“第三场所”：当人们偶尔不愿意，或者不能待在家里或公司的时候，它们就为大家提供了一个庇护所。大牌公司甚至还建立起了自己的品牌园地，位于因斯布鲁克市瓦斯腾小镇的施华洛世奇水晶世界就是再好不过的一个例子。它为游客提供了一场通往闪烁梦幻世界的旅行，如今它已经发展成为全奥地利参观人数最多的景点项目之一。

怎样创造感官性品牌体验

感性只是大品牌的事情？绝对不是！每一家中小企业都能够把自己的访客接待区改造成一个小型的冒险天地。但实际情况又是怎样的呢？生产企业的公众区域不过是一个展现自我的表演区。这里有机械零件和生产工厂的微缩模型，但却禁止触摸；也有历史陈列室、证书和奖杯，可玻璃窗后却积了不少灰尘；墙上挂着大大一幅插满小红旗的世界地图，标示着领域攻占计划。这给人的整体印象会是什么呢？是企业在颂扬自我；完全见不到丝毫能让到访者有参与感的感性色彩。哦，对了，墙角里还是摆了一台形状奇特的饮水机的。这方面可以做的事情太多了！在每一个进门大厅里都可以搭建一个小型的体验园地，在这里不仅有感官的养料，还可以让访客们的双手趣味性地忙碌一番。我的小建议是：在这里，你可以给手下喜欢玩网络游戏的年轻人一个发挥的机会，他们一定会想出不少好主意。

问题始终都是这几个：你需要通过什么样的方式才能塑造多感官客户体验？你的品牌听起来怎么样？你的产品可以怎样去营造触感？你可以在哪个环节融入哪种香氛方案？而如果你的客户是比较年长的人，那么有没有考虑到他们在触觉、听觉和视觉能力上的退化问题？如果你的产品是面向女性的，那么有没有顾及她们购买行为的特殊性？“Pink it and shrink it”（做得粉嫩又小巧）并不是一个好的应对办法。某家人力资源杂志曾经专门做了一期内容奉献给职场女性，这本来是一件相当不错的事情。可是，当人们一眼看到这期杂志的时候，却发现它的封面是一大片 Hello Kitty 式的粉红色。这真是个笑话！

就像面包店经常把新鲜出炉的面包香味散播得满条街都是，甜品店可以向外放送巧克力浆汁的甜香，烧肉店可以挥洒烧烤美食的气味，旅行社可以飘送怡人的椰子油味，电影院则是爆米花的气息。在建材市场里可以让大家闻到刚刚锯出来的木头的味道，在园艺中心可以散发出草坪刚刚修剪后的清香，而在一家水产品店铺里——不，可不能发出鱼腥味，而是要让顾客闻到海浪的味道。厨具用品店可以根据一天里不同的时间段或者按照一年中不同的节令，分别散发出烘焙过的咖啡味、比萨味或者圣诞糕饼的味道。这样的理念在通常情况下能带来两位数的营业额增长。

当我乘坐火车前往奥地利的时候，根据我下车时的不同地点，我希望能在各个火车站分别听到施特劳斯、莫扎特、李斯特、莱哈尔或者是海顿的音乐作品。就好像瑞士用独一无二的方式让瑞士徽章引起大众的注目，奥地利也可以通过类似的方式好好利用自己的音乐历史。

为了能在与电子书的竞争中占据优势，图书可以被感官化，并通过后期加工技术来提高自身价值。当我走在集市上或者家具商场里时，我希望能够嗅闻、抚摸所有的东西。众所周知，拿到自己手里的东西就成了占有品，大脑就会觉得这东西基本上已经属于自己了。你不相信？那么不妨试一试，能否在排队交钱时从别人的购物车里拿走东西。即使只是很小的东西，也可以清楚地说明：对于自己已占有的东西，我们是不愿意再次失去的。专业术语称之为“损失厌恶”。嫉妒和吝啬都同样是这一概念的极端特性。损失厌恶也会导致我们难以摆脱老习惯，它让我们喜欢走老路，我们会觉得已经占有的东西比不属于我们的东西更珍贵。而对于拿到手里的东西，我们的购买意愿会上升。于是，更多的接触就意味着更高的销售额。

目标：以感官的多元化取代单一化

对香味、声响和质地触感的运用也被称为感官式品牌管理，它能极大地刺激顾客的感受。因此，纯粹只是从视觉上展现一个产品是不够的。企业目标应该是：以感官多元化取代单一化。这里涉及的不是独立解决方案，而是精准完美地同步化的理念。一个品牌所代表的内容也可以通过声效和气味来编码加密，这样一来，企业可以给自己的品牌颜色配上恰当的声响；一件产品有什么样的用途，可以通过音乐来伴奏，或者也可以通过芬芳的气息来加以体现。而服务项目也可以运用同样的方式展开，安全感听起来是什么样的？信任有着什么样的气味？可靠有着什么样的触感？而成功又有着什么样的味道？

经常有人问我：多感官理念是否也可以转用于工业制品领域。那还用说！我们首先得看看情况，比如，一台机床、装配机器人或者一套饮料灌装设备代表着什么样的情感因素。在这里，我们马上会联想到的概念有：精密、性能、发电站、效率、进步、美化、成功。接着，你可以分析自己的广告形象：它是否会傻里傻气、老旧过时、不太协调？会不会平淡乏味、显得难以接近又或者是马虎随意？画面是否充满着力量感？采用的颜色是否能够代表效率？排版是否完美无缺？字体是否富有未来色彩？可以让“精密性”发出什么样的声响？那么质量呢？还有安全呢？可不可以从嗅觉的角度体现机器的运作？有没有一种熟悉的气味能让人联想到制造工艺？必需的功率值是否不仅可以通过表格来展示，还可以赋予它们感官性的色彩？怎样能让状态图标或者危险防范图示变得有吸引力，可以在其中置入趣味时刻吗？是否有可以考证的故事作为证明材料呢？

多感官营销（sensory branding）对于机动车产业等行业来说有着重大的意义，因为顾客购买的并非只是一辆车，还包括一种情感体验。一辆汽车并不仅仅牵涉视觉和驾驶感受，它就像一支小型管弦乐队：它在隆隆地奏乐，琴音高亢、管乐齐鸣，重要的是，它不会叮当乱响。司机们需要这一类的声响反馈，这能告诉他们车辆的健康状态。当出现问题的时候，有经验的司机马上就会听出来。完全不发出声响的汽车是根本不值得追求的，这也因为关系到容易出事故的问题。然而，音效设计师们必须决定的不仅仅是什么东西听起来应该怎么样，还要决定哪些东西必须保持安静。因为干扰性的声响只会让我们糊涂，或者让我们烦躁。汽车里的气味也是类似的情况，对这个问题，由专业的“鼻子团队”研究解决。

然而，当大多数品牌对感官的轻慢已经到了不可原谅的地步时，数字产业却早已致力于感官的整合，我们马上就会谈到这个现象。电脑游戏产业是开路先锋，它领先一步，成功地把所有感官引入游戏之中，创造出了完全实感的体验。

感官与操纵

一涉及感官，人们总是会马上谈到操纵。对此，要在这里说明一句：操纵本身是无所谓好或者坏的，因为这个词的意思不过是“操作、运用”。我们想要通过自己的所作所为、通过我们对周边环境的影响来促成某些事情，没错，我们有时候甚至也会想要诱惑他人。为了成为众人渴求的对象，我们把自己修饰、打扮得漂漂亮亮；因为暗送秋波、调笑传情本身就已经是一个非常吸引人的游戏。当然，我们也喜欢受到引诱。爱尔兰作家奥斯卡·王尔德曾戏谑地说道：“我们应该屈从于蛊惑，因为你不知道它还会不会再次光临。”但是，如果“总想着公与不公，并且对物质财富抱着质疑的态度，那么就会蔑视自己的欲求，并且视之为粗野的欲望或是异样的力量而予以拒绝。……而一切能唤起渴望的事物于是都有了操纵诚信意识的嫌疑”，艺术史学家沃尔夫冈·乌尔里希在《欲求》一书中如是写道。哲学家和神学家一直把美好事物区分为两种，一种是蛊惑人心的危险之美，而另一种是在苦行之中努力谋求的良善之美。

不管怎样，我把操纵分为“黑色”与“白色”两大类。前者只考虑自己的利益而去损害顾客，它撒谎、欺骗并将顾客引入歧途。后者完全不会这么做，它的目标是双赢。因为只有当双方都可获益时，才能成功建立起长远的业务合作关系。然而，在心理学与社会学中，“操纵”这个概念作为施加影响的形式无可避免地滑向了消极的角落，如今大家对它也普遍是这样理解的。因为大脑中的那些我们尚在研究的小小“弱点”可以被数不胜数的诡计滥用，所以，人们对各种操纵手段的猜疑是根深蒂固的。掩藏在这种情况背后的则是对失去掌控的恐惧，再进一步，就是惧怕被黑暗势力玩弄于股掌之中，惧怕落入邪恶者的围猎场中却无力抵抗。当然，这样的风险总是会有的，但是，什么事情都不发生的地方也不会出现好的事情。

> 最大的操纵家存在于每个人的头脑中。

顺便一提，最大的操纵家存在于每个人的头脑中，它就是大脑的奖励中心。为了在“买下它”与“别发疯”这两种内心声音的争斗中获得胜利，它麻痹了理智中心，于是我们就头脑发热地下手买了。遗憾的是，广告和销售都在刻意地运用着大量有损客户利益的操纵伎俩。那些深谙此道的人通过这些伎俩把我们变成他们的盘中餐。他们有的是在打擦边球，而有的却极其无耻。食品产业中充斥着“气味扭曲专家”“味觉魔术师”“Photoshop 杂耍演员”以及“最卑鄙的营养谎言家”等各类称号，提供了大量很不光彩的例子。然而，关于该行业多端的诡计大家都可以从网络上了解打探到。还有服装产业那最为糟糕的生产方法以及对员工的恶劣待遇，网络上也统统都有记录。

是的，今天就是如此：那些不道德的、只是用来欺诈顾客的东西迟早会被揭露出来。滥用顾客的信任必将受到惩罚，因为报复是令人感到甜蜜的，而幸灾乐祸就更甜蜜了，叔本华把它称作“地狱的笑声”。而顾客数量的锐减、消极的口碑以及声誉的受损的确会给企业带来地狱般的痛苦。

03

怎样与感官对话

能通过感官被识别出来的品牌是强大的品牌。不关心感官触点的品牌则是在挥霍钱财，相反，那些带给我们多元感官体验的品牌则注定会赢得回头客。感官都有哪些呢？

- 视觉
- 触觉
- 听觉
- 嗅觉
- 味觉

多元化的感官体验能吸引更多的注意力，能更加令人难忘，并且能更快地被识别出来。它代表着品质的提高以及安全性的确保。

在大脑看来，通过不同渠道被送进来的同一信息意味着多重的查证核实。如果一件东西看起来很好，手感也很好，同时闻起来很好，并且尝起来也很好，那它就让我们确信自己不会因此中毒。出于这样的原因，多感官化信息要优先于感官单一的信息。当同一个信息平行地通过多种感官渠道抵达我们的大脑时，它就产生出一种大脑印象大爆炸："买我吧"，神经元疯狂地开火。而每当我们使用这样的一件产品时，它在大脑中的印象就更加根深蒂固。

很多感官刺激不过是被接收者附带性地或者是完全无意识地接收了，然而，它们产生的影响却非常大。Millward Brown 公司的品牌感官研究表明：当一个品牌通过两到三种感官意识来进行演绎，这时，只要能正面地引起某一个感官的兴趣，那么品牌忠实度的平均值就可以从 28%提升到 43%。如果能成功地调动四个感官甚至是全部的五感，那么对品牌的忠诚度将平均提升到 58%。神经营销专家汉斯·霍泽强调指出："如果所有感官被同时激活，我们大脑中的情感效应将比单个感官影响的总和高出数倍。"此外，借助多元感应还能够更好地在竞争中脱颖而出。

怎样才能够激发出感官的焰火，为顾客开辟出一方感官的乐土呢？对此，需要思考以下几个问题：

- 我们的品牌是否在所有恰当的接触点上都运用了感官刺激？
- 其中被整合的感官有多少种？
- 还缺少哪些感官？我们怎样才能把它们整合进去？
- 哪种感官能为我们创造独特的竞争优势？
- 哪些东西没有必要、很麻烦或者有干扰性，必须撤除？
- 顾客到底有没有注意到我们的感官营销？
- 我们可以试验哪些东西？在哪里进行试验？用什么方法进行试验？

- 通过相关的措施要让销售额增长多少？

对于这些问题各有哪些可能性，这就是我们现在要探讨的内容。但是，不管你最终作出什么样的决定，每个环节都必须把握分寸、恰当适度，并且要适合品牌以及顾客。过犹不及，负荷超量很容易就会遭到顾客拒绝。

你的品牌看上去是什么样的？

那是2015年6月25日，参加纽伦堡Co-Reach博览会的我当时正在从各个角度欣赏着世界风光，并没有去关心这场对话式营销博览会上热闹的实景。我正在爱尔兰上空“翱翔”。不管我看向何方，爱尔兰无处不在；我头顶湛蓝的天空，脚下绿意盎然的草地，前方雄壮的山脉，还有身后静静流淌的小溪。虽然这景象真实得难以置信，但它并非现实场景。我正戴着一副三星生产的VR眼镜，它在虚拟现实中实现了球面的360度全方位视角。接着，我借助它和超棒的耳机音效隆隆地驶入赛车维修区；然后，我又参观了一艘游轮，对异国他乡的向往之情油然而生。在当天晚上，我去电影院看了一场3D电影，相形之下，电影一下子就显得那么平淡无奇。

VR头显让人足不出户就能够沉浸到虚拟的现场体验中去。前提是，事前必须录制好相应的影像，为此，不用多久就会有广泛适用的摄像技术供人使用。这样一来，人们可以对生活新规划毫无风险地加以体验，对国外的度假胜地也可以事先做一番考察。体验式礼品供应商Meventi就为顾客提供了一种造价低廉的纸壳式虚拟现实头显，以激发他们对小型冒险体验的兴致。“通过这个办法，我们成功地把转换率提高了一倍”，企业负责人亚历山大·威尔肯定地说道。

VR 全景眼镜的用途有很多很多。弹出商店现在也可以邀请顾客独家试用新品系列；对于有意购买的房子，人们可以远程看房；而制作流程也可以预先加以检验并全面进行评估；新的学习方式是可以想见的；即使是想前往不久的将来作一次短途旅行也是有可能的。还有，城市的建设规划可以进行可视化整合。不管是在遥远异地举行的运动赛事还是最喜欢的乐队在远方开演唱会，我们都可以将自己投射其中；借助装有专用摄像头的无人机，可以为此拍摄 VR 影片。用不了太久，我们将能够带着数据眼镜、穿着模拟套装、站在 VR 式全息甲板上沉浸到任何我们所能想到的情境中去。

各种形式的动作都会比静止不动的信息更迅速地抵达我们的神经元，因为它们对远古时代的大脑来说代表的是潜在的危险。另一方面，运动是非常有吸引力的，因为多个感官会被调动起来。因此，这个新的触点一定会成为成功案例。但是，不管触点有哪些数字化的可能性，我们都将不断地渴望尽可能地亲身感受并享受这样的神奇魅力，渴望捕捉神秘的瞬间，渴望能宣泄情感，能用自己的眼睛去捕捉新的印象。因为人类是情感动物，也是视觉动物。

对品味、色彩和人的狂热执着

我们的大脑对品味与美都相当狂热。为什么会这样？好的外貌在情侣配对游戏中能带来优势。每一位整形医生都能告诉你，有多少人宁可放弃度假，只为了能在对自己稍作改变之后大放异彩。相貌好看的人收入更高，相貌好看的管理者晋升更快。“想要平步青云的人，必须看起来年轻而有活力。白头发、皱纹、疲惫的肌肤和滚圆的肚子让人显老，它们代表着能力的减退”，性别营销专家戴安娜·杰费在其《为亚当与夏娃打广告》一书中这样写道。

即使是幼小的婴儿也会更喜欢脸蛋漂亮的人。长得好看的人享有更高的声望，也能获得更多的信任。在困境中，他们能够得到更多帮助。在医院里，他们也得到更悉心的对待。丑陋很难推销出去，造型美观的产品和良好的设计却能引发渴求，也能带来更高的价格容忍度。好的设计如果能与先锋技术相结合，那就无可匹敌，物联网将为其提供广阔的用武之地。

看到的东西能够激发我们心中的设想。比如，我们可以从菜单上的字样来推断大厨的烹饪风格。如果版面朴实粗略，我们会认为饭菜口味是地道实惠的；精致、优雅的字体则暗示着星级水平。对于网上商店，我们也会通过外观来推断商品质量与价格。

即便是色彩也能交流沟通。它们代表着情调气氛，可以从中推断出特色和个性。我们把色彩分为冷调和暖调。红色是暖色调，但也很有攻击性，它是行动之色。蓝色显得严肃，它代表着冷静和疏远。绿色让人平静，是大自然的颜色、和谐与健康的颜色。浓烈的黄色和耀眼的橘色都是信号色，它们能带来活力，代表着乐观，但也代表着便宜商品和特价打折。银色象征着技术与效率。黑色和金色是权力与奢华生活的色彩。如果为颜色冠上形象的名称，它们还会变得更有感情，比如沥青黑、宝石蓝、樱桃红或者薄荷绿等等。

人们对颜色的偏好也是很性别化的。不，女士们最喜欢的颜色并不是粉红色。而对男士们来说，粉红色甚至排在了喜爱度的最末尾。因此，Telekom 清楚地把其品牌颜色称为洋红，而不是粉红。另外，对男女双方而言都明显大受欢迎的依次是蓝色、红色和绿色。也许正因如此，网络链接用的也是蓝色。专业的网络供应商甚至针对哪种调子的蓝色拥有最佳表现力进行过周密的测试。营销平台 Hubspot 做过的一项实验表明，用于 Call-to-Action（行为召唤）按钮的最佳颜色是红色。这个颜色吸引的注意力比绿色按钮高出 21%。

有些企业会刻意使用能让人们立即产生联想的颜色：

- 看到血红色你会想到……
- 看到宝蓝色你会想到……
- 看到紫色你会想到……
- 看到亮黄色你会想到……

在食品领域，如果颜色与人们的经验和期待并不相符，就会让人困惑糊涂。比如，香草布丁就不应该是巧克力色的。红色代表着成熟与甜美，黄色让我们联想到柠檬的香味，绿色则让人想到酸味或者涩味。这就解释了，为什么在一袋小熊软糖里，红色小熊的数量是绿色或者黄色小熊的两倍。

当我们观看一幅画面的时候，大脑总是会先从画中寻找人的身影。人比物体要更优先。人的脸似乎有魔力一般吸引着每一位观众，而脸上最有吸引力的则是眼睛。所以你必须努力在人脸朝向的地方布置重要内容，比如可以是你想要销售的产品。这为什么会行得通？因为我们会不由自主地跟随别人的目光看过去，因为怀疑别人可能看到了某些我们没看到的东西，比如正从后方慢慢靠近的敌人等等。

视觉与数字化

在互联网上，收效最佳的也同样是带有人物形象的图片。WhiteMatter Labs 有限公司的调查指出，在网页中，即使是图形代表（头像）和人性化的交互式助手也总是最先被注意到的对象。被试验者对于它们的表情展露出越来越活跃的情绪反应，他们会追随虚拟顾问的手势行动。这样的情况让供应商能够有针对性地调控网络用户的目光，从而促使他们点头购买。如果在点击了操作按钮之后，导购面露微笑，那么顾客的好感度就会大大上涨，其结果就是销售额也显著增长。

这样的过程是通过视线跟踪等方法来调查的。运用摄像头来跟踪被测试者的目光，并形成一幅热图，标出被密集观察的点，这样就可以在互联网上对图案的效果进行现场测试并迅速完善。

谷歌眼镜也是与视觉相关的。这个产品经常被运用在必须解放双手的领域（比如在手术中）。然而，作为消费产品的它至今毫无成就。这个被人像眼镜一样戴着的架子（镜片它可是没有的）到底是做什么用的呢？它能把互联网带入我们的现实世界，并直接呈现在我们眼前。人们也称之为增强现实技术（AR）。增强现实是在电脑支持下对所见现实的一种扩展。它通过信息层（information layer）产生；信息层由虚拟数据产生，并能在现实中插播——在智能手机上、平板电脑上，不用多久还会出现在特制隐形眼镜上，也同样是通过轻轻敲击谷歌眼镜的镜腿。

这项技术不仅为我们提供了额外的信息，让我们更多地了解橱窗里漂亮的连衣裙或者在门背后隐藏的是什么，也能给我们提供关于他人的背景信息。仅仅因为这个架子能做到这些事情，不少人就已经觉得毛骨悚然了。佩戴这种眼镜的人，会让不少人觉得很尴尬。因为面对佩戴者，他们会认为自己正在被扫描透视。于是，过度的谨慎与不信任就落地生根，而这两者在人际交流过程中都只会制造阻碍。

你的品牌摸上去是什么样的?

我在不久之前结识了帕罗。它有着稚气的大眼睛和小狗似的眼神，喜欢和人依偎在一起，而且总是睡个不停；睡觉的时候可以看到它长长的睫毛。只有当你和它说话的时候，它才焕发生机，嘟囔着用谦卑的目光往上看向你。它柔软、雪白的皮毛下面开始咕噜作响，它的脑袋会随着你的每一个动作转动。帕罗是谁？它是一台相当逼真的人造海豹看护员，也就是机器人，它的感应器能对触摸、光亮、声响和温度做出反应。它被用于治疗性工作，特别是针对老人与儿童的治疗。帕罗拥有学习能力，它能对人的行动做出反应。如果人们叫它，它甚至能学会自己的名字。如果别人好好对待它，它会变得很讨人喜欢；如果遭到恶劣对待，它会变得顽皮无理。“曾经有一次，”帕罗的管理员这样对我说：“它被送回来时状况极其糟糕，我们不得不重新启动程序。”

这个毛绒玩具首要的任务是帮助患者改善沟通与社交行为。帕罗完全符合“可爱模式”。这是一个由行为研究专家康哈德·洛伦茨提出的概念，它包含了所有能瞬间激发我们关爱系统的关键刺激因素：超大的脑袋、高高的额头、间距很大的大眼睛、小巧的鼻子、圆圆的脸蛋、柔弱的声音。可爱模式特别能引起我们对婴幼儿的关爱之情，即使对方并不是我们自己的孩子。我们的这种行为和动物是相同的，这可以保障物种的延续。

触觉有很多层面

触觉或者手感所涉及的是人们在触碰某个东西或者通过被触碰来感受该物体，比如与柔软或粗糙的布料接触时的感觉。触觉认知包括以下几个元素：

- 材料的纹理（粗糙、光滑、金属感等）
- 物体的形状（圆形、有棱角、尖锐等）
- 形态（固态、液态、气态）
- 温度（冰冷、温热、滚烫）
- 重量（轻、重）

仅仅通过碰触一件物品就能够增强人们购买该物品的意愿。

人们对一件产品的购买意愿可以仅仅通过碰触这件产品就得到增强。指尖的触摸越多，这件产品就会显得越有价值。而较重的产品则会给人以质量良好的印象。因此，Bang&Olufsen 将遥控器额外增加了重量，以让它显得品质更高。与坐在硬邦邦的椅子上相比，坐在柔软沙发中的人在谈判与价格磋商中也会变得“柔软”。喝温热的饮料也会收到类似的效果，它能让我们产生正面的情绪。

iPhone 获得巨大成功的主要原因何在？它是第一台能让我们触

摸操作的电话，它让我们的指尖变成了小小创造家。直觉式的操作为我们获得了反馈迅捷的成就感，并让我们进入心流状态，给我们的大脑带来快感。这一切都轻松有趣，既引人入胜又其乐无穷。触摸动作还能制造出亲密与牵绊。这样一来，让一大批人爱上这台机器的所有前提条件便都具备了。苹果专卖店始终坚持在店面陈列上要做到能让访客可以把机器拿在手里，能来回赏玩、深入研究并能直观地试用，从而让他们熟悉手机。

再看看这里：来自柏林的神经科学家于尔根·伽利纳特借助断层扫描仪（MRT）证明了苹果手机能激活大脑中负责"喜欢上他人"的区域。这能让人们与它建立一种"关系"。其他的手机的测位却不过是在负责物体辨别的区域。也难怪，保留按键不变的这一管理决策差点给了棱角分明的黑莓手机致命一击。是按键还是碰触抚摸，这个区别对于我们的大脑来说是巨大的，即使是强硬的商人也非常喜欢玩手机。

我们热爱能够触摸到的东西

"一项研究表明，购物时是通过触屏还是通过鼠标点击是很有区别的，"多元感官专家奥拉夫·哈尔特曼说道："通过触屏，赏识度能提高40%以上。它的互动性很强，顾客可以通过手势来移动、放大或缩小产品。通过触摸屏幕上的产品，将产生出一种心理上的占有感，这一感受的强烈程度通常只在真实触碰时才能观察到。"这给供应商带来什么样的影响？那就是要尽可能多地把各种行动往智能手机上转移。"移动第一"就是现在的战斗口号。

触觉设计在一方面涉及的是如何赋予物体独树一帜的形态，让它们即使在长达数米的超市货架上也能被人一眼就认出来。在另一方面，要能够从新的角度再现已有的质地，比如木材或者皮革的纹理（和气味）。最后还涉及的就是要打造出能为触觉感官带来乐趣的质地。比如，有一家面包店在柜台上镶嵌了一块可以加热的石板，店员会先把顾客购买的东西放在石板上，再让对方取走。

游轮旅游公司 Aida 曾经为了检测触觉的附加值而向它的老客户寄出过两种不同的邮件。一类邮件只包含文字资料，内容是："敬请再次登船远航。"另一类邮件则额外附送了一条蓬松柔软的黄白条纹 Aida 迷你毛巾，也就是乘客在甲板上晒太阳时使用的那种散发着防晒乳香味的毛巾。"与普通邮件相比，这种多感官邮件得到的响应就是比前者高出 41％的旅游预订率"，多感官研究院的触感专家奥拉夫·哈尔特曼阐述道。

儿童器官移植援助机构 Kio 是一家为移植过器官的儿童及其家庭提供资助的慈善组织，它曾经针对所挑选的对象发起过一次非常特别的行动，呼吁他们慷慨解囊。这些人收到了一封非常引人注目的圣诞邮件，它的隔热性包装让人联想到移植过程中使用的运输盒子。邮件中装的是"唯一一件无人需要的器官"，这是一颗用真正的冰块做出来的心，但收到邮件的人把它拿在手里时，它就开始融化。这场活动得到的反馈就是：当年的捐赠量与上年相比增长了 30％。

不同年龄阶段的触觉体验

年幼的孩子运用全部感官探索世界，他们尤其会用到触觉。他们想要研究物质世界是怎么构成的，其中又受到什么样的规律主宰。这一早期的塑形阶段为“触觉记忆”奠定了基础。随着数字设备进入孩子们的房间，他们的触摸体验也发生了变化。你一定看过那段小婴儿像对待 iPad 那样用手指触按报纸的视频吧？如今，按键、游戏杆和触屏在支配着孩子们的世界。在操作设备过程中学到的作用机制在一定程度上会嵌入孩子们的脑海，并在以后的生活中被直觉性地调用。而这也会加速数字化变迁，让人与机器人之间的距离进一步缩短。

上了年纪之后，人的运动能力、听力以及视力会逐渐减弱，灵活度与握持力度也同样如此。复杂的盖子、玻璃器皿、罐子和瓶子不再那么容易就能打开，所有的小物件都难以握进手里，又很容易从指尖滑出去。简便的操作对中老年顾客来说是一个非常关键的购买因素，清楚易读性也是一样。无论在手机上还是在使用说明、宣传画报抑或是在标签以及提示牌上，细小的字体无异于商业性自杀，这些都是制造商们应该思量一番的问题。同时，明确被定位为中老年用品的商品，会立刻让购买兴趣消失无踪，最好的做法是默不作声、毫不惹眼地进行必要的、迎合中老年顾客的优化调整。要想提高这一购买力较强的目标群体的生活质量，涉及的往往只是小细节，顾客会带着感激接受这些小细节，并报以丰富的“选票”，也就是钞票。

触觉与数字化

触觉式的未来将给我们带来什么？多年以来，业界一直致力于研究如何将视频与音频信息与机器集成一体。现在摆在我们面前的是一个更为艰巨的挑战，即研发并落实技术意义上的触觉。机器人一旦得到一种有感觉功能的“皮肤”，那么我们就可以把它们从笼子里放出来了，因为机器人不可以伤害人类，这是一条铁律。

Google 正在与 Levi's 合作研发一种能够操控手机和平板电脑的牛仔裤，比如可以通过用手划过裤兜的动作来接听电话，而无须将手机从口袋里取出来。“要达到这一目的，我们得将有传导功能的纤维加入布料之中”，Google 的项目负责人埃姆雷·卡拉果泽雷解释道。这里用到的细小纤维连接着只有纽扣大小的芯片。这种智能牛仔裤可以像普通布料那样进行处理、洗涤和拉扯。对 Google 而言，把这项技术运用到带有布套的家具中或者是地毯中也是可以想见的。

一家名为 Cicret 的法国公司甚至在开展一个众筹的智能手机替代品项目。Cicret Bracelet 是一种手环形式的可穿戴设备，它借助微型投影机把操作界面投射到小臂内侧，八个不同角度的摄像头对手势和触摸动作进行识别，并触发应用软件中的相应功能，这样人们就可以查看邮件、上网或者检索地图等。打电话应该也可以实现，不过仍需连接自己的智能手机。

你的品牌听起来是什么样的?

“稍稍按下启动按钮，就会传来一声带着细腻基调的低沉轰鸣。可以清楚地听到，在这里运作的是最精密的机械，尽管响亮，却不失优雅。轻缓触动油门，发动机就开始嘶哑地、如释重负一般咆哮起来。一旦达到了适当的速度，伴随行驶的就是一种饱满、惬意的隆隆声。只有当时速达到每小时 330 公里的时候，推进才会结束。

迎合着高速运转，此时的声音犹如凯旋欢歌。随着减速和降挡，这场声响的风暴会在某一时刻低落淡出，而战栗犹存。”在这里，人们把通常只用在葡萄酒品评中的诗意用于描写奥迪 R8V10 的“性能之声”。“一辆运动轿车所拥有的力量、速度与技术不仅仅得让人感受到，还必须让人听得到”，宣传海报上如是说。

汽车制造商都是声响大师。把发动机抽吸时的噪声与排气管的爆破声谱写成一支别具一格的交响曲，这与纯粹的机械力学并没有什么关系。这里的目标音效是在声学实验室里研发出来的。这样，人们可以在见到一辆保时捷之前就先听出它来。一辆汽车的动感特别能够从踩油门时的音量中测出来。人们还非常重视其他的很多声响：开关的啮合声、控制按钮的操作声和车窗开关时的声音，还有从小型扬声器中发出的、随着指示灯闪烁节奏滴答作响的音效。最后，关上车门时那温暖、饱满的响声是在说：一切顺利，干得不错，安全到家。

哈雷摩托车的发动机声、纽约证券交易所的收盘铃声、手机的原始铃声、笔记本电脑开机时的问候音效、新邮件到达时的叮咚声、游戏机的咔嗒声，所有这些声响都有一个共同点：声效设计师对它们进行了加工。而一口咬上梦龙雪糕时的经典咔嚓声也要归功于这些设计师。

在食品产业中，有大批工程师在潜心研发适宜的啃咬体验。家乐氏玉米片那独一无二的酥脆感就是在音效实验室里开发出来的。Bahlsen 公司有一个专门的研究部门来负责饼干糕点的声音，并在此基础上对配方、质地以及烘烤时的温度进行调整。如果饼干应该更松软一点，就会加入更多的半固体脂肪；如果要尽可能硬一些，则对原料进行处理，在研磨谷物的时候会磨得粗糙一些。Bahlsen公司还发现，年轻的消费者更喜欢的是极其松脆，也就是“响声大”的产品，而年纪大的消费者则更多地选择酥软、响声不那么大的糕点。

耳朵总是在参与购买

为什么要在声音上花这么多的功夫呢？因为比较好听的东西也会比较好吃，自然也可以卖得更贵一点。每一个音调都是一个信息，它或许会提高一个产品的价值，又或许会拉低，因为耳朵总是在参与购买。声响能让我们在安全感中放松，又或者会警告我们有危险出现。打开啤酒罐时发出的嘶嘶声，或者拧开果酱瓶盖时的咔嗒声都是大家习以为常的标志性声响，它们代表着新鲜和干净。如果听不到这些声音，我们的脑瓜里立刻就会警铃大作，“最好别吃它们”，仿佛有人对我们说；于是，我们的兴致一下子就全没了，觉得最好不要去碰它们，虽然心里其实并不很清楚这是为什么。

很多声响代表着即将到来的美好享受，只要我们回想一下一口咬在焦脆的大香肠上时的感受就明白了。把啤酒倒出来的动作也有着同样的效果，它唤起了带着向往与期待的快乐。音效设计师弗雷德里希·布鲁特纳阐述道：“倒啤酒的时候，从瓶腹流向瓶颈的弧度越陡峭，瓶口流量越少，那么听起来就越是和谐、美味与性感。……如果酿酒商能成功调配出就像捷克比尔森啤酒的那种低缓颤音，那么他们的啤酒一定会非常成功。”这又有谁能想得到呢。

家用电器和电动工具发出的噪声也会引发人们的情绪。典型的声音都是我们了解过的，它们让我们对产品的运转情况形成某些印象。不协调的东西会让我们烦躁，哐当乱响的东西显得廉价，而纯正、浑厚又饱满的声音则是质量的保证。面对一台机器，我不仅仅只想得到视觉上的信号，还想要有听觉上的信号来告诉我它是否能正常运作。声响抵达大脑的速度比画面更快，在极端情况下它还能拯救生命。所以，当我进入或者离开旅店的房间时，我想听到房门的的确确是锁好的。

我们听到的每一个声响都会让我们想起好的或者不好的经历，这种记忆可以回溯到婴幼儿时期，甚至是分娩前的阶段。喃喃低语的小溪、鸟儿的鸣唱与刮过树冠的和风滋生出让人愉悦的赞同感，而滴答作响的水龙头、吱吱呀呀的门或者秋季里吹扫落叶的鼓风机往往能把我们逼疯。每一个声响都会引发情绪：肚子的抽痛、肌肉的紧绷、呼吸的急促、注意力的集中，甚至还会起鸡皮疙瘩。积极的情绪会引发一种让人想靠近的反应，而消极情绪则引发远离行为。印度人说："老虎来时你得先听出来，不然，等你看见它时那就太迟了。"把声音错听成一只老虎袭来也肯定比听漏了要好得多。我们的存活取决于迅速而灵敏的警报系统，我们的先祖正是那些总是能觉察出敌人到来的大自然造物。

广告中的好声音

"研究表明，在网站的主页上加入声效的品牌被再度访问的概率比无音效要高出 76%；而如果品牌运用了与自身形象相符的音乐，它们留在人们记忆中的概率比无音效要高出 96%"，马丁·林德斯特罗姆在其《品牌意识》一书中写道。奇怪的是，只有为数不多的几个非音乐行业品牌擅长通过声响体验来积攒资本。当我走进你的企业时，包围我的会是哪一种声响世界呢？是喇叭里传来的广告吆喝——它无异于对耳朵的一种侮辱——还是将我带入轻松状态的听觉体验？感到轻松的人能够敞开自己，而这种敞开不仅是对新创意的开放态度，也包括了腰包的开放。感到轻松的人会放慢步伐，也愿意多作停留。而停留时间较长的人，会买得更多。在紧张的状态下，这一切都是行不通的。

真正不可饶恕的是等候服务台来电转接时的声效处理。一部分企业显然是这么想的："既然我们的顾客已经等在电话旁了"，——顾客常常要等到天荒地老——"那么我们也可以用自己的广告音乐对他们骚扰一番嘛，因为我们毕竟在广告上花了一大笔钱呢。"而打电话的顾客对此有什么看法，企业完全不在乎！另一方面，真正让人舒服的等候体验是能获得回报的。一时之间我只能想到两个实例：一个是赖发森银行的广告旋律，另一个是德国手工业协会的形象广告之一。有创意的小企业时不时也会有亮点，然而大多数企业的服务台电话中传来的内容都可怕至极。能不能有谁来想想办法呢！

这本来应该挺简单的。音乐可以给人们的身心带来哪些积极的影响，每个人对此都有切身的体会。调查显示，音乐为特别积极的感受提供了强力的支撑，能提高大脑中负责动力、奖励和兴奋控制的区域的新陈代谢；即便是心跳、绷紧或者松弛这一类的身体功能也会受到音乐的影响。每个人都能回想起，惊悚电影中预示着危险来临的音乐是什么样的。每个人也都知道，当爱情电影里响起柔和的弦乐时会产生什么效果。对卖家而言，最好是能让自己的顾客被包围在怡人的声响之中。

声效当然必须和品牌相衬。维多利亚的秘密的店铺里播放的是古典音乐，它突出了店中的典雅氛围。古典乐会邀人停留，停留时间更长的人买得也更多。从针对葡萄酒商店的调查中发现：当背景音乐播放的是某一地区的特色音乐时，该地区出产的葡萄酒就会售出更多。

音效式品牌化是趋势所向

一些品牌借由空气中那些时快时慢地落在我们鼓膜上的分子，让自己的广告成功晋升为耳虫。比如这几个：

- 资金问题，请信赖×××。
- ×××，我们给您的未来一个家。
- 咖啡的理想伴侣，无法超越的×××。
- ×××让孩子开心，让大人高兴。

只要不是显得太老旧过时，传统的东西总是能够带来信任与亲密感；押韵的字句能轻松地被大脑接纳并保存。而这一优势不应该被轻慢地对待或者被随意地改动，最多只能偶尔做一些小小的“抗衰老整形”。不断更改品牌的形象与声音，首先会造成混乱，而且也使品牌在顾客的脑子里不断地从头新建。而在那些每隔两年就要换一次销售负责人的地方，圈占地盘的行为可以说必然会成为惯例。继任者首先会把来自前任的一切都除掉，并美其名曰：管理者必须留下属于自己的痕迹。不过留下的却往往是一条条的血迹：客户项目被搁浅，品牌的延续性被摧毁，以及不牢靠的新客户业务。大量的广告费用就这样打了水漂，而客户的信赖却被破坏殆尽。

品牌的广告曲和音效是听觉上的辨识标志。它们能像走后门一样偷偷溜进我们的脑子里去，并且会对我们的大脑展开调节。几乎每个人都听过英特尔的品牌音效，它把不可见的东西形象化了，在这一点上它很有独创性。英特尔的品牌音效是这个全球市场占有率高达80%的微处理器品牌的质量担保，它甚至还有一个自己的名字，叫“Wave”。

这种音效化的品牌推广在这个每次广告间歇人们都会去玩手机或平板电脑的时代是极其重要的。当我们听到“嘀吧嘀吧嘟”的音乐时，就会想起ING DiBa银行，即使我们并没在看电视广告。当听到建材超市Hornbach的“咿噼呀呀”音乐时，我们会马上想起正要着手的家装计划。奥迪的品牌音效叫“心跳”。而由五个钢琴音组成的德国电信音乐则没有名称，这挺可惜，因为通过名字还可以带入更多的情感力量。

除了广告曲之外，一个品牌还可以创造自己的声响世界（音效式品牌化）。这可以在很多触点中加以运用：在自己的网页上、在电视和电台广告中、在YouTube视频中、在形象短片里、在广告活动中、在博览会展台上、在来电转接间隙、在手机铃声中、在应用软件中等。关键在于，要通过所有这些触点推出一个统一的声效印象，从而为品牌创造附加值。我时常会觉得诧异，竟然有那么多企业至今没有一个通用的声效理念。各个部门常常都在各做各事，又或者，已有的企业音乐在公司内部的活动中完全得不到应用。而它们和其他所有音乐一样是能造成某种心境的，其中包括了团结与共的气氛和众人一体的感觉。

声音与数字化

2015 年 4 月 18 日，在阿姆斯特丹举行的世界新闻摄影展上第一次推出了这样一册图书，书中的照片“讲述”着故事：来自世界各地的人们的命运不仅仅以视觉的形式体现，更有声音通过隐藏在书中的扬声器播放出来。形形色色的声响与音乐赋予每一张图片新的感性深度：惊诧、愤怒、欢乐、空间、悲伤，各不相同，战栗与身临其境之感油然而生。这个看起来不大的杰作就是所谓的“T-Book”（T 代表声音），它由克姆尼茨大学印刷与媒体技术学院研发制作。

在互联网上，声音无所不在。然而，人们往往只考虑技术上的可行性，而没有顾及不得不收听这一切的用户有什么感受。突然之间就有刺耳的视频毫无征兆地开始播放，或者，某个产品以超大音量循环做着推介。用户也许要忍受好几秒钟让人头痛的时间才能找到并切断噪声来源，或者不得不为此专门把电脑音量关小。亲爱的广告主们，这样的行径接近于人身伤害！

网络商店可以从汽车制造商创造的反馈流程中学到很多东西。“汪汪”一声可以告诉我商品已经进入购物车，“叮咚”一下是对邮寄地址和信用卡号码的确认，当我点击“购买”按钮后则会有短暂的音乐与我一起欢呼。“非常感谢，祝您开心”，最后还会出现一个友好的声音。当你读到本书的时候，这些设想兴许有不少早已实现，因为网络卖家学习速度很快。他们可以实时测试什么能对用户产生最佳影响，并在最短时间内就优化他们的产品。面对数字化革新，他们非常开明开放，仅仅这一个原因就能让他们大大领先于实体商家。

声效工程师们在将来会面对大量的工作，因为很多与仪器、机器相连的感应器都需要声效花样，远远多过“咔嗒”“哔哔”“叮咚”这样的声响。每一个机器人在工作中都需要生物声响，而每一台器具都需要有独特的声音以区别于其他产品。

你的品牌闻起来怎么样?

我的上一个假期是在南方度过的。在沙滩上，到处都是堆沙堡的小孩。男孩们自然都在搭建骑士城堡，有两个四五岁的小女孩打造了一套非常奇特的建筑。“这是什么呢?”我问她们。“是一家购物中心。”“那这里呢？是中心的入口吗?”“不是，这是伸展台，模特们就在这里走秀。”“这样啊！那你们的购物中心里都有哪几家商店呢?”“有 H&M、Zara、贝纳通、道格拉斯化妆品店、星巴克、麦当劳……”“有没有那家店呢，就是店里头的男孩都裸着上身，音乐很大声，味道闻起来很奇怪的那家?”名字我一时想不起来。“Hollister!”小女孩脱口而出。

有人也许会觉得 Hollister 店里的味道很不好闻，并且因为其不甚合理的商业行为而谴责该企业。然而，这个品牌与它的姊妹品牌 A&F 一样，以香味营销成功创造出独一无二的定位。迄今为止，只有少数几家企业开发出了自己的气味理念（corperate scent)。与此同时，调香与魅力两者之间的关联已有漫长的历史。早在古埃及时代，人们就开始在头上戴着小香笼，让它的气味随着体温发散开来。

从古至今最伟大的调香师是大自然。

还在不太久远的以前，女士们会把沾染了她们体香的手帕抛在中意的男士面前，给对方一个信号。她们利用的是从古至今最伟大的调香师：大自然。大自然制造出香料，植物、动物和人类则借助它们来相互沟通。有的气味信息素有警告或者标记功能。聚合信息素能够将昆虫引到美妙的用餐地点，性信息素能让伴侣之间擦出火花，而从婴儿头皮中发出的信息素则会让人产生多要几个孩子的愿望，因为有兄弟姐妹的孩子更容易生存。

创造甜美香味的大师

工业界如今正在仿造这样的信息素，其中的一家大师级企业就是身体护理用品制造商 Axe。马丁·林德斯特罗姆在《品牌洗脑》一书中讲述道：在一次全球性的预先调查中，联合利华的 Axe 负责人得出结论，不管在世界的哪个地方，男人们的终极幻想大概都是这一个：不仅仅得到一位女士的青睐，更要受到大批女性的追捧。于是就产生了贯穿所有 Axe 广告的脚本：一位形象并不特别理想的青年通过 Axe 防汗喷剂散发出的诱人香味，有如神助一般吸引了一大批如画佳人，甚至有天使因此跌落凡尘，并且乐不思归。很快，可怜的目标群体对该产品的功效坚信不疑，以至于出现在公共场合时会先给自己大肆喷洒一番。在某些中学里，该品牌甚至被禁用，因为它搞得班上所有的东西闻上去都带着一股这种所谓“性感诱惑剂”的味道。

但是有很多的香精并非只有诱惑或者营造气氛的作用，有人说它们还有防腐抗菌、增进健康或者洁净灵魂的功效，然后就提出了香氛疗法。原则上说，每一种气味都会引发我们的感受：害怕、恶心、谨慎、怀疑、放松、开心、舒适、渴望。良好的室内氛围对产出良好的工作成果尤为必要，而怡人的气息也在此列。

鼻子有一条直通大脑的专用线，而它从来都不休息。随着每一次呼吸，飘荡在空气中的气味分子会被吸纳、分析。如果识别出潜在的危险，我们的脑袋会瞬间拉响警报。所以，当闻到火的气味时我们立刻会变得紧张不安。有几种疾病的征兆甚至也能通过鼻子被嗅出来。我们对他人有着好感还是恶感，鼻子也能做出决定性的裁断；它还帮助我们找到适合的伴侣。俗话里也用“这人臭不可闻”来表示忍受不了某人。甚至连受孕也是通过气味交流来进行的。气味研究专家汉斯·哈特发现：女性的卵子散发出一股柔和的铃兰香味，从而能够被精子通过气味接收器找到。而有趣的是，妮维雅的产品闻上去也有铃兰的味道。

我们通过鼻子里的接收器来嗅到气味，这种接收器一共有 350 个。与很多动物相比，这个配置是非常简朴的，但对于我们的大脑而言似乎已经很够用了。“直观说来，”哈特教授说道：“气味的字母一共有 350 个，不管是调香师抑或大自然基本上都可以通过这些字母调制出任何一个气味词组。而气味词组可以只有一个字也可以有多个字，比如‘纯净香草味’等。当我闻到一个味道的时候，我会把这个气味组合与我当时的情绪状况以及画面、声响等信息一起存储起来，所有这一切会被捆绑在一起作为范本保存下来。每当我闻到某种气味而触发并识别出这个气味范本时，其他的感官印象也会被一同唤醒。每个人对每个气味的回忆都是不同的。于是，同一个气味能让一个人感到害怕，因为他最初曾在某种危险情况下闻到过这个气味；但却可以让另一个人愉悦、信赖并缓解他的恐惧感，因为他对这个气味拥有的是截然相反的体验。”

你会怎样运用气味来诱惑我们?

你的气味营销是什么样的？它可以运用到哪些领域？美化空气所涉及的任务基本上是这三项：净化空气、中和不良气息、轻微地添加香味。活动组织者、博览会参展人，运动场馆、健身俱乐部、商店、旅馆、餐馆、诊所、博物馆和展览馆，短途和长途交通工具以及航空公司等都可以好好运用气味的作用。

> 香味添加量应该保持在稍稍低于感觉阈值的水平。

所采用的香味添加量绝对不可以多到分散注意力，而是要起到促进注意力集中的作用。因此，香气要保持在稍稍低于感觉阈值的水平才行。刺鼻的味道很容易就会让感官不堪重负。大多数香水对我个人来说气味都太浓烈了，因此，豪华酒店里的百合花束以及出租车上经常使用的香剂都绝不在我的喜好之列。然而，对气味的喜欢与厌恶是非常个人化的，这与个人（童年早期的）记忆有着很大的关联。

超剂量的人造香味可能会让人身体不舒服，甚至引发头痛。柔和的自然香味能让人感觉舒适，能让注意力更加集中并且能增进交流。它们能起到和谐、放松、增强活力的作用，能传播好的心情，让辨识工作变得更容易，也能唤起回忆；还有，它们能提高购买的兴趣。气味理念能增强一个活动的主题，能给大家留下深刻的印象。所以，在比三维视觉多出一维的四维电影中，除了让观众能看到风、雪、雨和脚边的小动物之外，人们还能闻到气味。

气味交流专家

位于不来梅港的气象展览馆是多元化感官交流的一个最佳范例。它将我们带入一场探索位于东经 8°地区的旅程，当我们沿途经过任何地点时，它都会进行讲解。旅途中的 9 个站点贯穿了分布于五大洲的 8 个国家。参观者不仅能对当地人的生活与工作有所了解，还能见识到所展示地区的温度、相对空气湿度。南极站的温度是－6℃；喀麦隆站则是热带的酷暑，人们可以在夜间漫游在一片非洲雨林之中，感受它的异域气息和各种声响。

嗅觉专家埃尔克·基斯做了这样的描述：在这个项目中，我们不仅想把一些有异域风情的东西带到展览中来，还想将一些颇有争议的气味移植进来。在这个展览的巡回中，被添加了气味的第一站是瑞士站。在这里的一个挤奶工坊里，除了必不可少的草地气息之外，还传送了一种“牛屁”味儿，也就是说在一定区域可以闻到一小股粪肥气味，但在几次呼吸之后又会因为有干燥香剂的介入而消失。这是风景图片所无法呈现的效果：在瑞士的很多地区全年都充斥着这种气味。如果使用 1∶1 的气味移植可能会让访客们扭头就走。而这里所选用的方式很理想：让访者见识到并理解了这种粪肥气味，但却不会深受其扰。

气味交流专家致力于让芳香成分与品牌完美契合，并且要与所在国家的文化背景和谐一致。比如，大多数人都主观地认为，一种清洁剂如果有香气并能产生泡沫，它的清洁效果就会更好。在我们这里，洗涤剂偏向于柠檬味，而且较柔和；而在很多南方的国家和地区，人们更喜欢氯味较重、比较刺鼻的洗涤剂。在一项针对加香厕纸与普通厕纸的测试中，65%的人都自然而然地倾向于添加了香味的卷纸，可他们中间却只有5%的人意识到了两者气味上的差别。

从前，人们会通过嗅闻食物来判断它们是可以食用还是会有损健康。今天，则是由包装上的食用期限来给出所谓的保障。此外，食品行业还把人造香精叠加在自然香料之上，这一切都导致我们的嗅觉开始萎缩。嗅觉需要得到训练。去夜晚的公园、香料园、农场或者花园来一次气味之旅会是一场对嗅觉的历练，能够让鼻子变得更加灵敏。在动物园里或者在狩猎旅行中，也可以重新去了解野生动物的气息。

气味营销可以应用到哪些方面？从大的方面来说，有工作区域、培训教室、公共场所、商店等。那么小的方面呢？包括带气味成分的芳香广告、邮件、宣传单和海报，添加了气味的产品、包装、纸盒纸箱、购物袋、（广告）赠品以及礼品包装纸。香味通过微胶囊封装，经过触摸释放出来。如果气味只有通过触觉式互动才会挥发出来，比如通过摩擦，这就增加了一个额外的趣味元素，让感官体验得到了加强。

嗅觉与数字化

你可能很难相信，嗅闻很快也将被数字化。研究人员正在研发一种微型电子鼻，它能比训练有素的狗更精准地闻出各种各样的物质。如果嵌入手机中，它能察觉煤气泄漏、爆炸物和食品中的危险物质；发现空气中的污染物它会及时拉响警报；从人们的呼吸中它甚至能发现肺癌的征兆。这样一来，有嗅觉的手机也许能够拯救生命。

那么香味物联网又是怎样的景象呢？借助 oNotes 是没问题的。一旦收到气味数据，圆柱形的盒子会在数秒之内通过胶囊输送出一阵香雾。这台设备被称为 oPhone（o 代表嗅觉），通过 32 种基本香型，它一共可以创造出 300 000 种不同的香味。这样，当你在看书、听音乐或者看电影的时候，都可以有适合的香气陪伴你。你也可以用香味标记拍下的照片然后发送出去，这样一来，香味就在环游世界了。对于某些产业部门来说，这一发展趋势可能会带来极大的好处，比如厨师、调香师和游戏开发商等。

你的品牌有什么味道？

大家都知道，所谓“众口难调”，这里的“口味”其实并不仅仅是它的引申义。虽然拥有味蕾，与鼻子紧密合作的舌头却仍然时常会蒙蔽我们。为了不让我们因为这一问题而在社会中表现尴尬，专业的葡萄酒品酒师们提供了宝贵的援助。于是，关于 2006 年份的门多萨七星葡萄酒，我们可以读到如下描述：“蓝莓、黑加仑和橙皮的芬芳合成多姿多彩的酒香，佐以黑巧克力和一缕摩洛哥薄荷的气息。优雅、柔和地流过口腔，除却大量的黑浆果之外，还有明显的香料味感：黑胡椒，然后还有甘草和可可的色彩，非常轻柔、成熟的丹宁味，带着奔放和表现力留下余味无穷的、绵密的尾调。”酒评家罗伯特·帕克在 10 分的评价中给它打了 9.2 分。

正如卢茨·严克在《大脑是否理智》一书中所说，苏黎世联邦理工学院的科学家们现在想要知道，这种预先提供的信息会对被选中的受试者产生多大影响。测试结果表明：与那些事后才被告知酒评家打分的人相比，事前就已经知道该葡萄酒被帕克评出 9.2 分的人，明显更加觉得该酒滋味上佳。他们愿意为这种酒支付的价格也远远超过了对比组——对比组在事前被故意错误地告知该酒得分仅有 7.2 分。因此，对所有餐馆老板来说——扩展开来也包括其他的所有老板——有一个窍门：在斟酒之前永远要先夸酒。当然，最好是由有名望的第三方来夸赞。

从逻辑上来说，对味觉刺激感兴趣的主要是食品、饮料和制药行业。于是，人们也开始研究电子舌。然而人类却主要通过鼻子来品尝，甚至还会通过耳朵，薯片就是一例。当然还会通过眼睛，看起来很恶心的东西，即使饿得再厉害也没有人愿意去吃——除非是在丛林真人秀节目中收钱办事。

研究者们认为，当胎儿还在子宫里的时候，羊水中含有的物质会环绕在他的小鼻子周围，这时他对味道的偏好就已经受到了部分影响。味觉偏好在一生中会有所变化，它也取决于我们的健康状态。

如果我们想知道别人喜欢吃什么，观察要比询问更好。对特别喜欢的东西，人们会让它在嘴里多待一会儿，好好用舌头深入品味。相反，如果觉得味道不好，人们会尽快把东西咽下去。对讨厌的东西人们会“尖牙利齿”地啮咬，以免得罪味蕾。而苦味物质会让人“勒紧了脖子”。这种自动反应是为了让人保持健康，因为带苦味的往往是对我们有毒害的东西。

甜食对我们的大脑有着独特的魔力。对我们的先祖来说，它不仅仅能让人愉快，更是生活必需的能量供给。因此，当孩子们看见甜食的时候，他们的喜悦之情几乎无法抑制。他们的大脑会生出一种强烈的意愿，这种意愿常常会在收银台前借助哭闹爆发出来。甜食会让人上瘾，出于这个原因，即食食品也全都特别甜腻。

食用甜食甚至会改变人们对价格的感受。腓特烈港齐柏林大学的科学家们通过一项实验揭示出：在饮用了糖水之后，人们更容易把偏高的价格当作合理的价格予以接受。当我第一次在演讲中提到这一现象时，一位工业销售员告诉我：在初次与新顾客会谈时，他总是用巧克力来打开话题，他会向对方说：“您知道我最喜爱的客户是哪一家吗？是××巧克力公司！您也尝尝看！”

04 符号胜过言语

象征性的语言借助关键画面进行交流，它通过这些画面在一瞬间向我们阐明某个信息的核心内容。交通灯上的红色小人代表停下，绿色小人表示通行。一旦我们认识了这些象征符号，就会自动生成相应的联想。品牌世界中有没有这样的例子呢？妙卡的紫色奶牛、阿迪达斯的三道杠、被称为“Swoosh”的耐克商标、麦当劳的金色拱门、Lacoste 的鳄鱼、会说话的 M&M’s 巧克力豆等。

这样的关键画面能即刻触发情绪，并在脑海中再现出一个完整的故事。怎么会这样？我们的大脑可以将复杂的世界加以简化。它们不会像海绵似地吸收一切东西，大多数的事情会被认为无关紧要而遭到排斥，只有对目前来说很重要的事情才会得到关注。肚子饿的人，眼里看到的全是餐馆，已经饱了的人则完全注意不到它们。这被我们称为选择性认知。感官如同流水线作业一般收割着来自外界的相关刺激，与此同时，我们试着识别所有的图样，而这些图样就变成了密码。

当我们看向白云或者在观察溶洞中奇形怪状的钟乳石时，我们首先寻找的是什么呢？我们寻找的是它们与人类、动物和熟悉的符号之间的相似性。当罗夏克的墨迹人格测试还非常流行的时候，人们甚至还将自己对图形识别的渴望做成了心理测试。看看这里：当我写下这些文字时，“新视野”号探测器正飞过矮子行星冥王星。最让世界陶醉的是距离我们太阳系非常遥远的一个心形平面纹理。有趣的是，这也是NASA公布的第一张照片。各位，宇宙很有爱！

品牌不仅仅需要一个无可取代的外在形象、一个广告标语式的战斗口号或是一个音效式识别信号，也需要一个无可取代的象征符号。今天我们衣物上的商标、从前达官显贵的勋章、城市的徽标以及军队的旗帜，通过一个适合的标识，人们会团结在“真正”的，也就是所宣告的群体之中。在它们的帮助下，人们可以区别朋友与敌人，颂扬立场与地位，与其他团体的成员划出界线或者与少数特权者保持距离。标志也是属于个性的记号，又或者，它们诉说着我们眼下的情绪。

苹果公司的品牌标志——银色的苹果，显得格外卓尔不群，因为从中可以解读出许多内容。苹果本身代表着健康，但也象征着诱惑。银光闪闪的颜色散发出一种先进的气息，它代表着一流的品质，结合画面上的阴影也标志着高工艺。这个果实的轮廓起伏有致，柔和且饱满，它的背后潜藏着简练与俏皮。而且，这个苹果是被咬过一口的，这意味着有事情正在发生。一方面，这一咬代表着某种侵略性；另一方面，它也象征着开放性，因为被咬的部位是在未来的那一侧。在这个基础上，苹果标志能激活创造力——正如杜克大学的专家们指出的那样。也难怪，苹果机是最受创新行业钟爱的玩具。

徽标应该水平放置，就像我们的眼睛那样。横向的徽标比竖立的更容易解码。直观的标志比抽象的更好理解。最理想的情况是，一个商标能准确概括一个品牌涉及的内容。TUI 就很幸运地成功做到了这一点。该企业用这三个字母组成了一张微笑的嘴巴，这让该品牌显得很人性化、可亲可近，从而能够从一众形形色色的旅行社品牌中脱颖而出。当我在一次会议上阐述这些看法时，一位与会者骄傲地告诉我，他刚刚两岁的小女儿，有一次在逛街的时候欣喜若狂地指着 TUI 标志大喊："爸爸，度假！"TUI 俨然成了度假的同义词。听到这个故事，该公司的管理者一定会非常欣慰。

即便是物体也可能具有象征性质。女人与鞋子之间那种特别的关系就是这么培养出来的。科隆莱茵格尔德沙龙的伊内斯·伊姆达认为：从深层次的心理角度来看，鞋子代表着旅伴，"有时候，它们是崎岖艰险道路上的开路先锋。它们也象征着女士们正想要以何种方式在人生中前行：是脚踏实地，还是高高在上。尽管听起来很疯狂，但我们的研究的确证明了：如果拥有大量的鞋子，女人会更忠实，伴侣关系也更紧密"。那么，男人呢？男人喜欢女人穿高跟鞋，这样女人就不能从他们身边逃跑了。

通过这样的方式，可以在交流沟通中找到深深沉睡在我们产品核心中的象征符号。有没有具体例子？请看：汽车是男人们在现代的坐骑，领带是他们的棍棒，系上纽扣的背心是他们的盔甲，足球比赛是追逐球状动物的狩猎。大的女士手提包是男保镖的替代品。在咀嚼薯片的时候，我们在咔嚓咔嚓地处理一天中碰到的问题。享用巧克力就如同自己与自己相偎相依。疯狂的大扫除能把我们从邪恶中解救出来，而倒垃圾则是相应的治疗药剂。

05

沟通中的情感

“我们人类不仅仅是‘homo sapiens’（即有智慧、有思想的人），也不仅止于‘homo ludens’（即游戏的人），我们还是‘homo aestheticus’，是为美、为强烈的体验、为快乐欢愉而疯狂的人”，克里斯蒂安·米昆达在《为什么我们要给自己购买感受》一书中这样说道。而“homo oeconomicus”（经济人）却相反，他纯粹地通过理智做决定，自私地沉湎于个人利益从不放手，他是脱离现实的经济学者在与世隔绝、缺乏一切人世常识的研究室里创造出来的可悲产物。

人的行事会不合逻辑、漠不关心、丢三落四、目光短浅、一时冲动，而每一个购买决定，即便是在还算合理的想法下做出的，实际上却都是被情感所引导。事实虽然能带来认知和让人信服的论据，但情感才会促成行动。正如在针对脑损伤患者的调查中显示的那样，没有情感，我们完全无法做出任何决定。

> 情感不仅存在于每一个决定之中，它们甚至是做决定的动力。

因此，所有触点——不管是线上还是线下，也不管是面对面、书面的、电话抑或电子式的——都不仅需要沟通技巧，还需要情感能力，也就是对顾客的愿望，对他们未曾说出口的需求、情绪、忧虑、恐惧、渴求、希望和梦想的理解能力。情感让梦想变成愿望，并让愿望成为生意。

能理解人们所思所想的人显然会获得成功。让我们情绪高涨的产品、地方、人和品牌总会受到大家的追捧欢迎，而那些让我们感觉不舒服的东西，我们会避之唯恐不及。遗传因素在这里会对我们产生影响，我们生长的文化背景，我们的家庭、环境、社会期许也同样产生着影响。然而，制造出态度和行为的主要是神经回路与生化过程，一旦理解了顾客的大脑是如何运作的，就可以借助适合的交流方式，产出各种各样合适有用的东西。

是什么让每一个大脑各具特色

为了能够引起顾客的关注、兴趣并最终获得他们的“选票”，大脑研究中的发现早已成为不可或缺的信息。仅从以下几点还远远算不上完整的概括中，就已经能为行之有效的触点管理以及目标明确的沟通找到大量的切入点：

- 就像每个人都是独一无二的那样，每一个大脑也同样独一无二，这意味着每个人的大脑构造各不相同，运作机制也不一样。每个人都在用不同的方式思考、感受和行事，没有人和你有相同的做事方式。出于这个原因，永远都不要以己度人。

● 我们的大脑是一个终生的建筑工地，科学称之为神经可塑性。神经细胞和它们的神经“布线”不断产生又不断消失，这意味着我们总是在学习又不断地在忘记。通过足够的重复和练习将培养出下意识性，从有意识滑入潜意识，也就是进入所谓的自动驾驶模式。这样一来，流程就会更熟练、更快并更有效率。

● 现实是一种大脑幻象。客观的真实并不存在，不如说它是由我们的大脑主观建造的。它用看似合适的材料填补意识缺口和记忆空白，它让我们掉进各种思维陷阱之中。比如，把同样的食物用普通袋子和麦当劳袋子分别装起来给小孩子，大多数孩子会觉得后者比较好吃。而可口可乐也只有在瓶子上标明了“可口可乐”时才让人觉得比百事可乐更好喝。

● 我们的大脑主要是以画面和故事的形式在思考。与字母和数字这样的抽象物不同，画面和故事能引发更高的神经活跃度，从而也产生出更高的决断力和购买意愿，后者也更容易被解码。而理解只有 6 000 年历史的文字语言对我们的大脑而言却是一件重活，讲故事是必需的。

● 大脑被调为节能状态。光大脑这一个部位就需要消耗人体所生产全部能量的 20%。大脑为紧急情况预留着大量的储备，成见、套路化思维、规则和例行公事都不外乎是为了降低复杂性，因为我们的大脑喜欢把事情简单化。它以三秒为一拍的节奏工作，它最喜欢的是能在三秒之内被领会的信息。

● 我们的大脑在大多数时候都是全自动运转的。超过 99%的外部刺激都在我们毫无察觉的情况下被加工处理或是一早就被过滤掉了。新进入大脑中的重要的东西会与已经习得的东西进行比较，更新、分类、归纳、重新连接，最后装进抽屉以备将来调用。

- 我们的语言中心很晚才建立成型，因此，在进化史中比语言古老得多的肢体语言就有着更优先的地位和更重大的意义。在不太确定的情况下，我们跟从的是肢体语言，它所述说的内容远比口头的字句更多。俗话也常常说：身体不会撒谎。
- 男性和女性大脑中的神经化学以及感官感受的排布是不同的。大脑研究专家发现了300种以上的差别，所以，在沟通交流中需要具备针对不同性别的处理能力，还需要两种不同的推销话术。对于男性大脑而言，关于地位的话题一般都处于中心地位；而在女性大脑中最活跃的主要是关怀与责任模式。这是为什么女人比男人更注重人情人性，而不是物质的原因。
- 人体在一生中会逐渐改变，大脑的结构也随之而变，灵活性、视力、听力、嗅觉以及平衡感会逐渐衰退。随着年纪的增长，支配性的荷尔蒙睾丸激素以及活跃性的神经介质多巴胺的分泌会降低，而应激荷尔蒙皮质醇的分泌则会升高，这就让人变得更谨慎，更倾向于按部就班的做法。因此，对于年长的人来说，能为他们带来安全感的客户忠实度与他人推荐度是很重要的。

购买兴趣的产生

每一个涌向我们脑回路感官的刺激都会在瞬间被解码和评估，这项工作是在无意识中全自动完成的。同样，每一项体验都会被标上情绪的印记，然后被存放在情景记忆之中以备他用。这一过程所涉及的始终都是一项关系到生存问题的基本决定，那就是避免消极，寻找积极！“对我好的”（朋友）会得到一种舒服的感受作为奖励；“对我不好的”（敌人）则是不舒服的感受。

因此，所有积极的东西都会导向赞同和应允，所有消极的东西则引发回避和否定。被评估为“非常积极”或者“非常消极”的体验在这样一个选择过程中总是占有优先地位。为心血来潮的购物找个理由要比理智地购物更容易做到。对沟通、广告和销售来说，这意味着：从情绪化走向理智是一条简单的路，而从理智走向情绪化却很难。

引发这一过程的是生物化学以及血清素、多巴胺、催产素、皮质醇和肾上腺素等化学信息素，它们告诉身体在特定的情况下应该做出什么样的情绪反应，并且促发相应的行动。因而喜怒哀乐就是被表达出来的感受，它们将我们的内心生活公开展示了出来。大多数时候它们来得很快，不过，一旦相关的荷尔蒙水平恢复正常，它们去得也同样快。而心情则会维持较长的时间，或趋向乐观，或趋向悲观。

正因为生物化学对我们有着决定性的掌控力，让我们人类引以为豪的自由意志其实并没有那么自由。有的时候，人的行为会自相矛盾，以至于自己都不理解自己的行为。在做出错误的决定之后，我们会想：“我怎么能那么盲目呢。”在说了不合适的言辞之后，我们会道歉说：“我说漏了嘴。”在购买了不必要的东西之后，我们找借口说：“我没法不买，它一直在看着我笑呢。”当犯了大错的时候，肯定人人都会想：“当时的我到底在想些什么啊？”

对于那些无须我们的推动而在潜意识这扇虚掩着的门后转眼就

发生的事情，我们只会在事后寻找一些可以安慰自己或是说服他人的理由。或者，我们会大声而夸张地解释说，我们没能得到的东西其实正是我们完全不想要的。后一种做法也许能带来一点安慰，却无法平息渴望。

对这一现象，广告人大卫·奥格威的话一语中的："顾客需要为情绪化的决定找到合理的借口。"不来梅大脑研究专家格哈德·罗特将有意识的自我看作一位政府发言人，发言人必须为决策做出诠释并确认其合法性，然而却完全不了解决策背后的原因，也从未参与过决策过程。这也意味着，我们是神经元的傀儡，我们或有意或无意地落进了荷尔蒙的股掌之中。至少，在做出决定与采取行动之间，还隔着拥有否决权的神经。不过，当我们被情感制服时，要控制冲动就真的很难。

无意视盲

我们所看到的东西是我们的大脑想要看到的。对于大多数围绕在身边的东西，我们既目盲又耳聋。也许有人已经对你做过这样一个测试：请在不查看的前提下说出您的手表使用的是罗马数字还是阿拉伯数字，它有 12 个数字、4 个数字还是完全没有数字。虽然你曾无数次地看过时间，但你也许回答不了这些问题。接下来，你可以看一眼自己的手表来对以上问题做出回答，这时，如果别人又问你现在是几点钟，你大概又一次答不上来了。大脑研究专家称之为无意视盲，维基百科对它的解释是：因为人类大脑的处理容量有限而对事物的不察觉。

这一现象在英国心理学家理查德·魏斯曼进行的一项实验中尤为明显。魏斯曼给一组受试者一份报纸，请他们数一数上面的图片有多少。大多数受试对象都花了 2 分钟的时间清点。令人惊讶的是，没有一个人看到报纸第二页上大写的标题：停止数数，这份报纸里一共有 43 张图片！魏斯曼还在报纸中间放入另外一个巨幅标题：别再数了，告诉测试负责人你看到了这句话，你就可以得到 100 英镑！而勤劳地数着图片的受试者们却没有一个人注意到这条好消息。

对于沟通而言这会导致如下结果：提供的刺激应该是少量的而不是大量的！对网店也同样如此：要整理出秩序！我们的大脑喜欢一目了然、整洁并且尽可能简单的东西。没有处在我们注意力中心位置的东西会被大脑屏蔽，听觉方面的情况也非常相似，很多事情我们都会左耳进右耳出。

情绪越多，注意力就越集中，印象也就更深。频繁重复的或是与强烈的情感联系在一起的体验会深深烙在我们的脑海中，并且备受关注。如果要做出变动，比如要购买某件东西，就必须在情感中生成一定的兴奋度。兴奋状态较低意味着：可以买，但却并非必要；兴奋状态较高则意味着：非买不可！

新事物特别能在神经的音乐会中得到应和，已知的旧事物则只会引发轻微的背景杂音。当一件商品能带给我们真正良好的感受时，当一种体验非常不错或者当一件事情预示着会有与众不同的惊喜时，我们才会一下子精神起来。只有在这个时候，我们的头脑才做好准备甩开惯常套路、尝试新鲜事物，这一过程在大脑中是以复杂的“排挤”式改建进行的。因此，变革的出现往往是那么艰难，它们需要时间来得以实现。关于这一点，企业中所有与变革管理相关的人都会大吐苦水——不过，他们也可能并没有一吐为快的想法，因为情绪的表达和心情的抒发在很多企业中依然是禁忌。

情感在管理中遭到唾弃

管理者们常常想显得非常冷漠无情，这是一件很奇怪的事。在会谈中，领带西装客们尤其喜欢戴上一副无动于衷、漠不关心的面具，人人都是一张扑克脸。好吧，扑克脸可能在打扑克的时候至关重要，在糟糕的企业文化背景下大概也是如此。然而，不让别人看自己的牌，这在人际交往中却是致命的，因为冷漠无情会让别人琢磨不透。在缺乏明确性的真空之中，人们只能借助于猜想、推断来揣测事情的原委，于是，能造成可怕后果的臆想和流言往往就这样应运而生了。人们虽然始终抱有最好的希冀，却更多地在惧怕着最糟的结果。因此，扑克脸的管理者们实际上也是掠夺能量的人，他们夺走身边所有人的力量，就像吸血鬼似地剥夺着大家的积极性。这样一来，在扑克脸式的企业中，一切都显得毫无血色和人气。

用冰冷的数字和枯燥的事实来迷惑大家，这不仅仅是一件难事，更接近于不可能。用淡漠、拒人千里、清醒冷静与不合群是无法建立起信任感的。情绪是信号，通过它们可以让每个人都清楚事情的走向。真正的专业人员不仅能够利用数字大杂烩和清醒的事实，更懂得通过事例、轶事闲谈和巧妙的比喻来传达自己的信息，只有良好的感受才能真正促发我们的购买意愿。

仔细观察过一番的人就会知道，看似冷漠的管理层恰恰是被纯粹的情感所支配：地位象征、阵地战、公鸡打架似的纷争都清楚地说明了这一事实。对领导精英们的人格构成而言，特权、声望、势力和管控都是极有所值的动机。其结果是：主管办公室里的每一个显得强硬的决定其实都是由情感引导的，虽然多数管理者都拼命否认这一点。

实际上，理智的行为在企业中比在私人生活中更少见。因为伴随着固有非理性（自我、幻想、“盲点”）和个人利益（晋升、豪车、家庭、别墅）的还有另外两个现象：群体约束和体制约束。

● 群体约束：人们趋向于迎合集体中的大多数。他们追随着群体，跟风去做别人都会做的事情。他们自己的意见在这个过程中淡出了视野，或者他们会——更多是因为恐惧，而非出于个人看法——让自己服从于普遍的意见。他们奉行的口号就是：千万不要引起他人不满，不要让自己被孤立。于是，员工们往往会几乎盲目地听从领导所认定的最佳方案。领导的一句“你难道没有更好的事情可做吗”就能扼杀所有柔嫩的、尚待萌芽的创意幼苗，即使是最了不起的革新办法也会被领导的一句“我个人对此完全不感兴趣”摧毁。就这样，领导培育出了一支应声虫部队，人人唯他马首是瞻——而有的时候这也并不是他真正希望的。可是，在横向思维者被当作横行霸道的人来对待的地方，很快也就不会再有人敢于冒风险，因为像沙漠中孤单的呼喊者一样去生活是很危险的，处在集体中间却是非常舒适也非常安全的。

● 体制约束：这里涉及的是企业内部那种让理智行动几乎不可能实现的势态，包括等级关系、政治性权力游戏、目的性的联盟、共同的“老底”以及围绕计划数字、年度预算和奖励计划而展开的工作。某些拟定的目标只有通过不诚实的手段才能够完成。有时即使预算再怎么合情合理，也不允许超支；而有的部门为了花完预算中的所有钱，甚至在快到期限的时候还会在最没有意义的事情上挥霍一通。因为如果花销没能达到被随意指定的预算数字，嘿，那可就麻烦了。可是最好也不要超出预期，不然来年的指标就会被定得更高。如果牵涉到奖金，那么欺瞒诈骗的大门就此敞开。因为丰厚的红利就像是长有12个角叉的强壮雄鹿，只有最优秀的人才能用这样的猎物装饰自己，于是，它就成了最吸引人的战利品。理智与否，我无所谓！将来如何，我也毫不关心！

还有，当今这一代决策者执行任务的方式几乎完全是流程性的和技术至上式的。现在，当全世界都知道情感因素有着何等重要意义的时候，决策者们开始提出“情绪工程”。什么意思？他们想要对情感世界进行调节、控制和自动化？可情绪是不能像机器那样被拆卸拼装的，充其量可以借助换位思考能力、训练有素的直觉，借助大脑研究以及健全的基本常识来建立起假设猜想。对此，管理者们必须进行强化训练。阿尔伯特·爱因斯坦曾经说过：“直觉性才智是一项神圣的天赋，而理智的思想则是一名忠实的仆从。”

人与人是不同的

个人的需求和动机在情绪的激发下引导着我们的态度与行为。可以用来进行交流对接的需求类型有一大批，在这里，我想列举以下几种需求：

- 自在无忧：产生于对舒适、平静与放松的渴望。
- 安全感：通过可以掌控的各种可能性、习惯做法和稳定而得到。

- 团结：可以通过集体行为、友爱与忠诚来建立。
- 自我表现与身份地位：可以美化自身、吹嘘炫耀。
- 竞争：打败他人，证明自己更优秀。
- 玩性：玩乐或者以富有创意的创造者的姿态行动。
- 战绩：获取战利品，弄到折价商品，成为第一个。
- 助人为乐：发挥自己的作用，找到自身的意义。
- 诉说需求：想要别人听到自己的声音，想要产生影响。
- 寻求赏识与认可：得到关注并/或者被人钦佩。
- 自主：实现自我、独立自主。
- 舒适：犒劳自己、得到良好的对待。

在所有这些中，有一点非常清楚：我们的大脑最喜欢轻松不费力地处理信息，它不断追寻的是降低风险。对积极正面的经历它会尝试着去重复，因为我们的大脑喜欢大团圆结局，所以它努力地把不确定的变为确定，把陌生的变成熟悉。错综复杂的东西必须能够被轻松地解码，被识别出来并被划分到不危险等级中去的东西就占有先手，因此，我们总是喜欢买自己熟悉的商品，并且一而再地买同一样东西。

习惯做法减轻了我们头脑的负担，让它能轻松工作，所以它总是在不必积极运转的时候切换到节能模式。我们日复一日做着的事情会以全自动方式完成，我们不必思考如何呼吸，或者怎么上楼梯，这些都是由我们神经的“自动驾驶仪”来完成的。如果有太多的刺激涌进来，我们的大脑就会缩窄意识的走廊，人们也称之为“隧道视野”。

人与人各不相同，因为每一个大脑的构造都不一样。透过新的事物，有的人看到了好征兆，有些人却看不见机遇而只看到危险。男女之间不同的视角也要引起重视。另外，正如我们已经知道的那样，大脑的结构在一生之中也会改变。

人们想要买得开心

顾客的“愿意”是强有力的，就看你是否知道如何赢得它。“任何一个愿望，一旦实现，瞬间就会产生新的愿望”，威廉·布施曾经这样说过。为什么会这样？我们的大脑是把增长作为导向目标的，而人们想要通过购物让自己开心愉快，迎合顾客情绪的人将打败那些单纯只瞄准理性的人。这该如何实现呢？你需要做的是：不去贩卖产品特性，而是销售问题的解决办法以及良好的感受。你认为这是老生常谈？可企业里 PPT 演示的目的几乎总是列举产品特性，恨不能逐点逐条一一分解；再看看 B2B 销售对谈，企业往往只是在自鸣得意地介绍产品的各项功能，而不提及这可以为用户带来些什么。

假设翻开了一台起重机的宣传资料，我们会看到：图片中的起重机雄伟屹立；在从下而上的摄影视角下，美观而崭新的机器让人印象深刻地耸向蓝色的天空。一堆又一堆的数字证明了生产商的工艺，并沾沾自喜地通报着各种尺寸。而图片中驾驶室里却空空如也，没有任何可以操控这个大家伙的人。刚刚培训出来的驾驶员看到此处可能就会有点怯场，因为他的潜意识在闹罢工：这东西他恐怕掌握不了。这时他会说什么呢？“这东西太贵了。旧的那台还能再工作一段时间呢。”那么怎样才能让这台起重机激发起顾客的情感？商家可以隆重介绍一位吊车司机，为顾客展示一番他是如何驾轻就熟地操控机器，并且再说一说他操作时的感受。在电脑模拟中也应该把潜在客户的脸置入，自己的照片对我们有多重要，这在大家没完没了的自拍狂热中已得到证实。

> 人们实际上购买的是：梦想的实现、无忧无虑、心灵的平静……

然而，企业的能力有多强、产品功能多强大并不都是顾客想要了解、想要得到的。顾客也许只对一个问题感兴趣：一个能迅速有效针对他的“痛点”、顺利排除当前问题的解决办法。人们实际上购买的是：希望、渴求、心愿和梦想的实现，以及轻松自在、安全感、无忧无虑、不会有失望风险的信任关系、幸福安康、高质量生活及心灵的平静。“我的税务顾问不仅打理账目，同时还在照料我和我的企业”，不久前一位客户这样对我说。一点儿没错！他已经体会到了这一点。

时间、平静和自由空间，这些就是新型的奢侈品。新近加入进来的还有“减轻负担”以及“降低刺激强度”，因为这样能降低有害的压力荷尔蒙皮质醇的水平。能够并且也愿意购买这一切的人，不会关注价格标签，或者顶多只是随意瞟一眼，他也会是更忠实的客户。而对于可以替代的产品，起决定作用的就只有价格了，因为这个时候价格是唯一的区别点。

如果一个企业能够赋予自己的产品以情感，让它们变得独一无二、无可复制，那么它们将不必再以价格作为宣传的重点。能够拉动需求的企业，就无须再顶着价格压力营销。有的产品摆出来就能吸引大家，令人趋之若鹜，如同上了瘾。怎么会这样？因为大脑区域——我们稍后就将对这一区域做进一步阐释——在向我们发出信号：继续去做愉快的事情是非常重要的。

因此，在第一次让顾客点头购买之后，必须想办法马上推动接二连三的回购，以便形成新的习惯套路，这在体育运动中和学校里被称作练习。通过不断练习，进而达到完美。而通过定期的联络和不断的重复购买则将产生忠诚度，神经连接就像一条经常有人行走的路一样，在重复中就得到了加强。从此以后，同一个行为不用经过考虑就会自动完成。引申到沟通交流中，这就意味着要能够引导顾客进行重复性购买。众所周知，换掉一家供应商的阈值会随着已发生的购买次数而降低。

有一位网店经营者断定：人们在购买过三次之后，就会开始定期地在他的店里购物。于是他采取了一些措施，来尽快推动对忠诚度起决定作用的第三次购买。他知道：毫不失望的重复能建立起信任，并减弱更换店家的冲动。如果不能频繁地建设紧密关系，那么情感上的联系就会破碎并最终完全丧失，同时，顾客与其他商家进行联络的可能性也会随之变大。

06 情绪管理中最重要的几点

直到近年来，大脑研究者才实现了对工作中的人类大脑进行直接观察。早在大脑做出决定然后宣告出来之前，他们就可以借助可视化程序了解到受试者将做出什么样的决定。他们观察的主要是边缘系统中大脑区域的激活。这一套位于大脑较深处、比较陈旧的构造是我们内心的真正权力中心，它对我们的行为所产生的影响要远远大于我们的大脑、新皮层。边缘系统包括不同大脑区域中的各种结构，它负责的事情有正面和负面情绪的产生、记忆的组织以及注意力和意识的调控等。本章特别关注的主要有以下几个方面：

- 岛叶和价格疼痛
- 杏仁体：我们的危险雷达
- 奖励中心与购买兴趣
- 催产素：促成团结的神经递质

- 镜像神经元与换位思考天赋

这是我们必须进一步探讨的五个方面。

岛叶和价格疼痛感

首要的一点就是：所有金钱方面的决定实际上都是情感的决定，因为金钱是一个高度情绪化的物件。对于男人而言，金钱首先是用来对身份与地位做一番润色抛光的。为什么这么说呢？动物用争斗来决定谁是更强大的一方，而男人则是通过昂贵的手表、豪华汽车、定制西装来彰显身份，所有这些东西都是——除了学历、专业和特长之外——用来演绎成功人生的道具。然而，旧的身份象征在新一代人中正在失去影响力。取而代之的是：用数字化高度武装起自己的人才会让人另眼相看。因为移动设备是男人们的新武器，它们必须具备最新的技术并且随时随地都能立即投入使用。这样一来，人们也会花费大量的时间来打理它们。当然，大家也都喜欢向他人展示自己能熟练掌握这些“武器”。

然而，不管买的是什么，在大脑中总是会进行一场对决：“干脆地买吧”，耐心不足的奖励中心这样要求；“可是这东西太贵了”，理智却在大发牢骚。于是，我们的头脑就在对某个商品的向往与损失钱财的不甘中迟疑不定。这时，一个负责疼痛处理的大脑区域会被激活，这就是岛叶。不得不对钞票放手，这真是挺让人痛苦的。但在使用信用卡和网络货币时，疼痛感就远远不会有这么高，这也是因为将费用转移到了将来。于是，精明的商家会不惜一切地进一步降低付款过程的疼痛度。收银台前长长的队伍很快就不会再出现了，嵌入产品中的芯片将直接向智能手机发送产品信息，然后由手机负责买单。

情感化的利益承诺越强大，价格就越会成为次要因素。可是，如果一家企业没有出色的产品，如果产品并非不可取代，又或者是在服务方面颇有问题，那么价格就会是决定因素。这时，产品至少应该价格低廉一点才行。这样的话，我们就可以用特价和折扣来填补情感上的欠缺，抚平我们的失望；这就赋予了“安慰奖”这个词语很不一样的含义。但是，独一无二的、让我们着迷又欣喜的东西，那大可以稍微贵一点。

特价甩卖主义却会把企业引向死亡地带。因为就算有再多的廉价商品，我们的大脑也不会嫌多，然而潜在的不满却仍然会留下来。谁又说得清呢，“也许折扣还可以更高点”，我们贪婪地想着，并且下一次还会想要更低的价格。很多销售商都是纯粹的价格卖家，他们的销售对话只围绕着价格展开。然而，第一，低价售卖也是网络能够做到的；第二，始终只谈论价格的人也就不会感到奇怪，为什么客户只会询问价格。毫无头绪的人，只能通过低廉的价格做买卖。靠低价维生的企业，也会和价格一起死亡。

当价格与我们交谈时

我们之所以做错事，往往是因为错误的信条。“顾客只会挑好的东西买，他们总是往提供了最好条件的地方跑”，我曾经听一位零售商这样说过。相信这一点的人会试图通过便宜的商品来调控一切，然后，他得到的客户就将是他最惧怕的那一类型：只挑好东西捡的顾客。特价行动虽然能起作用，但却不会带来忠诚度。那些除了价格低廉和折扣商品之外就没多少优势的商家最多只能够制造出一样东西：对廉价品的忠诚。可是，追逐便宜商品的人都是游牧型购买者，他们只是因为低廉的价格而来，下一次没有特价，他们就会飞快地消失不见。这也就解释了，为什么那些总是打价格战的商家拥有的顾客忠诚度会这么低。

还有一点也很明显：并不是每一个顾客都想要购买廉价商品。低廉的价格所扮演的角色往往并不像媒体和商家想让我们相信的那样重要。与“廉价”联系在一起的是风俗习惯的原始化、服务质量的崩塌（服务太贵了!），还有信任的消失（我下周会不会在别的什么地方还能买到更便宜的?）。价格倾销甚至还会威胁到消费者以及企业的生命，因为在很多行业中，价格是驱动盈利的首要因素。大多数公司却既没有掌握费用也没有控制价格，而是被市场或对手给出的价格所掌控。于是，整个产业就打开了价格战，其后果是毁灭性的。可是，价格倾销所表现出来的不过是创意的缺乏以及对怎样从理智与情感两方面打动顾客的不关注。

特价活动、折扣标志和便宜商品对我们的大脑而言是一种奖励，也可以说是战利品。然而战利品是稀少的，同时，它们还会引起嫉妒。如果其他人一定要得到某个东西，大家的狩猎欲望就会大大上升，数量的稀少就加强了这种效果。所以，适用的口号是：奋战吧，机不可失！这也就解释了：为什么理智在面对便宜商品时会频频失效；为什么便宜商品会使得顾客利令智昏。

这一现象在大脑研究专家克里斯蒂安·E. 艾尔格借助核磁共振扫描仪进行的一项折扣吊牌实验中得到了展示。在实验中，艾尔格通过特制眼镜上的显示屏给受试者展示了一些知名品牌产品的图片。产品的旁边标有价格，有时便宜，有时贵得过分。时不时会闪现出红黄相间的折扣牌，但也不一定是最低廉的价格。一个录制好的声音提问："您会购买这件商品吗?"而躺在扫描仪里的受试者恰恰与现实中的消费者做出了同样的反应：他们选择了原价贵得过分的商品——仅仅是因为折扣牌的缘故，它战胜了价格疼痛。

怎样战胜价格疼痛

除了单一的折扣之外，还有没有其他的交流途径来甩掉价格疼痛？接下来我要列举四种：赠品、打包、锚定价格和铺垫法。

● 以免费服务、代金券、奖品和积分形式出现的"赠品"能让我们的大脑非常容易地就接纳一个产品。这样的礼品从属于"给予和索取"的互惠效应。这一类的返还机制使得我们用礼品来奖励礼品，因为我们觉得自己对给予者有这样的义务。另外，通过给予还可以让企业从侵略性的折扣拔河赛中挣脱出来，而商家也能从对立者转变成顾客的朋友。

●"打包"是指把若干单项服务捆绑成一个完整的套装。这可以是酒店里的全包性价格，也可以是为即将上小学的孩子们准备的装得满满的入学礼袋，还可以是汽车销售中的经济套餐、标准套餐或者豪华套餐等不同的变化形式。这样的特价供应之所以非常受欢迎，原因有二：第一，每一件商品的单独售价我们并不清楚，因而也就不会遭受"单项的痛苦"；第二，成套的供应能把我们从那让大多数人很不舒服的选择与做决定的压力中解放出来。

●"锚定价格"的存在是由于我们的大脑需要比较框架这一现象：没有参考点就不能做出判断。而正确的演绎方式在这里扮演着重要的角色。以咨询谈话为例，如果在谈话中推介了三种不同的价格类型，顾客大多会选择中间的那一个，因为中间的位置是最不容易出错的地方。而谈话中如果只提出了两种价格，大部分顾客会选择较低的那一个。又或者，当被告知选择哪一类型的人最多时，顾客一般也会选择该类型。只有当高昂的价格能够为面子和质量提供极大的保障时，人们才会偏向较贵的那一种。行为经济学家丹·艾瑞里在他的一项实验中展示了以上的所有行为其实多么不明智。实验中，他首先让经济系学生报出自己社保号码的末尾两个数字，然后他摆出不同的商品让学生来决定自己愿意为每个商品支付的价格是多少，结果发现社保号码尾数较大的学生愿意支付的价格最高。在这里，那些大数字就发挥了锚定值的作用。

● “铺垫法”涉及的是一种巧妙挑选出来的最初价格。怎样办到呢？你可以先提出一个非常高的价格（“在最贵的情况下……”）造成一定的震惊，而当你提出第二个明显比较低廉的价格时，它突然之间就变得很可以接受了。募捐童子军玛吉塔·安德鲁斯的故事就是一个传奇，她创下了一项至今仍然没有人打破的饼干销售纪录。她是怎么做的呢？当敲开一扇门之后，她首先请求对方捐款30 000美元，当然没有人理会这个请求。她接着又问对方，是否至少能够买一罐童子军饼干，这时几乎就没有人会说不了。

赠品、打包、锚定效应和铺垫法都是很不错的办法，然而只有良好的感受才能给予人们最强烈的刺激，从而促使他们采取行动。而且沿着这条道路往前走就能进入令人开心的盈利地带了。“有情绪的地方，也就有赚头”，全欧最成功的连锁企业之一 Fressnapf 的负责人托斯滕·图勒证实了这一点。就像神经学实验表明的那样，舒适的感受会让人更强烈地渴求好的产品，相应的，对损失金钱的厌恶感则会降低。渴望所带来的兴奋能战胜理智。

在兴奋感的温暖光芒中，价格就变得苍白淡薄。为了彻头彻尾的良好感受，人们乐意大掏腰包。试想一下你在度假途中大把花钱时是多么痛快，或者在内衣店里为了几片薄薄的布料也愿意奉上一大笔钱，又或者可以想想大集团那富丽堂皇的楼群以及位于顶楼的老板办公室的装修。这都表明，为回报感情而进行的投资正在商务世界中扮演着重要的角色。在极其情绪化的状态下，不仅仅是女性，男性也非常愿意大掏腰包。你不信？那么请看一眼你的手表。手表的本来功能不过是指示时间，这个功能只需要花十欧元就能实现。而你所支付的其余数目则是——也许甚至是兴高采烈地——为良好的感受买单。手表越贵，越会带来自信，就越会让人感觉与众不同，就越有意义，于是，拥有者仿佛摇身变成了时间的主人。

杏仁体：我们的危险雷达

当我们感到恐惧的时候，大脑中的杏仁体正在行动，它也被称作“杏仁核”，是大脑边缘系统里成对出现的还没有大拇指指甲盖大的一种组织结构。它完全自动地接收并处理来自不同感官系统的冲动，这样一来，我们不仅能够辨别出正确与错误，还能感觉到它们。一遇到反常情况，杏仁核就开始报警，我们的感官于是进入戒备状态：这个让我们偏离常规的东西是好的还是坏的？杏仁核检查一切对我们产生了影响的东西，它们极端警醒地注意着重要的情绪因素、受到威胁的情况以及潜在的危险，并且记录下每一个动作，同时倾听着几不可闻的风吹草动之声。

我们的生存依赖一套反应迅捷的警报系统。杏仁核能感知到威胁来临，并在我们的大脑思维未曾参与的情况下飞快地做出恰当的反应：是慌乱地逃跑、是有分寸地攻击或者是僵硬地屏住呼吸等。这一切都是在我们意识的感知阈值以下借助压力荷尔蒙来完成的。我们只会觉察到其结果：恐惧害怕、愤怒恼火、犹豫不前，根据具体情况而各不相同。

另外，恐惧也可能会与积极的感受联系在一起，我们把这种恐惧叫作刺激感。它吸引着所有为了探寻自身极限而冒险的人，也就是对肾上腺素上了瘾的人。但是，那些坐在沙发上追看悬疑剧的人也是可以被刺激感席卷的；因为大脑皮层知道，在现实中并没有危险，所以我们可以享受恐惧所带来的乐趣。

是敌是友?

和陌生人碰面的时候，大脑边缘系统不需要我们的干预就会以飞快的速度决定这是朋友还是敌人。为什么要这么急切？因为我们必须能够一眼就识别出他人是给我们带来了好的事物，还是会让我们受到威胁。片刻之后，在我们并不知道为什么的情况下，已经开始对新结识的人产生出好感或者恶感。为什么会这样？在几毫秒之内，我们的信赖记忆就会被翻查一遍，并与存储下来的情感类的过往经历进行比较："戴金丝眼镜的人很聪明，他们知识丰富，可以让人信赖。"又或者是："那边那个人看上去像是你那位一天到晚阴沉着脸的班主任。"即使这样的判断往往并不公正，甚至可能会引向错误的方向，但这样的一套系统是金子般可贵的。因为在突发的危险时刻，我们的大脑思维启动速度太过缓慢，无法让身体及时进入警戒状态，而直觉是综合了一切标有情绪记号的经验而产生的，它比理智更迅捷（见图6-1）。

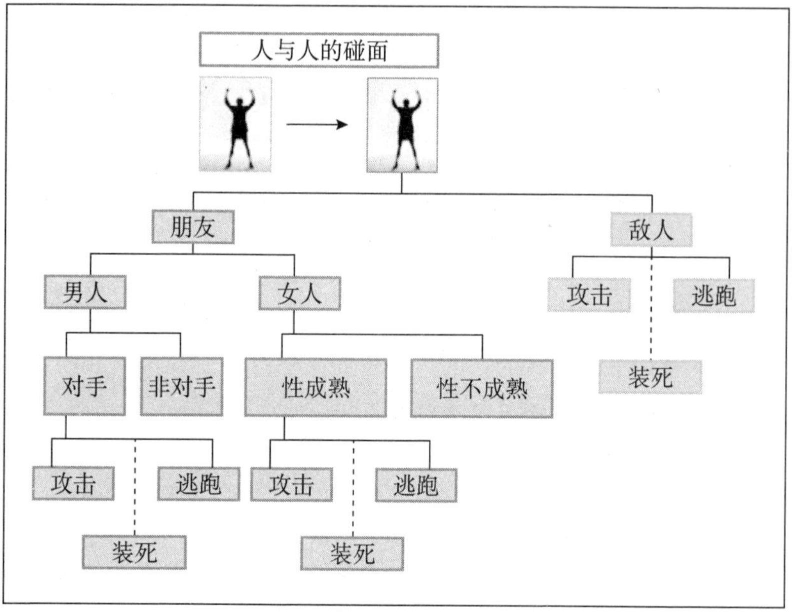

图6-1　人与人碰面时大脑边缘系统在瞬间做出完全下意识的决定

从神经生物学角度来看，我们的大脑设置所迎合的是良好的社交关系。"social brain"（社会脑）这一论题正在网络上充分发挥着它的影响力，这一观点指出人类最初的目的不是自私自利和彼此竞争，而是共同协作和人与人团结携手。如果与他人相处融洽并且合作愉快，这甚至能够得到大脑的奖励。在这时席卷我们的那种感受被研究者称为"warm glow"（暖光），当我们展示出亲社会行为时，它会温暖人心，让幸福感得到提升。

因此，杏仁体在毫不间断地寻找着高兴的姿态，当然也同样寻找着捉摸不透的表情。它们无休无止地通过手势和表情诠释着非口头信息的意义，在这一过程中，脸对它们格外重要。因为即使是最小的情绪波动也会产生可供它们解码的微表情。而且它们会探测出声音中的每一个细微变化，并且从我们的汗水中嗅出意图所在。通过这些方式，它们为我们提供了一条连续不断的信息流：他对这个感兴趣，他在犹豫，现在他看上去似乎马上会点头同意，谢天谢地，成功了！

攻击、逃跑还是装死?

在与恐惧、愤怒、紧张和威胁相关的情况下，我们需要用全部的意志来摆脱想要攻击或者转身逃跑的反射动作。因为我们的身体中充斥着压力荷尔蒙，它们随时都准备要施展拳脚。而现在的我们不再生活于原始森林中，21 世纪文明的脑力劳动者们大多运用的是语言的拳脚，而且根据情况不同和肾上腺素水平的高低，时而灵敏时而笨拙。而如果受伤，那就会是心灵上的，这远比身体伤害要严重得多，恢复起来也更困难。

总而言之，我们的大脑所做的就是避免疼痛和寻找奖赏。在正面积极的状态下它的学习和领会效果更好，所以我们的记忆力与注意力会提升。而在不安全与紧张的状态下，对新事物的吸收效果则相反。负面的东西让人麻痹，恐惧让人愚蠢无能。解释起来很简单：在恐惧和威胁中，神经通道沿线的连接点——也就是所谓的神经腱分叉——会被封闭，脑电波不再是畅通无阻的，这时我们就不再能逻辑清楚地进行思考。其结果就是大脑短路，说话开始结巴，变得怯场又或者是搞砸了重要的考试等。恐惧比任何理性都更为强大。只有当血液中的肾上腺素消失之后，头脑才会重新清醒起来。

在远古时代，这一自动运行的机制非常有意义，因为在遇到重大危险的时候长时间的思考很容易就会让人付出生命的代价。而今天却恰恰相反，大脑短路在业务中也可能会是致命的。因此，通过恐惧、不舒服和压力来营销恰恰和通过惧怕、压力和恐怖来统治是同样错误的，两者也许会获得短时间的成功，但从长远来看却是毁灭性的。因为恐惧是成功的最大杀手，而恐惧在黑暗中会得到增强。整个交流沟通的根本目标应该是：透明、公开和诚实。并且在这个基础之上，在做任何事情的时候，都要尽可能快地把人们从恐惧、担忧和窘迫中解放出来。

让他人陷入惊恐害怕，这是一种人身伤害。恐惧与痛苦的信息在大脑中总是占优先地位的，它们能把所有快乐的事情从意识中排挤出去。这里涉及的既有肢体疼痛，也有心理苦痛。当我们不舒服的时候，世界就显得灰蒙蒙一片，科学研究把这种状况解释为“消极易感性”。调查研究显示，即便只是一句消极的话，就能够让我们的心情蒙上阴影，让购买兴趣被掩埋。所以，请注意培养赢家的语言，并采用正面积极的表达方式！

良好的感受让我们的大脑很乐意做出决定。在这一过程中，引起兴奋感的多巴胺分泌量会增高，而点头同意就变得更加容易了。多巴胺越多，大脑也就能更多地回溯积极的体验。也就是说，一旦面临决定，巨大的神经元链接开始以飞快的速度寻找存储的过往经历，通过与标有情感记号的主观记忆进行对比而得出一个选择性答案。

对想要和谈话对象的杏仁体打交道的人，首先有一个建议：诚实可靠。撒谎的人在情绪表达时会慢 1/5 秒，毕竟他得先“想一想”，这一迟疑就泄露了他的意图。出于同一个原因，被有些培训师大力推崇、刻意追求的模仿法（采用相同的坐姿等）并不一定行得通。训练有素的杏仁体能及时地打捞出疑点，它会看穿虚假，揭露恶意的手段，并且实施撤退计划（见图 6－2）。

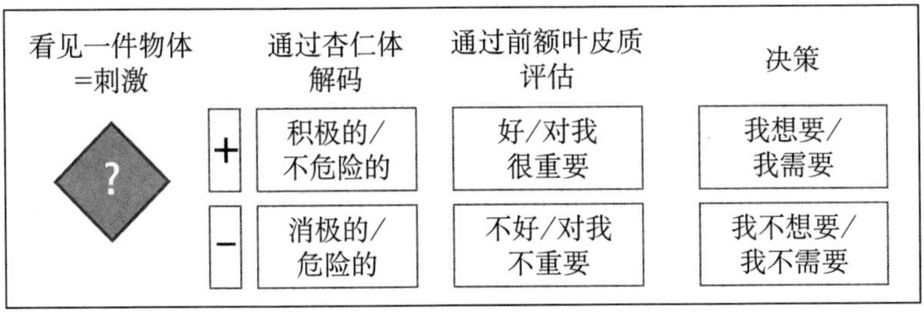

图 6－2 从刺激到决断——大脑中发生了什么?

奖励中心与购买兴趣

这一切其实都挺简单：我们的大脑想要存活下去。就像我们看到的那样，为了达到这个目的，大脑按照以下两个准则工作：

- 远离一切威胁身体与生命的消极事物
- 接近一切能带来愉悦、乐趣和好心情的事物

因此，我们的头脑倾向于友好的面孔、漂亮的言辞和积极的关系，它的终极目标是将遗传物质载送到未来。因此，它通过分泌出各种各样的幸福激素来奖励我们。于是，我们就目标坚定地寻找着让我们觉得“做出了好决定”的标记特征。

出于这个目的，我们的思维系统配置了两个奖励中心：第一个负责期待的喜悦，另一个负责事后的欢愉。期待的喜悦表现为渴望，它带给我们动力去完成心中向往的目标。奖励中心会给期待系统发出这样的信号：快乐就在前方。因此，在那些必须要花时间等待的地方，就格外有必要定期进行一番鼓舞。在每一天的小格子都藏了一个小礼物的圣诞特别月历就是一个很受欢迎的好例子。客人们在订购了家具、买下了自己的房子、等待装修中的餐馆重新开业或是买下一辆自己定制的汽车后，有时必须长时间等待，这时就应该为他们提供一种激发期待的快乐的倒计时节目。

第二个奖励中心负责在行动圆满完成之后让我们兴高采烈。它会让我们手舞足蹈，也会让我们热泪盈眶，这些状态能够并且很容易继续被激发。但遗憾的是，现实往往正相反。“您不会后悔购买了这件商品的”，时装商店的售货员经常会这样说。而在苹果专店里却不同，在得到了渴求的商品之后，顾客会得到热烈的掌声。“很荣幸为您服务”，服务人员可以这样说。“和您通电话让人心情愉快”，在电话中也可以这样说。Breuninger 服装商场还会按照顾客的意愿为他们买到的东西提供礼品包装，以便顾客回家之后可以享受一番拆礼物的过程。

一家眼镜店里摆着一个电铃，就像旅馆前台使用的那种。当顾客购买了眼镜之后，店员会请他按下这个电铃。随即，全体店员们会一起欢呼：“恭喜恭喜！”与此形成对比的是，给我们装修房间的工匠们一完工就会掏出一份让人脑子一下就清醒过来、附有惊人高额账单的交工协议。如果他们能培养一下我们事后的喜悦感，那该多好啊！在我造访过的一家摩托车店里，维修好的摩托车会在一处脏兮兮的挡风间里交货。试想，如果能在激昂的音乐中让车主如同踩着风火轮一般神气地、轰隆隆地驶离维修工坊那该有多棒。

能出人意料地带给我们快乐瞬间的一切事物都至少能发挥出双倍的效用，超出预期的惊喜尤其能够得到好的效果。试想，当你期待着 50 欧元的加薪时却得到了 100 欧元，你会喜出望外。而当你期待的是 200 欧元而只得到 100 欧元时，数目虽然与前一种结果相同，但你的喜悦之情就极有限了。因此，在沟通交流中适用的原则是：宁可少许下承诺，而要多做出成绩。遗憾的是，很多供应商的所作所为恰恰相反。如果无法做到自己承诺的事情，那么最好一开始就不承诺。因为，每一个没能兑现的承诺都会损害供应商和它的品牌。这里涉及的也包括广告语。汉莎航空的“Nonstop you!”（一路为你！）就是一个虚假承诺，空乘人员无法做到从起飞到着陆照料好每一名乘客，经济舱就更不用提了。

快乐的时刻会让我们上瘾

两个奖励体系天生都想要得到提高，幸福激素能让它们愉悦。身体自产的这种与毒品的化学成分相似的东西带给我们一种舒服的感觉；根据其种类和分泌量，它们会让我们开心、陶醉、狂热，并且会让我们上瘾，让我们想要更多。大自然的这一策略不仅仅帮助我们存活，还能大大改善我们的生活质量。于是，人们最喜欢做的是可以得到奖励的事情。为了不让理智插一脚进来，奖励系统会暂时性地封锁它。

因而在选择和购买过程中，能呈现给我们一场神经的焰火、为我们带来最良好感受的产品将会胜出。“没有奖励，就没有行动”，神经心理学家克里斯蒂安·舍尔在《密码》一书中这样写道。仅仅让人喜欢，不一定能够引发行动，有望用良好感受来奖励大家的东西却能做到这一点。“我不感兴趣”的本来意思就是：我的奖励系统不会做出反应。

对于预示着美好的东西，我们无论如何都想要得到更多，而且恨不能立即到手。推迟奖励对我们的大脑来说是一件艰难的工作，这需要很强的控制冲动的能力。这一点在斯坦福大学心理学家华特·米舍尔著名的棉花糖测试中得到了很好的验证。

所有这些过程的决定性动力是什么？它是大自然发明的最甜美的毒品，它就是多巴胺。多巴胺是心醉神迷、是激昂振奋、是置身天堂，也是纯粹的快乐。多巴胺创造了积极的期待并滋生出渴望，因为它示意我们：特定的行为会通过满足欲望而得到奖励，所以无论如何都应该实行。这就保证了我们能为下一次的挑战蓄积必要的能量。进化发展特别会奖励对挑战的攻克，只有当我们通过努力获得了一样东西时，我们的动机系统才会升至高档。对于从天而降的东西不会产生幸福瞬间，而挑战却会让人欢欣鼓舞。随之而来的紧张感不会产生负面的影响，恰恰相反，它会让我们的状态更好。通过学习所获得的报酬能带来巨大的激励，那是超越自我而产生的满心欢喜。

多巴胺与粉红色眼镜

随着高远目标的实现，大脑会让我们全身涌出多巴胺式的兴奋感，这让我们的能力增强、进取心增长，也拥有更多有积极意义的冒险精神和制胜信心。它通过建立起数以百万计的高功能神经元来对我们的努力进行奖励，这里涉及的首先是脑力劳动者。因为与思维的闪电如影随形的也是多巴胺，它可以激活大型的神经元链接，让学到的东西能更好地融会贯通。

处于积极的状态中还有一个优势：我们会更开放，从而也更有创造性。我们变得更敏捷、活跃，而且会戴上一副粉红色眼镜看世界——就像热恋中的人，只看得见恋人好的一面，而忽略小小的缺点。而持续的挫败会让人丢掉志向，因为多巴胺的产量陷入了低潮。

当奖励中心欢呼时，我们对自己的潜力充满信心并且相信成功在望。我们对正面事物的关注比对反面事物的关注要多得多。因而，在好心情模式下，钱包的口子也就豁得比较开。如果顺利的话，它会为了信息大敞其口，原谅过失并且慷而慨之。人人都不例外。有一项针对服刑人员的调查揭示出：从统计数字上看，是否有希望提前释放，这与罪犯的年龄、性别无关，也与他犯的是哪一条罪、已经服刑多长时间或是刑期表现是否良好并不相干，这更多取决于法官裁决的时间。如果减刑申请是在一大早或是在午餐或咖啡时间之后提出，被同意的概率达 65%。在快到午餐时以及傍晚受理的申请通过率几乎为零。

我们一旦知道舒服的感觉会产生什么样的效果，就会想要一而再地重复相应的行为。不过，有时也会出现一种适应现象，然后就必须增强刺激。在触点管理中我们所追求的，也是通过积极的刺激来引发一种上瘾行为。于是就会让顾客有如陷入热恋：他们的眼里只会有一个人，对于其他对象则不闻不问；其他人虽然也被他们看到了，对他们而言却并不值得追求。

大脑的这一自动机制在商务世界中的运作自然也是一样的。当我们产生了彻彻底底的忠诚度之后，我们对其他的竞争者就有了免疫力。对方的鼓动企图于是就落了空，我们甚至对他们不屑一顾。体会过这种多巴胺振奋感的人不仅会在“自己的”卖家那里一再购物，他们还会高兴地把这一体验分享给同道中人。在这一过程中，他们将找到开放的听众，以及一大群效仿者。于是，如果一切都策划得很好并且进行得极其顺利，就会制造出一波推荐潮流，从而把卖家和品牌的受欢迎程度推得极高。一股对该产品或品牌的追捧潮流就此形成，其规模几乎等同于传染病大爆发。

催产素：促成团结的神经递质

人类对团结相当上瘾。这一现象在生物化学上的诱因就是催产素。经常被称为“抱团激素”的催产素会提高我们快乐与享受的潜力，它对我们的心灵而言是神经化学性的滋润霜，能产生松弛的效果，也能促进健康。每当人与人相遇并将建立起固定的关系时，该激素的分泌量就会增高。它让恋人们无法分离，把父母与自己的孩子连在一起并建立起社会关系。

因为人从天性上就是网络生物，是与社会联网的个体，我们大脑的作用首先是学会在集体中如何与人共处。对我们而言，被一个能保护自己的社会所接纳是至关重要的一件事，被孤立则是我们所能遇到的再糟糕不过的事情。孤身一人待在沙漠里，那必死无疑。最不幸的人是那些别人不需要、不关注、不想从他们身上得到任何东西的人。在一个集体中受到重视，这带给我们安全与保障。所以，欺凌行为，尤其是针对女性的欺凌甚至能危及生命。社会隔绝是最恶劣的惩罚之一。“你不是孤独一人”可能是最能带来安慰的一句话。被人遣责能造成犹如人身伤害一般的疼痛，因为这两种痛感都是在岛叶中被加工处理的。所以，当对我们很重要的人离开的时候，我们会哭泣。

人最需要的是其他人，而目前最能满足这一渴求的就是互联网。因为互联网有超越现实生活的两个优势：在网络上我们可以更迅捷地建立关系，同时也能快速地让别人聚集到我们周围来。所谓网络让人孤独只是传言而已，事实正相反。当世界变得越来越复杂，我们就自动地靠近彼此。

心理学教授马库斯·亨利西斯强调：“没有催产素，社交物种就无法生存。”它促进互动并增进了人们信赖他人的意愿。它帮助我们原谅他人，甚至能修复遭到破坏的信任。另外，它还能增强集体感，并让我们更慷慨，能抑制侵略性并化解紧张压力。它还会让我们懂得换位思考，因为它能帮助我们更清楚地了解别人的心情。它发挥着调查员的效用，并通过良好的感受建立起社交关系。在它的影响之下，恐惧中心就被关闭。而在与多巴胺的合作中，它让值得一做的事情显得非常有重复的价值。

然而，催产素也有一个缺陷：它抑制了大脑中负责社交谨慎的区域。因而，我们也就很容易被那些戴着可靠大好人面具的骗子欺骗。男人上当的原因常常是贪婪，而女人则更多是出于关心。因为女性的催产素分泌水平更高，她们的善心与忠诚潜质也就更高。

每一次接触都可能与催产素相关，于是即使是陌生人也可以赢得我们的信任。不同的研究显示出，当陌生人稍稍碰触我们的前臂，会让我们对他们更有好感。女服务员甚至会因此得到更多的小费，而男服务员却不会。不过，是否真的要碰触陌生人，这应该好好考虑，因为一不小心就会事与愿违。每个人对被触碰的需求都是不一样的，但如果是由于职业原因而必须碰触对方该怎么做呢？请事先告知对方并征得同意。

“那些通过他们的关心、认可或者爱意而刺激了我们的催产素分泌量的人，将会和那些与他们一起经历的美好记忆共同存储在我们大脑的情感中心里”，神经生物学家约阿希姆·鲍尔这样阐述道。因此，当我们见到好朋友或者是关系好的客户时，我们会很高兴，而他们也很高兴见到我们。也因此，我们会为最中意的商家和最喜爱的品牌赴汤蹈火。

如果能用企业管理的思维进一步思考这一切，那么就应该结束对人际关系的“合理化削减”了。而且，企业必须竭尽全力与顾客建立起紧密的、可靠友好的线上以及线下互动关系，必须把维系与老顾客的关系当作重点。对此，顾客会用他们的忠诚度作为回报。在互联网上，他们会把自己的快乐告诉全世界。

镜像神经元与换位思考天赋

人类能自动地相互接纳彼此的感受，情感会互相平衡；我们也常说，感受是有传染力的，而造成这些现象的就是镜像神经元。每当我们与其他人接触的时候，我们的大脑会彼此交联，这是早已广为人知的。人们说，这是因为彼此间有相同的波长，又或者是化学性相同。值得庆幸的是，积极的感受更容易传播开来。在一项实验中，实验者向大街上的人做出不同表情，有时微笑、有时皱眉。得到微笑的行人中有52%都自发地回以笑意，而对皱眉动作却只有7%的人做出了回应。

在这一过程中大脑里发生了什么，直到不久前我们才有所了解。1992年，帕尔马大学的一个由贾科莫·里佐拉蒂领导的研究小组在实验中可以说是无意地揭示了这一现象。后来，镜像神经元大量被发现，甚至在我们的疼痛中心也有它们的踪影。于是，我们能切身体会到别人的痛苦，我们能够感同身受，并且想要帮助与我们亲近的人。关系疏远的人的苦痛对我们的触动就要少一些。

根据心理神经免疫学家约阿希姆·鲍尔的看法，镜像神经元是“能够在自己的身体中实现某种特定程序的神经细胞，而它们只是在人们观察到或者通过别的方式体会到其他的个体是怎样实施这一程序时才会活跃起来”。这意味着，我们是通过内心的模拟而体会到别人的感受，负责这一工作的正是镜像神经元。当我们注意到某人对我们有糟糕的想法，那我们也不会喜欢他，并且同他保持距离。而当我们发现某人喜欢我们时，那我们会对此非常开心，也会立即用喜爱来回报对方。

另外还有一种能模仿别人动作的运动镜像神经元，它们能引发即兴的模仿，实现群体的步调一致以及对风格与举止的复制。于是，当给婴儿喂食的时候，我们会自动地张开嘴，以便让他也张开自己的嘴。运动镜像神经元特别能够把小孩子变成模仿大师。

镜像反应对生存来说有着巨大的价值。如果其他人表示出惧怕，那么自己就很有理由小心谨慎起来，即便此刻并没有嗅到任何危险。这样一来，我们就会发展为：当看到恐惧的脸时，心里会产生出相同的不安，只不过程度没那么强烈。大规模的恐慌就是通过这种方式产生的，大脑切换到同一频率，并开始以相同的节奏运作，这就是人们所说的“合群本能”。

反射现象让一切可以想象的情况变得可以预料，并产生出换位思考能力。“换位思考”指的是识别并理解其他人的感受和动机的能力，这里涉及的也就是同理心和同情心。它们并不会帮助我们不犯错误，却会让我们非常贴近现实。大多数人对正确与错误都有着精密的直觉雷达。别人的眼睛尤其扮演着重要的角色，因为眼睛的动作能泄露行为的意图。语调、手势和表情则讲述着关于思想的故事。无须字句，我们就能够理解语言。随之而来的结果就是：当人们面对面站在一起时，想要隐藏不正当的意图就要困难得多。于是，真实的会面给我们带来的安全感也更大。

能对其他人的情绪感同身受并做出适当的反应，这似乎是在建立好感和信任过程中的一个关键特质。因此，拥有能真正做出反射的镜像细胞，这对员工关系和对客户关系都极有帮助。缺乏感受能力是导致管理行为不当，造成沟通失败以及销售成绩糟糕的一个重要原因。

在了解到每一种感受都有传染力之后，我们现在就应该好好地考虑一番：我们会被谁传染？这涉及私人领域，也包括工作领域。佛罗里达大学的科学家安德鲁·乌鲁姆通过一项研究证明：在办公室等场所受到过侮辱和欺凌的人，甚至会在一周之后对第三方做出类似的行为。镜像神经元也解释了企业文化中为什么会产生队列行为与群体强制，为什么几乎所有人就像被克隆出来似的，用或多或少有些相似的方式做出反应。于是，上级的榜样作用现在就有了另一层意义：他们的行为能大大地抹杀员工的个性。领导层里只要有一个强硬派就能够毒害整个企业文化。大多数情况下，不出几天，员工就会用老板对待他们的方式来对待顾客。

在与顾客往来中产生的大多数问题都能在企业内部找到根源。这就是说：糟糕的服务产生于糟糕的管理。企业文化恶劣的地方也不会有顾客想待在那里，因为低气压是能够被人感觉到的。而如果员工们心情愉快，那么也会让顾客受到感染。好的企业文化是基础，而在这个基础上还要做些什么，从而能通过每一个触点——也就是商家、员工与顾客之间的接触点——在“关键时刻”收到大成效，并制造出购买意愿呢？这就是我们将在本书第二部分探讨的内容。

第二部分

怎样点燃购买意愿

到底怎样才能制造购买意愿呢？在营销部门被人们说得非常多的仍然是“多渠道”方式。这里指的主要是直接销售、电话销售和电子商务等交流渠道。然而这种自我中心、常常过于技术至上的渠道思维是老旧过时的，这种内向型视角必须甩掉。未来的营销是以触点为导向的，因为顾客不是在渠道里购物的。渠道是企业部门内部料仓在外界的对应物，是传统上下等级制度的倒影：大家做起事来毫无交联；右手常常并不知道左手在干什么，而且对此也完全不在意。再者，渠道的作用是让发送者向接收者传达数据，商家负责说，消费者负责乖乖地听，然后购买。

在数字时代，营销的游戏规则是由顾客来规定的。

然而当今的情况恰恰相反：顾客购买，然后谈论购物过程，并促发第三方的行动。现在应该是由企业来倾听对方想说些什么，因为沟通中的主权已经转移到了消费者一方。这可能是由于有了移动网络，它全自动地用一整幅数字信息层遮挡覆盖线下领域，并为顾客提供了全套可随时随地取用的在线知识。在这个崭新的现实当中，有意购买者几乎不会再跟着商家预先绘制的渠道走，他们更多是在自主地调控着形形色色的实体触点与虚拟触点。

参与进去、灵活自如地演绎新旧触点，从而通过互动使得有购买意愿的顾客热情地向往并积极地推荐，这就是客户关系管理中新出现的挑战。顾客使用的商家触点越多，商家从顾客那里得到的营业额也就越高。不过，前提条件是：调整、质量特别是结果统统都要对头。

触点产生于（潜在）顾客与企业及其员工和产品、服务还有品牌进行接触的所有地方——不管是在交易之前、之中或之后。它们总是出现在与顾客相遇的地方，在现实生活与虚拟世界之间的辗转往返中，在“社会”与“移动”的互联互通中。

顾客届时是否真的会购买，这似乎会有一个长时间的估量过程，然而最终“买”还是“不买”的决定却是在眨眼之间就做出来的。然后，在“真相时刻”（卡尔松语）会显示出商家承诺有多大的实际作用，它是对顾客关系的考验并关系到成败。因为每一个承诺都会制造出期望，而在顾客面前永远都是展现自我的时间。然而，现在角色却调了过来，企业已经失去了凌驾于顾客之上的权利，猎枪现在握在了猎物的手上，而猎物自己也非常清楚这一情况。

这意味着什么？今时今日，是否有新的顾客光临并购买主要是通过企业自己的顾客来决定的。有的企业将因为没人再愿意与它做生意而不得不倒闭，组织机构只有在受到顾客喜爱的情形下才能长期存活。对顾客的吸引力是唯一的机会。如果为了吸引股东而大幅削减服务内容，或者解雇对顾客有影响力的员工，那么企业在这场游戏中就无法生存。

“恶性”的盈利是以牺牲顾客的利益为代价的，“良性”的盈利则是在顾客的帮助下实现的。良性盈利的产生主要是在“优秀的企业丰富了接触到它们的人的生活，建立起真正值得顾客忠诚以待的关系之后”，忠诚度专家弗里德·莱西黑尔德这样说道。为此，发生在商家与顾客之间的触点上的事情必须是好事。我们需要的是一个余额为正的顾客户头。不仅仅数字和数据要正确，道德的收支在将来也必须达到平衡。

> 触点——触动顾客，而不仅仅是接触顾客。

在德语中，触点大多被称为联络点，这是一个冷冰冰、客观化、技术至上的概念。“触点”这个词则更好地表达出如何塑造良好客户关系。想要在这个有着太多刺激因素的世界中获得高分并且赢得顾客，就必须“触动”他们，让他们产生情感的共振。触点说的是接近、信任、了解与理解。很多轻柔而微妙，几乎可算是私密的东西在其中一起振动，还有一点爱。这很好。因为，只有喜爱顾客的人才会被顾客所喜爱；只有悉心经营双方间的关系，并让它能历久弥新，才能长远而彻底地赢得忠实的顾客。

触点同时是非常脆弱的：一个错误的用词，一个怪异的眼神，就会让一切都结束。“好的声誉要通过大量好的行为才能获得，但一次糟糕的行为就能将它摧毁”，本杰明·富兰克林曾经这样说过。大问题往往产生于最不经意的地方，到处都藏有它们的恶意，一次糟糕的经历就能让之前所有好的体验统统褪色。商家眼里的一件小事对顾客而言可能是一桩大事。哪怕只是在某个环节出了岔子，又或者只是某个员工搞糟了事情，顾客就有可能再也不会造访这样一个“破商店”了。商家即便只是犯了最细微的错误也可能遭到狠狠的指责，而劣质商品更会被毫不留情地剔除。因此，实现密切接触，是指在小事上的出色处理以及点点细节汇成的总和，是它们最终引发了重复购买。

说到这里，其实已经概括完了制造良好顾客关系的全部内容：用请求代替要求，用邀请代替强制，用倾听代替夸夸其谈，用征询代替通知，要有前瞻性、有交流互动，要用心关注，要展示出兴趣、尊重和赏识，要行动迅速，尤其是要可靠。如果这时再变出一点点“魔法”，再撒一些“星尘”，那么就能唤起强烈的购买意愿。因为顾客受到了触动，受到了吸引，而产品则受到了推崇。品牌并非通过膨胀扩张而成长，而主要是通过吸引力。吸引力让卖家变得独特。在质量、服务无法进行比较的地方，价格的比较也就无关紧要了。但如果做得平淡无奇，又或者是陷入价格的漩涡，就会变得稀松平常。而“稀松平常”是“受人推崇”的反面。“重点在于能否让自己有别于他人。天使在天堂里是不会引起注意的”，爱尔兰剧作家萧伯纳这样认为。

07

客户触点管理

人们对“客户触点管理”（customer touchpoint management）的理解是：通过协调企业的一切措施，来为顾客在每一个互动点提供同步、卓越、可靠、可信的体验，同时还始终兼顾流程效率。这也意味着，不让顾客失望，在满意度为正值的基础上创造欣喜时刻。

客户触点管理所遵循的不是自我中心式的、以“我们能为顾客提供些什么”为主题的老式营销，而更多是以顾客的视角为出发点。因此，要调查的是顾客期望的是什么、他们通过什么样的方式得到哪些服务、他们对此有什么样的反应。在这一过程中能够找到新的、对现有或潜在客户群体很重要的销售场所和关系维系点，然后通过恰当的互动来加以应用。现有的触点可以进行优化完善，而老旧的则要弃之不用。此外，线上用户还期待着企业在做这一切的时候也同样能够在线进行。

通过全体部门的合作可以让数字与非数字触点更好地结合起来。有这样一个例子：一家企业从前在顾客网购之后总是在包裹中附上一份标准传单，现在却开始为顾客制作个性化传单。这些传单的内容包括顾客曾浏览过但是还没有购买的商品等，又或者是以购买历史为基础向顾客推荐他们可能会感兴趣的东西。而这样的宣传单是直接在包裹自动存取机上打印出来的。

在另外一个例子中，人们发现：通过电话推销虽然能制造比实体店更高的销售额，然而退货率却也更高了。这个现象清楚地说明：销售员为了能够得到提成而展开了极其猛烈的推销，这反而更容易造成退货。改变这一销售战略，就能通过降低退货率而显著地节约成本。

总的来说，触点管理涉及的是下列几个单项目标：

- 建立声望和美誉
- 强化品牌和价格接受度
- 完善产品、质量、流程和服务
- 赢取新顾客以及回头客
- 对客户关系的维系工作进行协调
- 建立长期性客户忠诚度
- 博得好的口碑以及推荐度
- 遏止顾客流失和负面宣传
- 预防并减少投诉
- 提高创新力和竞争力
- 优化资源（时间、人力、资金）
- 获取更高的投资回报率（ROI）

此外，在顾客真正消磨时间、做出购买决定以及进行购买的地方应该投放营销专款。而一味地为渠道投入资金的商家往往就是在朝着错误的方向进行分配。如今最能推动购买的并不是传统广告，而是第三方在线上与线下的推荐，资源必须首先引入能够将口口相传和用户推荐密集化的地方。所以，那些最能长远地增强购买意愿、美誉度、顾客忠诚度和推荐度的触点特别要得到持续性的加强，它们就是超级触点。

在所有这些工作中，都要与顾客展开合作，并让他们积极参与到各个过程中来，也就是在一切可能的环节中成为知情者和共同设计者。这不仅仅能降低企业风险，还能为竞争筑起额外的保护屏障。因为当商家让顾客看到自己对他们的意见真的很重视，并且能给予他们共同协作的机会时，顾客的态度就会发生积极的转变。这不仅能促使大家发言讨论，还会在顾客中间引发“自己的心血结晶”效应。

四步骤 CTMP 流程

触点管理中所运用的工具是 CTMP® 客户触点管理四步骤流程（见图 7－1）。这一流程实现了从顾客的角度进行思考，因为顾客的视角是唯一的关键所在。在幕后都发生了什么，谁负责什么，为什么事情能办成又为什么办不成，顾客对这些根本不关心。通过丢开企业的立场，就可以把不同顾客偏爱的触点分出一个优先次序，并能促进触点之间更好地协作，同时也能优化它们的工作方式。最理想的是能有一位触点经理——关于这一职业我们将在稍后的部分进行讨论——来打理一切相关细节。在大型企业中可以引入“触点主管”（CTO）职位。

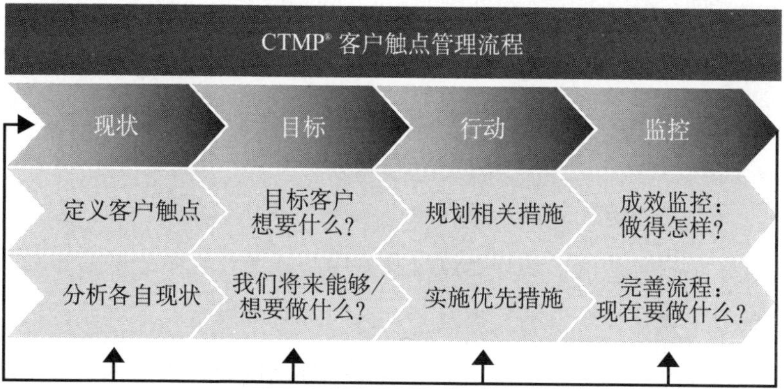

图 7-1　CTMP® 客户触点管理流程

顾客触点管理可分为四个阶段，每个阶段又包括两个步骤：

● 第一步“现状值分析”，这里涉及的是系统性地记录客户相关互动点及其现状——以顾客的观察角度。

● 第二步“目标战略”，定义相关触点的理想目标状态，以便找到适合的方法策略。对此也要建立起典型客户形象角色。

● 第三步“业务实施”，这里首先要具体规划实现目标状态的必要措施，接着就是措施的落实。

● 第四步“监控”，这一步是对结果进行触点测定。在此基础上，继续完善需要改进的客户相关流程。

每一个流程步骤（我在《触点管理》一书中已经有详细的描述）都与贴近客户的员工密不可分。这个工具可以作为整体也可以化整为零地加以应用。我们常说的“quick wins”——也就是可以在操作期间实行的快速制胜——应该在这个过程中处于首要位置。因为当今的顾客再也不会一直等到商家终于周全地做完计划，然后展开行动，只要有一丁点儿不满意，他们就会转头而去。

新意何在?

触点管理依循的是一条真正以顾客为中心的道路。而在大多数企业中都很普遍的做法却是以自我为中心式的，它带来的后果是恶劣的。上级领导既看不到也听不到今时今日的顾客需求，真的以为自己处在领先地位。同时，他们固守在自己搭建起来的象牙高塔之中，而顾客的声音永远传不上去，就这样，自我认识与在他人眼里的形象就完全割裂开来。Bain & Company 的一项调查指出，80%的企业认为自己提供了卓越的客户体验，但只有8%的顾客认为事实的确如此。在一项爱德曼品牌占有率调查中发现：87%的受访者希望能更多地参与到品牌世界中去，而只有7%的人认为企业为此提供了充分的机会。

> 触点管理依循的是一条真正以顾客为中心的道路。

另外，企业经常以两种速度行进在市场上。在目标群体通过专业媒体已经获得了相应的信息时，自己的销售部门却还没有；而对于已经出现在电视上的新广告，自己的员工却从未得到任何消息。这种不协调也存在于企业内部。同一个顾客的资料在不同的环节内容各不相同，又或者完全没有任何关于该顾客的资料；顾客在商店里已经清楚明白地说过不愿意商家打电话找上门，然而电话中心却不知道，于是麻烦接踵而来。谁是负责某个特定投诉的人，没人能搞清楚；顾客不断地被过时的链接引向空白的页面，因为曾在这个页面上售卖的产品早就没有了。这样的尴尬情况背后连接的是竖井心理、孤岛方案以及部门之间的沟通不足。

在很多企业中，各部门之间根本就不合作，反而是彼此对着干。在那些地方流行的方针路线就叫“以对抗代替协作”。“我们是好人，那些家伙是坏人”，这就是他们的口号。“那些”搞市场营销的“家伙”只会描画花红柳绿的蓝图，从来没到外面接触过顾客。或者是，“那些家伙”把我们在销售中花大力气挽回的成果又统统在售后服务中搞砸了，因为他们的活计干得粗糙无能，顾客马上又全都跑掉了。而在订单处理期间企业也会陷入窘境，因为销售部门为了达到销售指标或是搞到奖金而许下了无法兑现的承诺。

以一家电器制造商为例，该企业生产一种客户订购的部件平均需要三个星期。然而外勤人员却为了在争取业务过程中不落后于他人而给出了两个星期的许诺。这显然并非个别情况。然而，各部门人员却没有想办法弄清楚情况，以共同找出一个可行的办法，而是相互推卸责任。能不能好好谈一谈，把互不理解转变为向彼此靠近呢？不干！整个交流沟通都是通过电子邮件，并且尽可能地抄送给更多的人，以便能够撇清自己的责任。这一切都是踩在顾客身上进行的，可没人在乎。毕竟，赞扬自己、贬低他人并找出替罪羊是让自己舒服的事。有谁愿意来做出一些改变呢？如果有，那么最好应该去改变别人，而不要改变我们。而在制定上颇有问题的奖金制度更是给这种“堑壕战”火上浇油。

但是顾客始终是把企业看作一个整体的，一切都必须运转得天衣无缝。因此，企业需要有顺畅的同步流程，尽可能畅通无阻地陪伴顾客走好他们在企业中经过的每一程。触点管理为此指明了道路。

老旧交流模式

筒仓以及与之相连的渠道式思维已经够危险的了，而更危险的是想要带着用来解释过去顾客行为的老旧交流模式走进未来的人。我称之为 AIDA 模式，这类模式仍然不断地出没于营销文献中，在某些企业管理学科中甚至是必考内容。该模式可以回溯到埃尔默·刘易斯于 1898 年针对当时的销售市场首次提出的销售策略。AIDA 是一个首字母缩写词，它代表了 attention（注意）、interest（关心）、desire（欲求）和 action（行动）。一切在购买决定做出之后发生的事情在这个模式中并不存在，难怪维系固定客户和推荐型营销在企业中都没有受到重视。

今天的人们知道，只有内心的需求（need）才会引发或者引导注意力。比如说，一名女性想要有一个孩子，她就会不停地注意到孕妇、小孩以及相关的产品。而在这个愿望产生出来之前，她对这一类的刺激是无动于衷的。在城市中闲逛时，大家也会有这样的体会：只有当我们肚子饿了的时候，才会一下子注意到各式各样的餐饮场所。或者让我们想一想男女之间的调情：陷入热恋中的人对外人的挑逗是免疫的。要让广告有收效，首先需要一个能够起到平衡作用的主题，不然它将一无所获，会被人视而不见，因为它对大脑而言是无关紧要的。

从前的广告人相信“最重要的是要引起注意”，他们首先会大吹大擂，按照喷水壶原则把所有东西喷洒给所有人。这就是说：先把一切都喷湿，最后再来看看谁觉得欢喜。而在销售展示中，商家常常会花半个小时去说：我们是……我们已经……我们能够……我们提供……！换句话说就是：有意者必须先对全部产品做一番了解，然后才能专注于自己真正的问题。即便是算法也早已认识到：想要有成效地沟通交流，就需要连接能力和相关性。没有动机就没有效果，有了效果，多元感受才能理想地运转——正如我们已经看到的那样。好的触点管理也就是感性化的触点管理。请不要把自己的产品摆在前端，而应该把人们的需求放在首位；不要宣传自己的服务特点，而是要谈论服务会给顾客带来什么样的效果。我们都想要自己的气息清新好闻，但没有人会关心香水中都有哪些具体成分。

在很多网页上也可以清楚地看到，转换思维是多么迫切的一件事。如今仍然能够频繁地看到“关于我们”这种浏览项，点开之后就是一通光鲜亮丽的废话、辞藻浮夸的空话。“我们的产品”和“我们的团队”这些浏览项的内容也都是从自我视角出发的。改成“我们为您提供”以及“您的获益”的话也许可以作为一个新开始吧？把网页上的自我吹嘘替换成由顾客讲述自己的良好体验是不是更好一点？只有这样才能保障可信度。这样的改变无论如何都是迈出了第一步。一部分商家已经把他们的网页朝着顾客利益的方向进行了全面的调整。他们对知识分享也很慷慨大方，经常被引述的“可口可乐旅程”网页可算是一个先行者的例子，该网页刊登生活时尚类文章，完美玩转了可口可乐的主题领域“快乐”。

在触点管理中，一切都以顾客为中心。使用的语言是顾客的语言，而非专业术语。这是陈词滥调？那么请马上检查一下你所有的客户沟通，并且二话不说地抹掉所有企业内部或者行业内部常用的专业概念。我尤其想要请手工从业者对他们提供的服务项目做一番类似的检查。“目前在我这里要装一个带 WT 专用 KKZS700 型 FlEK 核保护的短衬板，听明白了吧？”我听得一脑子糨糊！我可不会为糨糊买单。

任何一个环节和角落都存在需要改善的方面。前不久我去了一趟银行，当我站在户头结算单打印机前面，还没开始任何动作时，显示屏先向我介绍道：本行被《财金焦点》杂志评选为最佳多渠道银行。营销专家们是能够理解这些东西的，没问题。但普通老百姓会怎么想？我稍微问了问正走进走出的几个人，没有一个人对这是怎么一回事有一丝一毫的概念。然而，顾客不理解的事情对他们而言也就无关紧要。这甚至是危险的，因为可能会出现误解、判断失误和错误的期望。

把关爱客户、维护客户摆在第一位

触点管理始终从顾客的视角来观察购买周期，也包括购买之前以及之后的推荐阶段。而“buying cycle”（购买周期）或者“sales funnel”（销售漏斗）这一类的常规购买模式却不会这么做。传统的购买周期虽然是从顾客角度出发，但却不会顾及引起注意、评估、购买和使用这四个阶段。在销售中常用的销售漏斗模式则完全固守于商家的视角：与触点管理相反，它只观察赢得顾客、制造商品、完成这几个阶段（见图 7-2）。

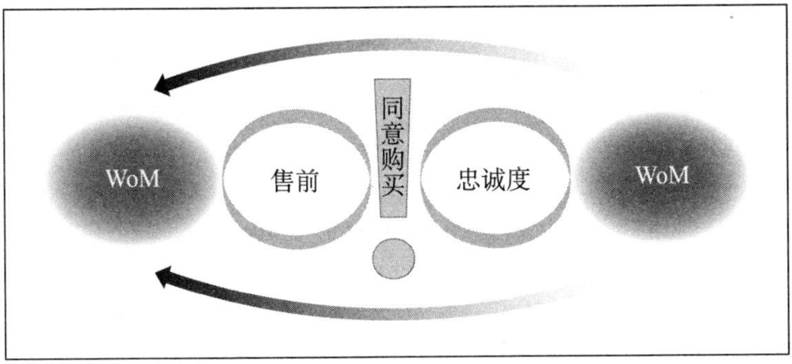

图 7-2 触点管理中的顾客购买回路

注：WoM（word of mouth），口碑宣传和用户推荐。

赢得新客户当然很重要，但这只应该在不牺牲现有客户的前提下实现。稳定、长期的客户关系是企业的寿命保险。然而，老客户经常会不知所措地眼看着新客户享受各种各样的优惠，人们仍然要继续为软件许可、为早已价超所值的手机话费以及高额保险附送的赠品支付高昂的费用，尽管它们在新型商店中便宜得多。荒诞的是，在过去几十年里的管理思维中的一条准绳就是：把老顾客当作次等客户去怠慢，同时也把客服人员作为次等销售员来忽略。然而，怠慢了老客户的人不仅会失去他们，同时也得不到推荐。光有顾客的忠诚是不够的，还必须把顾客发展成推荐人。

> 流传广泛，但并不推荐的一种做法：为了新客户的利益而怠慢老顾客。

当新客户狩猎者因为他们的业绩受到英雄般的颂赞并获得奖励的同时，花了大价钱争取到的新客户则被打发给了 B 队伍：工资低、培训不够、蹲守在后台而且极少由外勤部门调动的后勤部门。他们的目标是：把老客户变成摇钱树。在很多公司里的确是这么称呼客户的，而客户也同样是被如此对待的。只不过，“但愿顾客注意不到这个情况”的战略今天已经行不通了，没人会继续被糊弄，一切事情都会在网络上广泛地流传。

新客户常常在签完以“关爱现有客户”为目的的合同之后立即被推给了C队伍。这个队伍里的就不再是自己的员工，而是企业以外的电话中心，那里的信息更新程度、重视度和报酬统统都很低，员工的不满和流动性却很高。另外，顾客的等候时间能长达30分钟，而每一位顾客顶多只能有4分钟时间，超过4分钟就会断线，因为委托人并不为超时付钱。与此同时，新的客户却有自己的专用热线，一拨打就马上会有人接，也不会有时间限制。

斤斤计较成本的人也许会觉得这一切都是有效率的，但对顾客忠诚度而言这却是灾难性的。因为想拥有忠诚的客户就必须对客户的忠诚予以回报。这也被称作赞赏经济。这就是说：你必须重视现有客户的价值，同时也向他们展示出你的重视。因为你知道：大多数情况下最丰厚的利润是通过好的老客户赚得的，而好的现有客户也大多是最佳推荐者。然而，大部分财务管理人员却从未好好思考过这些前因后果。

因此，彻底地了解一番顾客所体现的价值是很有意义的。它远远不止是商家可以从客户身上获取，但却过于简单地划分成A/B/C各种等级的利润。因为顾客不仅拥有金钱上的价值，还有精神上的价值。要照顾到这一点，可以借助以下几个标准：

● 购买历史：该顾客忠实于我们多长时间了，他购买的次数、数量、时间点以及购买金额是多少？

● 利润率：该顾客今后会带来多大收益？

- 形象因素：我们能否借助该顾客来装点我们的企业？
- 推荐价值：该顾客是不是一位宝贵的推荐者？
- 未来视角：该顾客是否很有创新性，是否就业于成长型行业？
- 价格敏感性：该顾客是否锱铢必较？
- 折价商品因素：该顾客是在不停购物还是只购买有利可图的折价商品？
- 付款心态：该顾客是否毫无怨言地准时付清账单？
- 信用：该顾客将来的支付能力怎么样？
- 客户支持花费：该顾客的要求有多高？
- 好感因素：该顾客是否好相处、受欢迎？
- 投诉意愿：该顾客经常投诉吗？

用 0～10 分来评估以上这几点并加上你自己制定的标准，然后得出每个顾客的整体分值或是相应的金额值，并在这个基础上来定义客户价值。

同时还必须想办法维系已经赢得的客户。比较有意义的做法就是：为售后和忠实化阶段进行投资。然而，Brand Trust 的一项调查显示：76%的营销预算仍然一如既往地流向了售前阶段。克里斯托夫·哈克在《2015 地平线》一书中认为“很多企业都是通过增长目标来定义自身”，他还说“要长期地提高市场成功率，极为明智的做法就是大幅度地往售后方向迁移”。

特别是在饱和的市场中，就迫切地需要聚焦于重复购买和用户推荐。然而，在大多数机构里广泛的做法并不是关注和培养，而是占领。在企业勤奋挖掘的同时，自家的客户却从后院溜走了。遗憾的是，大多数公司赢取客户的方式还远远谈不上专业。商家更多是在用打折甩卖来吸引顾客。在这个恶性循环中不少商家无法存活，因为总是会有人开价更低。

用关系导向取代流程导向

和以完成预先定义的流程为重点的内部视角不同，在触点管理中所围绕的中心是在一个互动点上获得的以及想要获得的客观体验。以自我为中心的服务理念往往来源于对客户需求的错误解读，而在触点管理中要了解的是“顾客希望我们的流程是什么样的?”还有“我们应该怎么做才能让顾客得到积极的体验?”为了让员工能够出色地应对，需要三个元素：能力、意愿和权限。其中真正成问题的往往不是能力和意愿，而是权限。因为被束缚在规则、标准和程序的紧身衣中，员工是没有机会简单、迅速并且态度友好地去解决问题的，哪怕他们自己很想这么做。在顾客看来，力不从心的员工比缺乏工作热情的员工更糟糕。

因此，必须为员工扩大空间，让他们能自主地采取行动。并且，以关系为导向的方法态度是基本要素。在此需要的是真正的人际互动，而不是以流程为导向展开的交易，因此必须真正从对方的视角去看问题。举例来说：假设有顾客在一次出差途中出了交通事故，那么从顾客的角度出发，首先要关注的应该是这两个问题：“您怎么样?”和“您要去哪里?”但实际上顾客经常被问到的是“您的保险号码是多少?”（拜托，在这种时候对方手头是一定不会带着号码的。）然后还有“您在哪里?”这是想要安排交通救护的商家视角。

而当得到人性化的对待时，我们的感受也会非常好，这一点我最近有所体会。当时我的手提袋被偷了，真是飞来横祸，因为手提袋里装的是女人们的半个人生，手机、纸巾、钥匙、钱，统统丢失。我不得不冻结我的信用卡。当我描述了情况之后，电话里 American Express 公司的那位年轻男士安慰我说："因为您遭遇了这么糟糕透顶的一件事，我们将赠予您 100 000 积分。"没错，这就是用关系导向取代了流程导向，它为受伤的心灵带来一杯提神饮料。特别是，当时在我家里还有一份本来准备寄出去的其他信用卡的申请表。

08

客户触点旅程

“客户旅程”这一概念最初来源于电子商务，它描述了用户在网站或者网页上通过浏览和点击直到购买的这一路线。在这样的观察中常常被遗忘的是：潜在的顾客不仅仅是活跃在网络上的，他们更会连接起虚拟的以及真实的触点。在网络中，他们会多多少少被迫地也对竞争对手的信息有了一番详细了解。早在展开直接的联络之前，他们就阅读过评论并比较过价格。如果他们是因为用户推荐而做出购买决定，那么商家在直到用户购买为止都未曾参与到任何一点中来，而最终引发重复购买的客户使用体验则是在这样的购买决定做出之后才开始的。另外，顾客还会点击不同的工具进入网上世界（跨设备）。他们极少会跟着商家设想出的渠道走，这些渠道彼此间是孤立的、互不协作的，甚至还会彼此竞争。不，他们走的是自己的路。客户个性化的“离线—在线—移动—客户旅程”，或者说“触点旅程”，它必须是一切企业行为的支点与转折点。

不仅仅是异国旅行可以让人们体验良多，在交流与服务的旅途中也是一样。每一次联络都会留下痕迹，不仅仅在人们的身上和心里，也会在网络上。正如在现实生活中一样，人们会向别人讲述自己的旅行经历。于是，顾客在每一个触点上都会收集印象、积累使用经验或者是应用体验、客户体验（customer experiences），在网络上则被称为用户体验（user experience），这些会浓缩成一幅完整画面：这个供应商会长期适合我或者不适合我。在这个过程中，顾客的看法永远是主观的，常常是普遍化的，有时是不公平甚或是错误的，然而，这就是顾客被问起时或者主动说出来的看法。可惜他们很少会把这些看法告诉商家。

> 顾客永远会把一家企业看作一个整体，他们并不关心各个部门负有哪些责任。

在一切情况下，顾客永远会把一家企业看作一个整体。对他们而言，无所谓客服部、销售部和市场部之分，服务链中的每一个环节，也包括聘用的外部服务提供商，都必须完美地做好各自的工作。不仅是直接接触客户的人员，那些与客户“仅仅只有”间接关系的人，比如会计部或者物流部，也都必须以客户为思维和行动的导向。听起来像是老生常谈？看看那些由从不接触顾客的开发员所组成的软件公司吧：他们沉醉于自己所开发的美妙程序代码之中，想不明白为什么使用者完全是一头雾水。而在很多产业公司，下午 5 点之后最好不要打电话过去，因为来接电话的只会是保安人员，你可能会了解到一些稀奇古怪的事情，但你想要的专业的回答却是得不到的。

离线与在线之间的分离也是不允许存在的。不管顾客最终是通过哪个触点进行购物，重要的是，他们必须是在我们这里购买，而不是在对手那边。以亚马逊为例，如果某个制造商的产品无法在线供货，亚马逊就会立即向顾客提供另外一个供货商的同类产品。这样，顾客最开始想要的那个制造商就失去了机会。

建立在软件基础上的触点分析系统现在已经有一系列的商家都在提供。其中很多商家做出了夸大的承诺，但实际上却仅仅是借助跟踪方法对以在线为基础的触点进行分析——而且也仅仅是从注意到商品到购买商品之间这一段上的触点。这就完全无法提供一幅顾客旅程全部触点的整体画面。另外，每天都会有需要加以检验，并在合适的情况下必须立即进行整合的新触点。在使用分析工具的时候，只有那些能实现全方位视角——也就是囊括了在线、离线以及移动触点，并能完整有序地体现触点旅程——的工具才是适用的。

此外，还有能为全面触点管理的监管工作提供支持的软件程序。一方面，它们是好的助力；另一方面，这种程序会把人挤入它的预配置系统中，并迫使人们采取也许并不恰当的措施。这需要你自己来决定。

怎样视觉化顾客触点旅程

如果按照顾客的逻辑来看，每一段客户关系都是在一个互动的时间进程中成长而来的，这个进程始于过去的某个点而走向一个共同的未来。因此，我认为水平线性图示是最佳选择。比较受欢迎的360度模式看似能为企业提供一个对顾客关系全面而圆满的观察，然而这种东西实际上是不存在的。线性图示则模拟记录了客户旅程中所有停留点上的搜寻、找到、购买以及所有产生重复购买、口碑宣传和用户推荐的站点。

“触点旅程地图”被证明是一个非常有帮助的方法。它以地图的形式画出有代表性的客户旅程，每一个触点之间的路径是一条从左至右的蜿蜒线条，有的顾客可能会往后倒退，或者犹疑徘徊。

一个从顾客视角出发的、有代表性的顾客旅程可以由以下几个站点组成：上网调查了解—初步挑选—进行联络—咨询—签订合同—接到账单—付款—产品到货—产品使用—（投诉）—（再次购买）—（推荐）—（弃用）。这种顾客旅程如何表示？去网上搜索一下这个主题，你就会看到一大堆各式各样的图标。

在这个过程中重要的是：每一个客户旅程虽然可能会由近似的主站点组成，但是就细节上看，在从有意者发展到品牌代言人的这条路上，每个顾客都有自己的特色。卓越的企业在整个旅途中的每一个触点上都为他们的顾客提供了最佳的体验，他们创造了无断点的积极型客户体验，在所有的触点上，他们都是通过顾客的眼睛来观察自己的产品的。

将触点旅程视图化是非常有帮助的。这样，单个的上级触点就能像银行的柜台一样被分成多个下级触点；或者也可以对决定过程的各个阶段加以观察；又或者可以用不同的旅行线路来描述不同的顾客群；再或者，还可以把大量顾客的旅行线路上下排开，展现关键触点。这样，纯网络性商家就可以对离线触点上发生了什么有一个总的概览，纯实体性的商家可以了解到流向网络的顾客已经多到何种程度。另外，企业还可以对所谓的“游乐场”进行分析，意思就是：调查目标人群的行为是发生在家里、路上还是在办公场所，他们用的分别是哪种机器。宠物用品公司 Fressnapf 甚至还研发了一种小狗旅程。

条条大路通罗马

触点旅程也可以垂直地分成三大阶段：第一，交易之前；第二，交易期间；第三，交易之后。或者，可以把客户关系分成三段：第一，到来；第二，逗留；第三，离开。瑞士电信（Swisscom）曾经这样呈现其顾客的决定周期阶段：发现—了解—订购—安装—使用—付款—获得帮助—更换供应商。以安装阶段为例，在这里就可以观察到一系列的触点。进一步细看，还可以辨别出联络客服的人是男是女、是老是少。因为这些目标群体的期望是各不相同的，所以必须用不同的方式去满足他们，最好能超出预期。怎样才能知道自己客户的期望以及他们在各自的客户旅程中有着什么样的体验呢？通过聪明地提出问题——我们马上就要谈到这一点。当然也可以通过投诉管理，因为投诉是在事后表达的客户愿望。

通过投诉可以非常快地弄清楚：在顾客看来还缺乏哪些触点，哪些触点非常重要，哪些无关紧要。不必要的触点要排除、忽略或者取消，通过这样的做法也可以节省一大笔开支。大学教授弗兰茨·鲁道尔夫·埃施在《名牌商品》杂志发文指出：某家保险机构现有 120 种宣传册，但被经纪人运用到日常工作当中的只有 18 种。我的补充建议是：给被剔除的触点另外列一张清单，然后时不时地从顾客的角度来检查一下，忽略这些触点是否依然是正确的。

自以为是的小小触点在顾客看来也可能是大大的痛点。因此必须以最快的速度把它们找出来并剔除掉，而关爱点必须加强。还有对声誉、顾客忠实度或者用户推荐进行大幅度投资的超级触点现在也可以确定了。最后可以识别出各个触点之间可能存在的相互影响，也能发现它们之间的协同作用和抵消作用。一旦把不同的互动可能性带入顾客的逻辑顺序中去，就可以对它们之间的协作进行优化，让它们更能方便顾客。这里的两个关键问题是："做得怎么样?""我们还可以做出哪些改进?"

顾客触点旅程的七步

对用于描述顾客触点旅程的七个步骤总结如下。相关的必要工具会在后面的章节里介绍。

第 1 步：确定你想要调查哪一类顾客的情况。比如，有一家人在我们的家具商场购物，那么就可以把"旅客"定义为人物角色，从而得到一幅关于他们的详细画面。

第 2 步：把顾客行为按时序排列成单个的阶段，这能帮助你概览全局。同时也要特别注意顾客访问之前与之后的阶段，把诸如收银台这样的上级触点拆分成下级触点，比如可以拆分成排队、付款过程、打包、道别等。

第 3 步：按照时间先后描述顾客行为并用图表呈现出来。观察并询问顾客，描绘出在每一个触点各发生了什么，可借助视频、照片、情节片段或者对话框表述等手段，把在顾客看来特别重要的触点标记出来，把对忠实度和推荐度产生了较大影响的触点也标记出来。

第 4 步：按照“失望”“还行”“欣喜”的标准来分析顾客眼中每一个触点上所发生的情况，以发现哪些地方还有必要改善。特别是找出喜爱点和疼痛点来，也就是顾客体验中的高点和低点，从而吸取教训。为此也请询问顾客的看法。

第 5 步：和大家一起整理总结，可以做哪些工作来让每一个顾客旅程触点上的体验都变得更好、更轻松。问一问自己：一个理想的触点旅程在现实中可以是什么样的，从而定义工作指标。

第 6 步：尽可能迅速地落实已通过的措施。在这个过程中把能迅速获得成功的措施列为最有力措施。以书面形式记录下这一步中取得的经验。

第 7 步：评测你的成果。确定适合的参数，特别要对每一个触点上的重复购买意愿以及推荐意愿进行评测。

召集所有可能会在这样一种旅程中与顾客相遇的员工，开展为期一天的研究交流会，有针对性地消化这些步骤。这一方法一旦为大家所熟悉，就可以在企业中——比如可以在顾客触点经理的帮助下——不断对该方法加以发展。

决定性的关键时刻

市场主导者从前能够把广告垃圾毫无顾忌地甩给全世界，而今天，他们做的一切事情都会引起公众的反响。如果反响是消极的，那么就会敏感地损害企业形象以及营业额；即使反响是积极的，企业也必须加以抑制调节，因为即使只是个别的意见，一旦被千百人看过，那么它的分量也可能是巨大的。在社交网络上已经没有秘密可言，若要人不知，除非己莫为。

如果服务糟糕且想要隐瞒、遮掩，在功能上撒谎或者在定价上作弊，想要糊弄顾客，这样的公司如今很容易出现问题。发表在社交媒体或者评论网站上的牢骚抱怨如今能在数分钟之内让广大公众看到，还会被热衷于炒作的媒体再加以利用。这样的信息比任何制作精良的企业宣传材料都更强烈地影响着购买者的决定。

> 消费者的判断比任何企业宣传都更强烈地影响着购买者的决定。

然而，上级领导们清楚这一情况吗？当我在管理层会议上进行演讲时，我经常会向与会者提出这样一个问题："潜在顾客与你的企业之间的第一个接触点是哪一个？"所有行业都做出了类似的回答：有意者上门造访、打电话、发邮件，他会获得资料、会上网、外勤员工会拜访他……从这里可以看出，管理群体看问题的方法仍然是以自我中心为主。实际上，第一个接触点的产生要早得多：

- 有意者在周边环境中或者从媒体上无意地听到或者读到关于某企业的信息和产品，不管他产生的是积极抑或消极的想法，这些想法都会对第一印象以及初步挑选产生重大影响。
- 有意者询问自己的同事或者朋友，征求他们对某个企业及其产品和服务的意见，而他们的意见是很有影响力的。
- 有意者通过网络搜索某企业，看到论坛、博客或者评论网站上相关的称赞或指责的文章，这对他的兴趣也必将产生巨大影响。

这样一来，早在很多企业还没有与有意者进行直接接触之前，他们就已经失去了这位潜在顾客。至少现在弄清楚了：在触点项目中，我们必须密集地致力于购买愿望产生之前的"新关键时刻"。

在这一过程中，有购买意愿的顾客首先会跟随以网络为基础的第三方的“原始发声”。根据行业不同，今天针对购买的初步决定中有一多半是在网络上做出的。这意味着：糟糕的商家如今仅仅通过互联网就失去了一半的潜在顾客。而这些商家大多还没有注意到这一状况。

与此同时，评论网站、用户论坛、测评报告、博客言论、媒体文章、口头宣传以及用户推荐扮演着越来越重要的角色。谷歌提出了“zero moments of truth”（ZMOT，零互动关键时刻），这是指没有供应商的直接参与、以第三方的意见为基础而对某个产品做出的购买决定。零互动关键时刻展示了供应商是否已经成功通过顾客的考验。而在做决定之前，有意者平均会浏览 10 项网页内容。搜索引擎于是就变成了连接引擎，帮助大家去伪存真。而这还往往伴随着线下的影响者，也就是我们问询过的专业人士。

一家企业针对汽车消费曾经提出过这样一个问题：“在做出购买决定的过程中，你积极地使用了哪些信息来源为自己收集信息?”调查得出的数据如下：

网络，59%

零售商/销售员，31%

宣传册/价格表，16%

生产商/零售商的网页，7%

与第三方的交谈，6%

专业杂志，5%

试驾，3%

在 B2B 商业模式中，第一个数字在大多数情况下还会高得多，因为如今的事先调查差不多都是在线完成的。

09

触点集群

从顾客角度来看，交易关系中有五个触点集群很重要：

- 影响性触点（influencing touchpoints）：奏效于寻找信息阶段以及察觉阶段，因为它们引导着决定的潮流。
- 购买前触点（pre-purchase touchpoints）：它们在准备做决定阶段扮演着关键性角色。
- 购买触点（purchase touchpoints）：它们必须在决定阶段以及购买时刻有说服力。
- 购买后触点（after-purchase touchpoints）：在使用和重复购买阶段必须一切顺利。
- 影响性触点（influencing touchpoints）：自己的体验将以口口相传的形式在线上以及线下分享给他人。这会影响到第三方，并能引发新顾客的到来和购买。

从企业的角度来看，也同样有五个触点集群可以用 EPOMS 这一缩写词总结：

- 赚得型触点（earned touchpoints）是通过良好的工作赚来的（评论、媒体报道、用户推荐等）。
- 支付型触点（paid touchpoints）是企业所购买的（实体广告、网络广告、谷歌 AdWords、电视和电台广告、海报等）。
- 自有触点（owned touchpoints）是企业所占有的触点（网页、企业博客、客户杂志、网上商店、公司大楼、店面等）。
- 管理触点（managed touchpoints）由企业在第三场所进行管理（Facebook、Twitter、在外部程序商店出售的应用程序、外部电话中心、展台等）。
- 共享触点（shared touchpoints）是顾客与其他人共享的触点（产品、内容、展示视频、电子书、专业文章、论坛文章等）。

支付型触点、自有触点以及管理触点用营销语言来说也称为媒体，它们很容易进行“监控”。不过对管理触点的监控是很有限的，因为适用于平台的规则都是由运营者规定的，并且可以随时不进行通知就做出改动。这就能够在一夜之间让大量的工作成为徒劳。再者，平台也可能突然之间就从视野中消失。因此，核心行为和交流的重点也总是包括了自身的存在：自己网页上的内容和自己的博客、在自己社群中的关系以及自家后援会的粉丝们。

而在赚得性触点方面，企业却经常是在黑暗中摸索。因为这些触点无法进行“监控”，要在这里有所收获企业必须提供良好的服务。这里的关键词是：鼓舞、信任、顶尖服务和顶尖服务者。一流化和好感度在这个过程中扮演着关键性角色，而加分点则主要存在于网络上。于是，搜寻者一开始并未关注过的产品、商家和品牌可能突然之间就出现在屏幕上，是第三方使得他注意到它们，从而影响了他的决定。

共享型触点是用户彼此共享的触点，它们的内容（content）必须有用或者有趣。社交网络和移动设备使得传播更为广泛，自从商业广告越来越多地被广告拦截器阻断，共享媒体就有了极为重大的意义。它们不仅能对维系已有客户和建立企业声望提供支持，还吸引着新顾客的注意力。在本书第三部分，我们将详细阐述怎样运用这些重要的沟通工具。

两类不易监控的触点

对支付型、自有型和管理型触点领域中各项活动的测定在网络中尤其可行，但通过赚得触点或者共享媒体取得的成果却只能间接地查明。在网上有针对这一目的的社交媒体监测工具，而在线下则可以运用顾客问卷调查提出下列问题：

- 您最开始是从哪里了解到我们的？
- 您最初为什么会注意到我们？
- 是谁或者是什么对您的决定产生了最大的影响？

在这样的问卷调查中所看到的故事可能不仅很吸引人，还会非常有启发性。请把注意力首先集中在：你是怎样被顾客找到的？对初步选择和购买决定产生决定性影响的是什么？从中可以得出什么样的规律？

分析用户推荐并有针对性地制造重复购买。

这样你就能非常迅速地发现：哪些人在非常频繁地分享你的哪些信息，你的哪些服务得到了强烈推荐。当了解并深入分析了这些关联之后，将来就可以有针对性地进行复制，并促使此类情况重复发生。同时，你也能够成功地发掘出宝贵的推荐人。想要更详尽了解这一重要主题的读者可以参考我的《新型推荐营销》一书，该书为你提供了丰富的相关资料。

只要条件允许，你应该立即开始通过这样的方式来调查所有的新顾客，把得到的信息录入你的数据库。在这个基础上，你还可以针对这一话题有选择性地询问老顾客对客服的看法。请记住，“最初”“最开始”这些词非常重要，因为在今时今日，大多数顾客都是通过多种不同方式接触到商家的。

其他触点类别

在触点管理中并不存在“唯一”的方法或者是“快速达到目的十大要点清单”这种东西，因为正如每一个顾客都和别人不同，商家的措施也会根据行业而各异。因而，各种触点可以按照不同的方式来进行分类。比如可以这样划分：

- 直接触点：在这里员工们直接与顾客互动，比如拜访卖家、热线电话或者展台。
- 间接触点：它们是插进来的中间衔接环节，比如网页、邮件、账单或者包裹。

在直接触点中，直觉较强的员工大多能够从顾客的反应中直接感觉到：是否出了状况，出现了什么样的状况，是失望、勉强还好还是欣喜振奋。在间接接触中是感受不到这些的，而这就埋下了一大隐患：企业会纠缠于标准化的流程，这些流程对企业来说虽然很实用，但对顾客而言却毫无益处；或者，企业只考虑费用，却不从顾客的角度看问题；又或者，因为得不到顾客的反馈，企业会犯错误；再或者，企业忽视顾客的看法，而只从自己的角度出发。比如，老板（在向自己的妻子请教过之后）说："我觉得，甲版邮寄广告更好一些。"因为老板的话是神圣信条，当然也没有人会冒犯他，于是职员就违心地把甲版广告寄给了客户。

根据企业规模和行业类别的不同，触点也可以分为以下几类：

- 人力触点
- 流程触点
- 产品触点
- 文档触点
- 场所触点

以旅馆为例，顾客在很多领域都会接触到的员工就是人力触点，而入住和退房手续这一类的流程就是流程触点，房间的装修配置是产品触点，房间内的信息资料或者菜单是文档触点，停车场和健身区是场所触点。这样一种分类可以帮助商家从顾客的角度来审视服务中的不同方面。

人力触点大多扮演着至关重要的角色，所以就可能会出现这样的情况：一名顾客虽然仍然忠实于某个汽车品牌，但却放弃了原本的零售商，只因为多年来为该顾客服务的员工跳槽到了另一家汽车店。还有可能出现的情况是：该员工多年辛苦建立起的顾客忠诚度转眼之间就会被糟糕的客服质量摧毁。实际上，有一半的汽车都是通过服务人员销售出去的。然而这一点却很难在销售商的服务区感受到，有时候，服务区甚至是藏在宛如杂货市场的地下室里。更好的做法是通过宽敞的楼梯把顾客引向二楼的服务区，以此来向他们展示现有的客户关系是何等可贵。

10

怎样评估触点

自从社交媒体和移动营销兴起以来，触点的数量呈爆炸式上升。经验显示，只要对触点进行分析调查，大多数情况下都能总结出数百个不同的触点。保时捷公司的市场研究部鉴别出了 300 多个让潜在或现有的客户接触到制造商、销售商和品牌的触点。关键的问题在于：企业应该把注意力集中在哪几个点上？哪几个点可以重新组合？哪些不容忽视？哪些必须取消而哪些可能还有待建立？这就需要对触点进行评估，在这里需要注意两个方面：

第一，触点在顾客眼中的重要性以及顾客（重复）购买和推荐的潜在可能性。借此可以调查清楚：哪些触点没有必要存在而哪些则是超级触点。

第二，在各个触点上所发生的情况在顾客看来有着怎样的质量。借此可以调查清楚哪些是热点、哪些是痛点。

为了评测某个触点在顾客的眼中有多重要、顾客是否有（重复）购买意愿以及是否会向他人推荐，就需要对顾客进行问卷调查。开始的时候只要50～100人就足够了。可提问如下：

- 该触点在您看来有多重要，以数字0～10表示重要程度。
- 您会在该触点（再度）购物吗？请用0～10来表示可能性。
- 您会向他人推荐该触点吗？请用0～10来表示可能性。

在每个回答之后最好立即再跟进几个宝贵的附加问题：您给出刚才这个评价的最主要原因是什么？其中进行得特别顺利的是什么事？具体还需要做些什么才能让分值更高一点？您有没有一个可行的想法？通过这些问题，您将迅速地摸清最重要的顾客动机。

最后把所有分数相加，然后把各个触点按顺序排列，或者把所有内容以矩阵的形式展示出来。这样排出优先次序之后，就可以准备适用的措施来达到更好的状态。

失望、还好抑或欣喜？

在对每一个触点进行质量观察时，大多数常见图解中针对评级使用的都是消极、中立、积极这样的划分。而可能会席卷顾客的所有情绪——当顾客得到一件产品或者使用一项服务时大多也会涌现各种情绪——在这里却得不到充分的表达。因为正如我们能看到的那样，人们的每一个体验都会被打上加号或者减号，然后相应地在大脑的存储器中存储下来，并表达为“喜欢”或者“不喜欢”。

美国运通的一项服务调研表明：优质的顾客体验的确能引发心理上的反应。在这项调查中，1 500名消费者在类似实验室的条件下接受了针对他们行为的测试：60%以上的受试者在想到某个积极的顾客体验时会心跳加速，50%以上的参与者对曾经的良好客服经历产生出类似于恋爱的内心反应。也就是说，商家最好能够争取成为爱之品牌（凯文·罗伯特语），也就是能让顾客眷恋的品牌。

为了表达这种情感，我有一个最喜欢用的方法，通过它能对每一个互动点上的“失望”、“还好”以及“欣喜”因素加以分析。这个方法是我在日本大学教授狩野纪昭的狩野模式基础上发展出来的。

这个模式的基础问题是：顾客事前的期望是什么，与期望相比他实际上得到的又是什么。为此需要让员工定期碰头，（在顾客的帮助下）对他们在某一个触点上的行为进行一番研究。在开展一项行动之前可以提出如下问题：

- 什么让人失望？（我们无论如何都不可以做的事情是什么）
- 什么还 Okay？（我们的最低标准，满意度的底线）
- 什么是/会让人欣喜？（我们工作的最理想状态）

在这项行动之后再把同样的几个点做一番审视，了解如下问题：

- 是很棒吗？——是否振奋人心、让人惊叹、出人意料、引人入胜？
- 是还好吗？——是否符合预期，从而反应平常？
- 是完全不行吗？——是否令人失望、反感、泄气、恼火？

一件产品的纯粹功能或者一项服务的流程对应的是满意度的底线，仅仅如此是极少会让顾客欢欣鼓舞的。因为某件事情百分之百地顺利进行是消费者理所当然的预期要求，“欢欣鼓舞”永远意味着达到预期再加上额外的 X。参照点就处在顾客在相应领域中有过的最佳以及最糟主观体验的水平上。这里涉及的既是流程层面也是关系层面。

痛点和热点也会在这里沉析而出。由于各种错误的导向，顾客特别热爱的东西往往很少受到关注，这个反面现象需要得到修正。而顾客完全不喜欢的东西，也就是不足之处、挫折和误解，都必须尽快清除掉。被认为特别优秀的商家，其基准也特别高。评估主要取决于期望值，比如，由于顾客对一家五星级酒店的期望要远远高于一家三星级酒店，于是三星级酒店给顾客带来惊喜的空间就更大。

满意的顾客是危险的顾客

质量评估涉及的不仅是服务本身，它还不得不涉及随之而来的情感和情绪。在顾客看来，其结果在大失所望和欣喜若狂之间摇摆。

如果让一个客户失望了，他就会惩罚你：他会抱怨责备，会更尖锐地投诉，提出苛刻的要求，也会减少订单、转换阵营、恶意诽谤甚至进行破坏。他带着破坏欲做着这一切。他的动机何在？报复！他因为觉得不公平而采取报复行动！这一类感觉和看法永远都是主观的，而且会迸发出极大的能量。人们越来越多地使用那位最能施加压力的“律师”：数字化的公众场所。

相反，如果顾客欢欣鼓舞，那么他会带着愉悦的心情购物，并且会成为回头客。这样一来，该顾客就会对其他的竞争商家视而不见。然后他会成为粉丝、代言人、倍增器和舆论制造者，会在一切可能的场合向别人推荐。我非常了解这种“粉红镜片效应”。

仅仅只是满意的顾客，却也是危险的顾客，因为他们是沉默的顾客，他们既不谴责，也不赞美。他们也同样会不声不响地悄悄溜走。因为“满意”的意思是：顾客觉得服务“及格”了，这是稀松平常、毫无特性并且可以替换的。保持稀松平常纯粹是在浪费时间。今天花钱的人都想要得到顶尖的服务，只有最优者才能得到最优的回报，而这个回报就是不断回购并积极向他人推荐的忠实顾客。

只满足于满意的人是迟钝舒缓的，情绪的张力较低，缺乏个性并且对变化漠不关心。只以客户的满意为目标的企业，不会全力以赴地为客户谋求利益，对满足客户的特殊愿望非常欠缺主动性，对解决问题也缺乏创意。这种无所谓的心态会导致工作上的不用心、不重视和不细致，最终导致客户流失。

为了能进入惊喜区域，需要尽可能多的不同寻常的创意。想要在单个触点上发挥大作用，最好利用“大众智慧”，也就是员工们的集体智慧。借助图 10－1 中的模式，可以展开一些改善工作。

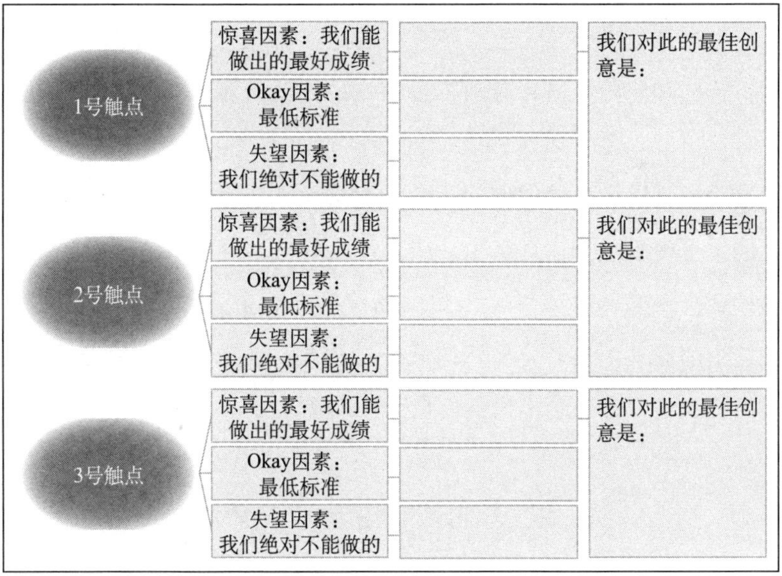

图 10－1　触点改善和惊喜创意工作表

11

怎样改善触点

坐在办公桌旁是无法了解客户的想法和行为的。为了调查清楚购买行为和使用习惯，有两个最基本的方法可用：第一，可以观察顾客；第二，也可以对顾客做问卷调查。不过，观察比倾听更好：通过观察可以比简单的询问了解到更多东西。其原因在于：人在规定情景下的反应与在真实生活中是不一样的。问卷调查会让顾客做出社交需要的回答或者给出扭曲的答案，而企业方面也可能曲解。在这个前提下，很多受委托的调查机构往往让市场研究复杂化，而得出的结论常常让学术精英们也无法理解。

通过观察顾客进行改善

上文中提到的这一类扭曲却不会发生在不施加影响的观察行动

中。商家可以通过摄像机、笔记本和秒表伴随顾客一天，在商店里甚至可以悄悄地跟踪消费者，以此来研究他们的购物行为。“影子法”（shadowing）是这一方法的专业名称。消费研究专家帕科·昂德希尔就是通过这样的方式发现：当通道过于狭窄或者堆满了东西而让人觉得拥挤时，女性很快就会离开并走向宽敞的地方。当她们弯下腰去拿摆得非常低的商品时，如果有人不小心接触她们的背部，就会让她们感觉特别不舒服。此外，昂德希尔还发现：如果往顾客手里塞一个购物篮，又或者让购物篮的摆放高度不低于一米，并且在商店内的不同地方都摆有购物篮，那么顾客就会买得更多。大多数情况下，顾客只是想进来迅速拿几样东西就走，他们是这么想的，并且不拿篮子就开始动手。惯用右手的女士们一手拎着手提袋，一手挽着外衣，开始往左臂弯堆东西，想要再搂上两瓶正在打折的西班牙高档红葡萄酒，同时还想保持平衡，这就太危险了。真可惜啊！这个时候，摆放在饮料区的购物篮就能派上用场了——同时也增加了营业额。

软件生产商和网络运营商早就开始趁顾客们操作电脑的时候对他们进行观察研究了，而品牌巨头们则通过摄像头对顾客在家庭中的烹饪、饮食和打扫行为进行记录。在开辟了新的市场后，地区经理会去挑选出来的顾客家里生活一段时间，借此来切身体验他们的日常生活。这样，商家就能了解到在受监控的测试情景中永远都无法了解的情况。

列支敦士登的工具制造商 Hilti 公司的开发人员会定期前往工地观察作业中的工人。衡器生产商 Bizerba 公司的工程师在初次安装时会跟着去顾客那里。他们在安装过程中了解到操作者是怎样操作仪器的，可能会碰到什么样的困难。比如，在现场工程师了解到，当临时员工操作收银机的时候，实物图标就格外重要。

据说星巴克创始人霍华德·舒尔茨曾在一次穿越意大利的旅行中萌生了他的业务点子。他通过观察发现，优良的咖啡已经成为当地人生活的一部分。于是，他发展出自己的“第三场所”理念，可以为人们提供住宅与工作场所以外的会面场合，让他们给自己放一个小假，稍稍享受一点小奢侈。

通用电气公司（GE）医疗保健部的一个由营销人员、工程师和设计师组成的小组曾经带着摄像机进入手术室，目的是更好地了解和学习麻醉师、外科医生与护士之间的合作，由此发现了从没有人注意过的问题和麻烦，因为医生和护士对手术中的困难已经习以为常，问题已经融入到常规工作中。通过这些观察，通用电气最终开发出了改良版方案。

> 在投放市场之前对顾客进行观察能带来极大的帮助。

在 SirValUse 公司的实验室中，会对各种各样的技术器械进行检验。研发者们在透视玻璃后面观察着按照随机原则挑选出来的受试者是如何头疼地围着公司新生产的仪器打转。“如果十个受试者中有八人找不到开关在哪儿，工程师们就会开始抓耳挠腮，”企业主管蒂姆·波森尼克说：“他们成年累月地致力于仪器的开发，一开始完全无法明白，为什么普通人不能理解他们。”如果在投入市场之前能进行这样的观察，那就是一种幸运。

还有一个让人印象深刻的例子，可以在克里斯蒂安·舍尔与迪克·荷尔德合著的《是什么让品牌成功》一书中读到。书中叙述了金佰利集团旗下某尿片品牌的销售问题。通过一般性问卷调查没能对该问题给出一个清晰的解答，于是公司决定进行一次人类学分析。受试者要戴上一副特制眼镜，上面置入了摄像机，这样就能真真正正透过顾客的眼镜来观察世界。很快，人们就发现了问题的真正原因。女性并没有像商家指示她们的那样，在专用桌上给宝宝换尿片，而是在一切可能和不可能的场所换尿片。在这些情况下，该尿片的包装就太难打开了。公司根据这项观察开发出新的包装材料，单手就可以打开，这个改进取得了极大的商业成功。在另一个案例中则观察到，当孩子稍微大一点之后，就不再愿意被按在桌上换尿片了，于是公司又推出了可以站着换的新型尿片。

通过这样的事例可以看到，观察有多么重要。有的结果可能会让人大感痛楚，而有的让人完全不愿正视。然而，把脑袋埋进沙堆里的人也就看不见敌人的到来。最好的做法是仔细地看清形势。在观察中要考虑的问题始终都是：我们的产品和服务在顾客的生活中扮演着什么样的角色？我们能够在所有的触点上贡献什么样的力量来让顾客的生活更舒适、事业更成功？

通过巧妙的提问来做出改善

进行大范围的顾客满意度调查？这种模式已然过时了！这样的调查不仅花费昂贵，而且毫无价值。它们是以过去为导向的，费时费力，迟钝缓慢。如果是匿名调查，企业还无法针对个人情况做出反应。因为是选择性调查，所以它们只是反映出当时的情况而已，而最大的缺陷则是：等到收集好结果，进行完整理加工，展示给领导看，并经过中层管理者多多少少的过滤之后，最终交到与顾客进行直接接触的员工手中时，就已经过去好几周甚至好几个月了。当预算偏差、营业额和收益是每一个会议上永恒的主题时，传统的顾客问卷调查却每年只会进行一次，从而每年也只有一次会被排进议程中去。这再一次表明：客户关系就是一个没娘的孩子。一年只对顾客满意度做一次考察，一年也就只有一次可以调整的机会。

然而，顾客早已不会再耐心等待，直到企业终于动手开工。哪怕只是因为极小的闪失，他们也会转身就走。而在网络上，他们会告诉所有人为什么会这样做。因此，大幅加快动作是必不可少的，要更敏捷灵活。想要抵达未来的人，就需要持续不断地得到反馈信息，这样才能够对不断翻新的顾客愿望尽可能迅捷地做出反应。这里就需要有对话，而不是老一套的单方面问询。在传统的问卷上，人们只是机械地画钩打叉，而问卷上的问题又实在是太多了。坦率地说一句：有的问题还提得挺傻气的。这样一来，商家就把顾客变成了奴隶，让他们对问卷疲倦厌烦。然而，现代的顾客调查是平等的沟通交流。

而“典型性”也同样冒着傻气。企业是无法去吸引诱惑一个“民众的典型形象”的，而只能是单独的一个一个的人，而且每一个人都有着自己的特性特点。平均值我们大可以抛到一边去，因为它调查的只是全体顾客的平均品位，而不是特指的甲先生或乙女士。在问卷上，人们只能对提出来的问题进行回答，而提出错误问题的人也就得不到任何有意义的信息。再者，提出来的问题大多只对管理层有意义，或者只服务于自我中心的统计比较目的。而顾客觉得重要的很可能是完全不一样的主题，他们是绝对不愿意来跑龙套的。

想一想在我们购买了汽车之后的那些套路式的、不切实际也不合时宜的冗长问卷就明白了。而问卷得出的结果也是对应着奖励机制的，也就是说，高得分会得到鼓励。这会造成什么呢？这将让员工只把注意力集中在“怎样才能让自己得到奖金并且排名第一”上，而其他事情就被放在了重点以外。他们会恳求顾客给出好分数，这非常令人讨厌。而他们也会为此事先赠送一些小礼品。这种事情对双方都不公平，都是一种羞辱。其结果如何呢？被做过手脚的数值于是乎就成为把管理者引入沼泽而不是引向未来的鬼火。而汽车产业早就已经知道这种情况是多么愚蠢荒唐，其中的欺骗性又有多强，然而却没人收手不干。真是荒谬至极！

当顾客在问卷上统统选的是“良好”时，这会带给你什么呢？如果选的是“差”呢？当整体满意度从 2.9 下降到 2.7，或者从 2.3 上升到 3.4，这又能代表什么呢？必要的时候还可以自己演绎出这些结果的原因，而你只能祈祷最后你是正确的。以我自己为例，我经常出差；作为演说家，出差是工作的一部分。因此，我自然能对我住过的所有酒店给出两三个宝贵的提示，如果他们来征询我的意见的话。然而，他们不这么做，只是扔给我又长又臭的问卷，而且每一家的问卷统统长得很像。

> 我们最好是让那些极为满意或者极不满意的顾客用自己的话语来发言。

我们最好还是让顾客用自己的话语来发言吧，并且最好把注意力集中在异常的个例上，恰恰是从这一批顾客那里可以得到最有用的东西：什么运转得非常棒，有哪些问题点需要处理，哪里是热点和焦点，什么能让企业变得很有推荐价值。此外，还要挑选顾客进行个别调查。这里选择的主要对象是获益良多的顾客、老主顾、粉丝和推荐者，但同时也包括很不满意的投诉者、怒火冲天换掉商家的人以及顽固的捣蛋分子，尤其是要向还不是自己顾客的以及曾经是顾客的人征求意见。正是从这些人身上商家能学到很多东西，只要问题提得聪明，比如："您是出于什么原因不把我们考虑在内呢?""您为什么决定不选用我们?"或者也可以问："您结束了和我们的业务关系主要是出于什么原因?"从这些人的回答中得到信息，然后以此为基础采取有效应对措施，这将直接影响你的销售额。我敢保证。

为了支持你的这项工作，我挑选出了五个简单但是极其见效的方法。通过这些方法，你将能够把顾客的愿望装在银盘子里呈献给他们，同时也能避免做出错误的决策。如果只是让企业管理人员和技术人员来策划革新方案，那就只会得到针对管理者和技术人员的解决办法。只有积极地让顾客参与进来，向他们征求意见并好好地听一听他们的声音，才能找到适合顾客的东西。

在这方面我大多数时候都比较偏向于书面形式。面对面（face-to-face，F2F）形式虽然在交流中有着无上的地位，但有的时候也可能会很尴尬。诉诸纸笔则可以让人更加诚实地做出回答，也更便于在考虑清楚之后再表达出来。你一定了解这种情况：人们并不一定会有兴趣或者勇气把让人不舒服的事情直截了当地说给他人听。而从访问者方面产生的影响也是巨大的，因为受访者能够察觉到对方潜在的期望，而他们往往想要通过自己的回答让自己显得亲切，让对方产生好感。但是在书面调查中则不会碰到这些问题。

那么网上调查又怎样呢？没错，网上调查极度流行。然而，从顾客角度来看，它们只是很讨厌而已。购物行为才刚刚结束，手机马上就收到信息，询问有没有兴趣提交一点意见什么的：对我们的感官如何、一切进行得顺利与否等。而征求反馈意见的电子邮件也接踵而至，大多数的提问还都那么愚蠢可笑。顾客不禁会想：商家拿着这些答案到底能干什么用呢？线下的情况也是一样。在 Obi 建材市场的一个电子台座上有这么一个问题：您今天对 Obi 的哪些地方比较满意？顾客可以通过深绿色、浅绿色、浅红色以及深红色的按钮来做出回答。有的时候按红色按钮的人比较多，而有的时候按绿色的比较多，可是原因何在呢？这就完全要靠猜了！又或者这种行动只是为了调查而调查，不过是想让顾客相信商家很重视大家的意见。且看这里：现在过来整整一个班的中学生，大家轮流按着红按钮，玩得津津有味、兴致勃勃……

对大规模市场供应商而言，网上问卷调查第一眼看上去可能很有吸引力，因为它的操作难度很低，而且有的程序还可以简单迅速地转换成让人印象深刻的图示。然而，它们却包含着一系列的陷阱和绊脚石，很容易就可以对结果弄虚作假。举例来说：很多用户为了能迅速地跳过问卷，常常会不加选择地直接点击最上面的选项。而且，网上问卷调查终究也包含了一切数字化固有的缺陷：非人性化。所以，你应采取不同的做法：要让自己平易近人，展示出自己人性化的一面，同时也请做一件对很多顾客来说已然非常陌生的事情——在线下去向他们请教！

闪光灯民意调查——迅速找到重点

想要迅速变得更成功的人，每个星期都应着手处理一个触点。为了能尽可能快地了解可能的错误走向以及可能存在的不良状况，闪光灯法是一个很好的选择。首先定义好应该调查的顾客，最开始只需要 30 个人就足够了。对他们只需提出一个问题：假如我们在将来只能在一件事情上做出改善，那么哪件事对您来说是最重要的？

我把这一类问题叫作焦点式问题。因为“焦点”是中心，通过焦点问题可以迅速找到顾客的动机所在，并且是以直接、未经过滤、不留情面的形式。与传统的顾客调查相比，其最大优势就在于：快速命中问题核心，从而能够迅捷地做出反应。如果做不到每天不断地去了解顾客真正想要的是什么，那么就会迅速地脱离市场。因为新的体验让顾客的想法在不断改变。

想要进行电话调查？那么就把你的内勤人员请过来，思考一下相应的办法吧。比如可以这么做：如果和顾客的谈话进展顺利，而顾客也不觉得紧张，那么在通话快结束的时候可以这样导出话题：“对了，顺便一提”，然后提出一个特定的问题。没错，只问一个问题。下列问题可供选择：

- 您最开始是从哪里了解到我们的产品的？
- 什么对您的决定有着最大的影响力？
- 您最想对我们做出什么样的改变/改进？
- 您最不想放弃我们的哪一方面？
- 您觉得我们的哪些环节完全是多余的？
- 您忠实于我们的最重要原因是什么？

- 我们最让您欣喜的是哪一点？
- 您在我们这里经历过的最棒的一件事是什么？

说实话，提这样的问题有的时候是需要勇气的，然而能获得的经验教训也是极丰富的。你将了解到人们的愿望、他们需要什么、什么能真正打动他们。你并不想引发不必要的问题？问题是一直存在的！只不过它会在其他地方冒头而已，比如在用户论坛或者评论网站上。

特别是，危险的关键事件可以良好地通过聚焦式的问题加以处理。一个关键的事件会在顾客关系中伴随着强烈情绪，并因此而深深埋进情节记忆中的一个时刻。这一类的时刻不仅会长久保存，同时也会被一而再地讲述给别人听。这些事件恰恰是你必须了解的，这样才能避免声誉受损。

另外，你还需找到特别让人愉快的事件，把它们作为成功故事植入内部以及外部的媒体中去。这是第一个效应。那么第二个呢？听到自己在讲述与你的合作有多么愉快的顾客，会对你产生强烈的认同感，这会巩固他的忠诚度。既然已经讲述过一次了，他现在也会更频繁地讲述给其他人听。最终，你甚至可以请求他为你的销售工作出具书面证明。

还有一点很重要：在询问过顾客并得到了相应的建议后，接下来必须要有所行动才行。当顾客积极地说出他们的想法时，他们也想看到自己能产生一定的影响。对这些为你花费了时间、精力并带给你宝贵推动力的人，请给他们这样的反馈信息：

> 即使是管理人员也应该进行顾客调查，以便现场体会他们的评价——于是在工作中也能更结合实际。

● 向那些表扬了你并给出好评的顾客表达谢意，因为这样能增强顾客的积极性。可遗憾的是，顾客的表扬常常被完全抛在脑后。

● 赠送代金券给那些提出改进建议的顾客，给他们一个惊喜，或者为他们准备一个小礼物。还要告诉提出建议的人，他们的建议带来了哪些成效。

● 一定要对提出批评的顾客做后续跟进。告诉他们你感到非常抱歉，并且觉得他们的提示非常有帮助，也非常庆幸他们终于说出了自己的想法。然后，尽可能迅速地解决出现的问题，这是顾客的期望。如果最终一点儿进展也没有，那么失望就将是双倍的。

我还有一点特别建议：让你的管理队伍更经常地做一做调查工作。如果最高层的领导能亲自到场，这就为企业的重视态度给出了一大信号，而从中获得的益处也将是巨大的。问卷中的问题可以和前文中提到的相同，或者也可以这么提问：

● 亲爱的顾客，您究竟是怎么看我们的？

● 让我们假设一下，如果您处在我的位置，您想最快做出改变的是什么？

● 在您看来，完美的服务是什么样的？

如果上级领导完全不愿意行动起来怎么办？那么请给他播放几段投诉视频。比起厚厚一摞充斥着数据、饼图、柱状图、信息图示和排行榜的报告来，来自愤怒的顾客最真实的指责往往更起作用。

对话框法：一个问题，三个回答

对话框法是这样的：画出彼此对立的几个对话框，左边一个，右边三个（见图 11－1）。在左边的框内是假设的第三方的发言，右边的是空框，供被问询者给出他们的答案。这个方法有一定趣味性，直接挑战创造力。以下是几个例子：

- “黄金问题”：您最能够为我们提高营业额/节省费用的点子是哪三个？
- “魔法星尘问题”：您能提出的最疯狂的/最情绪化的三个点子是什么？
- “松露猪问题”：哪三项创新是我们应该尽快实行的？
- “杀手问题”：如果真的有死神，而他非从我们这里带走三件东西的话，应该是哪三件？
- “飞碟问题”：如果您是一位外星来客，我们这里的哪三件东西在您看来最为稀奇古怪？
- “论坛问题”：如果我们有一个名为“我们这里特别讨厌的事情”的论坛，那么最热门的讨论主题会是哪三个？
- “橡胶树问题”：如果您是我们大门口的那棵橡胶树，您想对我们的企业文化说些什么？

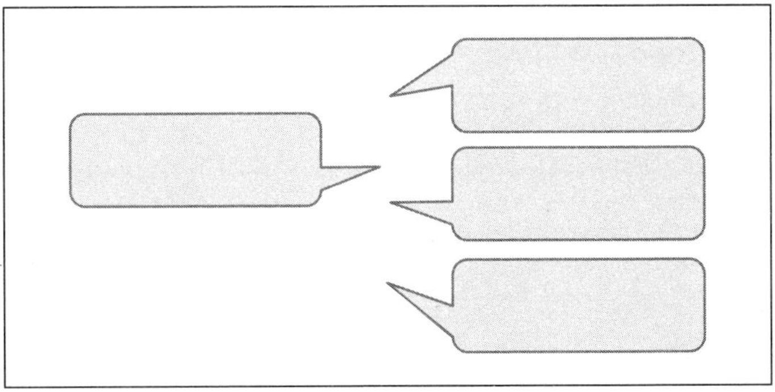

图 11-1　对话框法顾客调查

最后这个问题也非常适用于员工。但是在使用这一方法时请注意，喜欢搞恶作剧的人可能会在网上大肆捣乱。因此，必须针对以下几点做足工作："我们通过这个方式想要达到的最理想目标是什么?""在这个过程中绝对不可以发生什么样的事?""可能出现的最糟糕的意外情况是什么，我们可以做出什么样的反应?"今时今日，一切都有可能在网络上迅速传播开来。

良心问题：追踪真正的原因

特别有用的是良心问题：亲爱的顾客，请您设想一下，假如您是我们的企业良心，您将对我们说些什么？我们怎样才能做得更好、更正确呢？

如果良心问题是以书面形式提出的，还可以再配上一幅虚构人物画像，在他肩膀上一左一右分别坐着一个天使和一个恶魔。通过这种方式可以给受试者发出一个信号：他可以给出消极的回答，也可以给出积极的回答。还有一点很重要：留出足够的地方给对方填写，因为只有知道真正原因的人才能导出正确的改正步骤。通过这种方式几乎就自然而然地生成了一系列可用措施。

不加矫饰的答案能揭示出大量企业一直想要知道的问题：在特定的情况下，顾客有什么样的感受？他会对此作出什么样的反应？其原因何在？上级领导也可能了解到除了他们以外其他人都已经知道的情况，以及顽固问题的症结所在。合适的改良建议最好是由员工自己去领会，以便迅速、系统地排除可能存在的不足。

在你对这些调查行动中得出的结果进行视图化整理时，要想出一些不让人为难的或者说体现尊重的概念。不久前我看到一项评估，它把顾客叫作雇佣兵、恐怖分子、人质。企业觉得它很有创意，而没有进一步考虑其影响。“那儿又来了一个这样的恐怖分子”，当一位所谓的“难缠的”顾客进门时或者打来电话时，有的员工可能就会这么想。于是相应地，他们也会以这种态度去对待顾客。而顾客可能正是因此才变得很“难缠”。因为语言不仅深深影响着思维，还会影响行为，这一内容我们将在后文深入探讨。

连续事件法：深层次心理研究

连续事件法也非常适合触点管理。这个方法将一步一步地观察触点旅程中的整个购买过程，并且是从顾客的视角出发。在这个过程中，让受试者先描述出个人的经历。通过阶段性的扼要重述，可以识别出每一个被调动的触点，并分析它们的关系质量。同时，情绪化的观点也会被表达出来。因为在大多数理性表述出来的中肯的、专业的不满意理由背后，都藏有完全不一样的、真正的原因。比如，很多顾客为换掉商家给出的理由是价格问题，但实际上，他们往往是因为商家在人际交往中的错误行为而结束一段业务关系：

- 因为商家并不关心顾客的福利
- 因为商家态度不友好或者不礼貌
- 因为顾客没有受到重视
- 因为顾客从来没听过一声道谢
- 因为商家从来没有表达过顾客有多么重要
- 因为商家遗忘了顾客

为了解更多相关情况，在第一步中，请受访者按照他从第一次知道商家，到收集信息、作出决定，再到购物之后等不同阶段的顺序仔细回忆一下他的行为方式。让他情节性地按照先后顺序描述所有发生在他身上的事情。他在这里表达的内容既要包括客观事实，也要包括情绪情感，也就是他当时的感受。从风格和方式上来看，这里所涉及的主要是一种叙述而不是一种汇报。这样一来，就可以透视常常被工业界冠以“典型应用错误”之名的故障情况。人们往往会突然发现，所谓“应用错误”的真正原因，其实是显示组件的位置摆错了，又或者是因为操作步骤描述不清等。

借助附加问题可以让人深入细节：“在这个环节上具体发生了什么?”“为什么会出现这种情况?”“谁做的?”“接着又发生了什么事情?”“您当时有什么感受?”“您最终做出了什么样的反应?”等等。下面是一个对话示例，场景是保险公司的一名员工在与一名刚刚退保的顾客谈话：

Q：您作为X保险公司客户已经有多长时间了?

A：十年了。

Q：您是出于什么原因退保?

A：Y保险公司的费用更优惠。

Q：Y保险公司的收费一向是这么低，还是最近才降了价?

A：我不清楚，我是最近才注意到的。

Q：您是怎样注意到这个情况的?

A：我对X保险公司有点生气，然后又接到了来自Y公司的一个电话。

Q：您是为了什么事情感到生气呢?

A：说实话，是因为在我出了事故之后收费上涨了。

Q：以前也出现过类似情况吗？

A：出现过，甚至已经有两次了。

Q：但当时您没有因为其他地方更便宜而退保，是吗？

A：没错。

Q：为什么这次却退了呢？

A：这一次并没有人在理赔之前预先提醒我，于是我完全没有预计到会提价。这让我真的很生气，因为当时我的银行账户已经透支了。

后来保险公司查明了情况，原来是公司为了节省费用而没有向出了事故的这位顾客发送理赔报告，也没有考虑过这会给顾客造成什么样的影响。典型的财务人员关心的问题是："通过某某行动，我们可以节省多少开支？"而这个问题将来应该换成："因为某某行动，我们可能会失去多少顾客以及营业额？"在这个问题中特别要预计到的是在合同末期或者改变了条件后可能增加的解约情况。发送账单和催款单恰恰是顾客关系处于转变状态的一刻，特别是当前商家除了契约和账单再没有任何与顾客之间的联系时——而这种情况往往是常态，并非特例。

做调查的一方需要有高度的情感能力来进行连续事件对话，需要设身处地地提出问题，并能认真地倾听对方，必须认真对待顾客、尊重对方。另外，还必须有耐心，因为谈话很可能要花挺长时间。也要能给顾客一个信号，让对方知道这件事对企业以及企业的发展有多么重要。

在整理记录调查结果时要注意忠实地再现受访者的叙述表达，他们所展露出来的情绪也应该忠实记录下来。然后把这一切归总，挑选整理、权衡比较，这样就产生出一份按照触点以及优先顺序排列的清单，上面记录了在专业方面以及交流方面需要解决的客观不足。同时也应该捕捉到每一个事件中的细节，这有助于产生“恍然大悟”的效果。

标度问题：方便实用

在各种各样的顾客调查中都可以使用标度问题，这一类型的问题给受访者提供了一个从0（完全不对）到10（完全正确）的标度。在前文关于重要性、回购意愿以及推荐意愿的部分，我们已经使用过这个方式。而对于调查NPS——这是我们在下一节中将要讨论的主题——也可以使用标度问题，通过这种方法可以调查顾客对触点以及相关部门和联系人的满意程度。

标度问题可以很好地呈现出感受到的状态，而无须作过多说明。另外，通过这种方式也能限制泛泛的或者综合式的表述：这里使用的不是非黑即白的“好”或者“差”，灰色地带也能得到清楚的体现。最后，这个方法能让较小的改进通过可行的步骤来逐步实现。

通过选出来的顾客，也可以更好地对单个的功能特点进行评估。相应的问题是：“作为顾客，您觉得我们的产品有/是……（在此处给出特点与个性）”。答案用0～10的标度进行表述：9～10：我觉得这是独一无二的；7～8：这让我很惊喜；5～6：我觉得这是理所当然的；3～4：我对此无所谓；0～2：这给我造成了很大的困扰。

通过这种标度化的外部视角不仅可以描绘出亮点和弱点，还可以将它们形象地呈现出来。所需要的行动计划也几乎自然而然就随之产生了，因为受访者在讲述的过程中也常常会额外给出建议。

借助 NPS 进行改善

针对顾客忠诚度和推荐意愿的检测，美国忠诚度专家弗雷德·赖克霍德开发出了“净推荐值”（Net Promoter® Score）。这个指数常被称为 NPS，它在过去数年间胜利进军全球，因为人们认为它“适用于领导层”，它显示出一个企业在哪种程度上实现了以顾客为中心。在触点管理中它也非常宝贵，因为顾客与供应商之间进行交流的每一个触点都能确定出一个触点 NPS（TNPS）。

赖克霍德调查中最引人注目的一个发现是：企业不需要完整彻底的顾客研究，而是最终只需要一两个必须不断提出的问题。赖克霍德提出了一个最有成效的“终极问题”：您向朋友或者同事推荐我们的可能性有多大？

针对这一问题的回答是从 0（完全不可能）到 10（完全有可能）的标度。答问者可以分成三组：促进者、消极满意者以及批判者。可以被看作促进者的只有那些推荐意愿为 9 或者 10 的人。从促进者的所占份额中减去批判者（推荐意愿在 0～6 之间的人）的份额，得到的结果就是净推荐值。它可能是正值也可能为负值，分值范围在－100 到 100 之间（见图 11－2）。消极满意者不在这项计算之内。

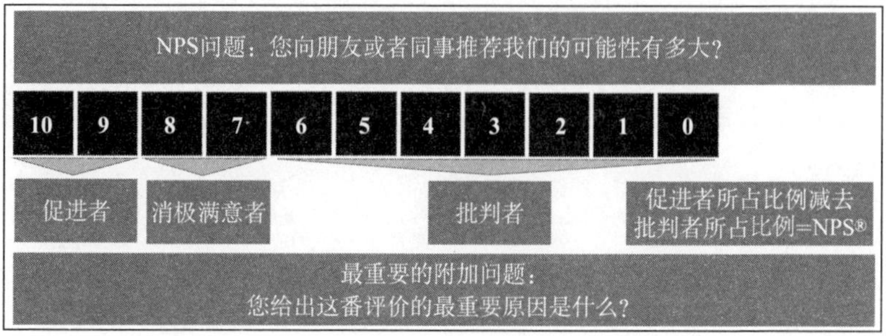

图 11－2　NPS 的计算

苹果公司测出的 NPS 值为 78，亚马逊为 71，保时捷为 68，谷歌为 63，奥迪为 47，宝马为 42，ING-DiBa 银行为 35。有时也会进行行业 NPS 的测量。Satmetrix 公司测出德国电脑硬件业分值为 15，银行业为－5，而医疗保险业为 23。在很多情况下，如果该数值非常低甚至是负值时，对员工的积极性并不一定能起到鼓励作用。再者，行业与行业、商家与商家之间的比较需要小心进行，因为各自的调查时点以及周围的事态都有可能导致剧烈的波动。文化与性别上的差异也是需要考虑在内的。比如，日本人很少会给出一个 10 分，拉丁美洲的人则不断给高分；对某个供应商正恼火不已的人，很容易就给出一个 0 分，也有的人原则上从不给出 9 分以上的分值，因为他们认为永远都有可改进之处。

NPS 值虽然很容易确定，但它测量的只是一个顾客关系的“温度”。为了能够把得到的数值运用起来，还需要一项原因分析。这项分析可以借助一个附加问题来实现，它是针对顾客相关触点连续性优化措施的基础性的、唯一有用的起始点。这个问题就是：您给出这番评价的最重要原因是什么？

只有通过这个附加问题才能实现一场深入的对话。这个问题可以马上提出，也可以在日后的电话中再问出来。在这场对话的过程中，首先应该把注意力集中在对忠诚度和推荐度有重大作用的触点上。这样就能迅速找出绊脚石，并能把顾客的原始发声运用到会议和员工座谈中来。

对被动满意者可以问一问：怎样才能给出更高的分值？向促进者可以问一问：会用什么样的话语来推荐公司的产品？一两个问题就足够了，不要再多，多了会增加复杂性，同时也就降低了回答的意愿。对给出极差评价的顾客应该马上进行联络，以便了解背后的原因。对于给出非常好的评价的顾客最好也采用同样的做法，因为从这两种情况中都能学到很多东西。而高级管理人员无论如何也应该试一试这样的谈话，这样，他们也能够现场领略一番顾客的怒火，从而能更贴近实际。

纯粹调查 NPS 值的问题顶多只需要花费两分钟。如果是通过电话中心来检测某项具体互动的质量情况可以这么做：在客户来电反映情况之前随机地问他，是否同意进行一项问卷调查。在通话快结束的时候，员工（或者代理机构）再请求打电话的顾客按照先前商议好的那样先别挂电话，然后接受一项问卷调查；但员工不会向对方请求给出好评。接着，他再把顾客切换到自动调查中去。在这个过程中非常重要的是：代理商不会因为好评而得到提成，他的工作主旨在于尽可能多地收集意见。

在其他情况下，NPS 问题可以由第三方人员提出。如果无法做到的话，书面调查也是可以的。在一般情况下，回答率都远远超过 90%。奥地利 Alliazn 公司的被调查顾客中有 98%提交了一个 NPS

值，而67%的人同意在下一次通话中回答附加问题。想要得到有代表性的结果，应该至少询问100名顾客。赖克霍德建议，一定要坚持使用他这套比较不常见的11等级标度，因为它能比5级标度更好地显示细微差别。他还建议，一是要经常性地收集NPS，二是要为单个产品和交易获取NPS值。这样一来，制造商就可以让顾客通过NPS来决定哪些产品可以被保留。那些得到低NPS值的产品将被立即从计划中去除，得分中等的产品可以让研发部门马上进行调整，而获得极好评价的产品则可以优先推出。

有一点永远都很关键：在与顾客谈话之后，要尽快地与员工一起实施必要的改进。重要的经验教训可以发表在内部的协作平台上，这样就不会让同样的错误一再发生。统一的目标是：制造出更多的赞扬者，并尽快解决批评者所批评的一切事宜。因为批评者会引发不良后续：付款延迟、折磨人的投诉、受挫失望、反反复复、法律纠纷、名誉受损。尤其是，他们会妨碍新顾客的到来和购买。赞扬者却能给企业带来更好的声誉，他们是免费的推销员，既不要求工资也不需要提成。如果他们能忠实并有益于企业，他们将会自然而然地为企业带来极大的营业增长。

> 只有在中肯地反映出客户关系质量时，NPS才是一个有效的工具。

然而，NPS只有在中肯地反映出客户关系质量的时候，才是一个有效的工具。在NPS值的高低或者发展与某些薪酬体系牵连在一起的地方，就必须特别注意：执行过程要做得滴水不漏。与所有的调查一样，NPS也是能够被人做手脚的。排名和奖金还会导致员工故意造假，以此来获得声誉和金钱。当有望获得红利的时候，人们的点子就会多起来。于是，折扣和赠品就这么大把地送出去，只为了让顾客打一个 10 分。又或者，只有那些很可能会给出高分的顾客才会被询问。我看到过这样的情况，有的企业因为把 NPS 作为重点业绩指标来决定奖励，而让整个公司陷入恐慌之中。

如果执行得良好、正确，NPS 会让企业更迅速、更灵敏，也会更好地以顾客为导向。顾客关系的稳定也可以得到定期的检验，以避免做出危险的错误判断。赞扬者和批评者这些所谓的舆论制造者，也可以识别出来。企业提供的服务对顾客的重要性也可以检验出来，并通过顾客的视角加以验证，综合起来就产生了一种由市场需求所引导的创新文化——不再是由上层领导独断专横的猜谜游戏来主导。

通过员工来做出改进

你想把触点管理作为整体予以实施？这样的情况就涉及一个项目的开展。针对项目工作，有无数的书籍资料可供参考，因此我也不想深入讨论。经验告诉我们，这样的项目非常耗时，因为人们会将大把的时间耗费在分析工作上。只要一直分析，就不需要采取行动，而在当今的时代，迅速的行动是必不可少的。这里需要的是 quick wins，也就是速赢。

因此，只要不是高战略性的触点优化措施，都应该由员工来共同制定。当出于自我动力而表明将来要怎样做，他们才拥有最强烈的意愿。企业惯常的做法是“最高层”和他们的顾问一起策划出方案然后传达给下级，这就会打消企业内部的积极性，尤其是对年轻的一代。而因为这些方案是来自外部的，往往也被证实是很不中用的。

大部分的知识其实已经存在于企业内部了，只是需要更好地激发出来。想要员工有主人翁意识地行动起来，就必须允许他们能像主人翁一样去工作。这样一来，行动计划不仅会更加联系实际、更富于变化，还能被积极地加以执行。因为员工在做事的时候不再是听命于他人，而是一切自主自发，最后就形成了“自己的心血”效应：由自己创造出来的东西是不会弃之不顾的。

员工参与的最重要优势有如下几点：

● 通过系统性地征集意见和专业建议，通过丰富多样的创意并借助合适的参与者的积极协作，在广阔的基础上做出决断。

● 面对面的、不分等级和领域的协商将创造出互相尊重、透明度高、信任、合作的企业文化。这将增强对他人工作的理解，也能打破部门界限。

● 参与进来的员工会有更好的感受，他们的工作兴趣会提高，并表现得更有责任感，业绩也会更好。

● 把自己看作决策一员的人，在需要的时候也会愿意共同承担不愉快的决定。

因而，我对触点管理首先有两个建议：一是在单个触点上逐步地开展工作；二是举行群体性的触点工作交流会。这两者要如何运作，在接下来的章节中将详细介绍。

捷径：单个触点上的工作

为了能够尽可能及时地展开触点优化工作，最好直接从一个触点入手：最理想的是从一个可以很快见效的触点开始，以便能迅速展现工作成效。或者，也可以先从员工看来迫切需要改进的地方入手。一个理想的起点问题——这一概念最初来自美国银行家弗农·希尔——是这样的："Kill a stupid rule!（干掉一条愚蠢的规定!）我们应该尽快丢弃哪些愚蠢的标准和荒唐的行政制度?"为了能让特定的触点尽快进入卓越领域，下面这个问题是最适用的："在这一点上，我们能想到的最佳或者最具创意的点子是什么?"

这些问题必须严格地按照以上提法提出来。因为如果不这么提的话，大多数情况下只会得到泛泛的方案。巨大的创新机会恰恰存在于极端之中，而普通的点子只会制造出平常的东西。

如果将触点优化作为日常工作的要点系统地加入会议议程之中，就能实现持续不断的改善。另外，还要确定出你想要着手的第一个触点，并且在会议接近尾声的时候和大家共同决定接下来要轮到哪一个触点，这样大家都能有所准备。为会议限定出所必需的最长时间，比如30分钟，从而避免讨论无休无止地进行下去。接下来要做的事情如下：

1. 5分钟：描述一个不能再继续下去的现状，最好是通过讲故事的形式，从而对顾客在某个触点上不好的经历、出现什么样的问题、造成什么样的结果进行大致的汇报。

2. 5分钟：思考如何优化该点，避免将来闹出不愉快的想法创意。这里我们首先需要的是质量。因此，参与者应该在这个阶段安静地各忙各的，让每个人都不受影响地整理出自己的想法。然后把想法记录在卡片上，贴到合适的墙面上去。

3. 10分钟：让每个写了卡片的人简明扼要地阐述一下自己的想法，最后进行简短的讨论。

4. 5分钟：以少数服从多数的原则选出最受欢迎的想法创意。领导在整个过程中都不要表态，不要引导走向，而是要调动集体的智慧。

5. 5分钟：定出任务计划，也就是：谁和谁一起在什么时候完成什么事情。这里也包括了一个跟进会议，目的是讨论：事情进展如何，是否有必要做细化调整，该得到什么样的效果。

半个小时并不长，却可以通过集中的工作做成很多事情。“我的员工完全做不到这样的事情”，曾经有一位上了年纪的企业领导这样对我说。不，他们当然做得到，只不过是这位领导的在场干扰了他们。没错，领导的“权威话语”常常让宝贵的积极主动性就这么埋没了。当然，在商议好的情况下，老板也可以有否决权，但对这项权力只能偶尔一用。不然，他就会为自己培养出一大批毫无想法、只等着听指示命令的跟班。

效率最高的途径：大型团体触点交流会

针对企业触点的优化，我现在基本上只建议开展大型团体活动。越来越多的企业如今都有勇气和员工们共同踏上这条道路。为什么要有勇气？团体性交流会意味着以民主为基础和控制力的丧失。企业将把决定下一步要走的路的权力交到自己的员工手中，却不知道他们会走向何方。然而得到的额外收获将是巨大的，整个组织将有如受到了冲击，新的视角、新的思维、新的关系和新的沟通网络纷纷产生。“一起寻求共同的未来”把大家团结在一起，对于新创意的兴趣也就自然而然产生了。而老式的公告活动却是毫无创意的强制型节目。

社会学家詹姆斯·索罗维基在多年前就已经在其全球畅销著作《集体的智慧》中结合大量的事例指出：一个集体无论在什么情况下都“比它分散的各个成员要更聪明”。不过，这个结论只有在大家共同协作，并且不均一的情况下才成立。因为均一的集体，也就是由同类型的成员组成的集体，会随大流，意见趋于一致，会变得因循守旧，而很少去探知新的东西。一个非均一集体的额外收益来自各个成员的不同思维方式以及与之相连的尝试精神。但是，只有当这个集体在意见形成过程中是独立的，当每一个成员都能接触到与决策相关的知识，并且当他们能够自由表达自己的想法时，这个集体才能做出明智的决断。而永远都由上级下指示，部门之间随大流、人人都沉默，则会让一个机构变得愚蠢，就会导致企业无法走向卓越。

在一场大型团体交流会中会激发出群体的智慧。这样的交流会可以为期一天，为来自不同部门、不同级别的50～100人介绍特定的研究主题。在这种紧凑型的一日活动中，将产生出可行的方案，这些方案最好还能在当地通过集体决议批准，然后马上进入实施，它们不必在通常的委员会中先过一遍。另外，额外带来的推动力将开拓参与者的眼界，并展现“疯狂”的视角，从而能让参与者不仅能够从现有的，还能从新事物中汲取知识。最后，“外来的预言家”也会很有帮助，尤其是在涉及要和缓地动摇顽固阻力的情况时。接下来，我将描述一下我主持此类型活动的流程。

上午，我针对主题内容作了一场三个小时的动员演讲，中间留出空隙休息、喝咖啡。演讲是以发布会讲话的形式来构思的，融合了各种观点，下午将对这些观点作深入的探讨。在这个过程中，我把自己定位为顾客的律师，清楚明白地说出他们的想法。同时，我也把自己定义为横向思维者，为与会者带来新的视角，阐述心理上的潜在原因，介绍同行业最优秀代表的事迹，对错误和歧途提出警示，也对让人不快的事实真相予以披露。这样的横向思维虽然常常是很有必要的，也是官方允许的，但对企业内部人员而言却往往太过危险，因为这可能会危及他们的事业前程。因此，企业一定要奢侈一回，邀请外部的横向思维者相助，顺带也能增强企业内部的横向思维。

下午，由与会者建议大家一起探讨什么样的主题，让成员自行选择喜欢的主题，并组成单个的工作小组，每个小组最好由5～6名来自不同部门且级别相同的成员组成。如果有某个内容特别受欢迎，也可以让两三个小组做同一个主题，如果得出的结果不一样，这是好现象，因为这样就能有不同的方案可用。

如果与会者来自几个不同的级别，高管人员需要组成一个自己的工作小组。因为级别差异会抑制工作的流畅进行，而监控则会扼杀创造力。调查显示，仅仅是领导在场就能给很多人带来压力。当人们和同级别的人一起时，即便是最不合情理的创意也能被勇敢地、不带质疑地讨论。在一个自主自治的环境中，哪怕是最让人不舒服的主题也能被毫不顾忌地披露出来。当然，当把权力和责任交给众人时，结果的走向可能就无法预见了。然而，总体来说，机会是远远大于风险的，因为参与者会格外谨慎地对待这样的信任。

每一个主题任务要完成的都不是泛泛的结论，而更多在于具体的企业方案，在细节的制定上，要能够让方案立即可以实施。给参与者们留出 90 分钟时间来准备。另外还需要用到告示板以及主持活动的材料。为了能获得理想的结果和可行的方案，给参与者提供良好的指导是很重要的。最好能用一套活动挂图展示出相关的七个步骤，它们是：

- 描述当前实际状态
- 定义希望的目标状态
- 制定一套细化的应对方案
- 确定时间安排和负责人员
- 统计所需预算
- 成效监控的测量工具
- 用创意库收录其他的创意

首先要注意的是：工作小组不要过久地滞留在实际状态阶段，对此最多只应该花 10 分钟。陷入诉苦中，沉迷在过去发生的恐怖故事中，这很容易让组员忘记他们本来的目的其实是要为一个更好的未来制定出应对计划。实际状态也可以用从 0 到 10 的标度上的一个点来表示，而在另外的一个标度上则展示在实施应对计划之后想要达到的水平。每个组要选出一位发言人来对全体人员作介绍说明，把整理出来的结果展示在公告板上，或者通过投影仪呈现出来，以方便所有人观看。

每一个小组报告之后都留出一小段提问和补充时间，初步的表决可以用拇指朝上或者拇指向下来进行。接着，以事前定义好的少数服从多数办法来决定实施事宜。这个多数率应该至少为75%，但永远不应该是100%，这样就既能做出有勇气的决定，又不会陷入全面的共识状态。老板永远不能最先表态，顶多只能在最后发言，他只不过是补充一下还没人提出的但对他而言有决定性意义的观点。

我主持过很多次这样的交流会，正如到场的领导层一样，我不断地感到惊讶：很多企业领导层正在思考，员工却已提出方案并处理执行。我还经常惊喜地发现集体之中潜藏了那么多的人才。一直以来沉默寡言的员工突然之间变成了创意机器，又或者，他们展现了自己演讲的天分；只会夸夸其谈的人将会暴露出来，总是单干的人则会被大家发现和他人沟通交流是多么卓有成效。

那么现在要怎样确保方案的实施呢？把做出的决定以应对计划的形式记录下来，在活动结束后马上一步一步地执行起来。把那些大有可为却不会马上跟进的点子收录在创意库里，而对特别复杂的或者需要非在场人员来做决定的主题，要在活动之后尽快处理好。

对工作小组结果的规划性整理——比如为了展示给第三方——是随时可以进行的。为此，可以摄制会前与会后的对比录像，采访员工和顾客或者通过演示来呈现目标状态。在内部的协作平台上可以对整个事件继续进行讨论，以收集更多的点子。

在一次活动中，大家研究了一个典型的顾客旅程，并以拼贴图的形式加以展示。不仅仅有文字，还画了图案，内容包括挑选出来的事件、有代表性的顾客意见等，并且列出了失望因素与惊喜因素的清单，可行与不可行的做法也通过视频记录下来。这一切都通过公告板展示出来，这样就可以让大家把有关该项目的所有进展带回自己的部门继续加工。

再补充几点建议：请在活动期间就做出具体的决定，然后迅速实施；对取得的成果进行表扬，让集体智慧精神在企业的所有领域中能继续得到传播。对参与者来说，再没有比看到他们花费很多脑力研究出来的方案一声不响地就沉没消失更让人沮丧的了。我也曾经主持过这样的交流会：企业领导保留了最后发言权，而一切都被延期；又或者说“必须通过行政手续”。那么最后他们又做了些什么呢？什么也没做！

最后制定出来的应对措施不是奴役大家的教条。就好像刚给帆船加了风帆时那样，一旦遇到风向转变，就要对曾经做出的决定进行调整修正。但这一切从现在开始都是很容易的，因为成功的大型团体交流会的精神将融入日常工作中，会在企业内停留很长时间。部门与部门之间打破界限，自负其责、不分等级地建立起协同合作，创造力有如泉涌，创意星罗棋布，流程同步一致，一切终于变得迅捷起来。并且，也确保了一种以顾客为导向的做事方式。

12

你为谁优化触点

想对触点进行优化的人，就不得不切实地研究一番那些想要以及应该和自己一起步入客户旅程的人。这里首先要提出的问题是：

- 我们究竟想要什么样的顾客？不想要什么样的？
- 谁适合谁？谁又完全不相配？
- 我们是在赚谁的钱？没有赚谁的钱？
- 我们更愿意哪些人投奔竞争对手而不是我们自己？

最后一个问题也包含了如下考虑：我们怎样能够以优雅的方式摆脱那些我们不想要的人？因为并不是所有人都是适合我们的顾客。而我们也不想把所有资源中最宝贵的那一个，也就是员工的责任心，浪费在错误的地方。所以，请规划好一个“beautiful exit”，一个漂亮的退场。山水有相逢，大家将来在另外一种情况下兴许会重新成为朋友。如果已经无法留住一名顾客，那么至少应该让对方不对我们产生反感。

现在的营销人员有一个很奇怪的习惯，他们不是面向个人，而是致力于目标群体。在这个过程中涉及的是从思维上根据人们的共同特性、特点和行为方式把他们分类打包。然而，越来越多的情况表明：决定我们行为的不是人口学状况或是所属生活圈子，而是不同的人生规划、思维方式和价值观念，还有时代精神。有着类似购买行为的均一群体则弱化了极其丰富多样的生活方式，因此，传统的划分方法和通常的目标群分类如今已经不再适用。

> 如果想和顾客分道扬镳，请规划一个“漂亮的退场”。

另外，人们越来越多地开始活动于网络和社群之中。在这种点对点（peer-to-peer，P2P）的圈子里，大家能平等地相互交流；这样的圈子对购买决定所产生的影响是远远大于企业自己的。在这里，人们会对自己用过的产品作详尽的汇报，或者提醒大家哪些体验最好别去经历。人们会建议购买某产品或者不要购买某产品，并分享使用的经验。这样的网络以及那里的权威影响者和购物选择引领者们，也就是传播人和舆论引导者，是需要引起重视的，因为他们就是明日的目标群体。我在《新型推荐营销》一书中对这样的人群圈子进行了详尽的描述。

处于人生高峰时间的人

我们的世界在过去数年间发生了根本性的变化。从前，从青少年步入成年的过渡阶段很短。在 20 岁上下，人们就进入了事业生涯，并大步地开始家庭计划。普通的人生经历、固定的职位、没有太多变化以及直线型的事业发展，这都是从前的标准。最迟在65岁的时候，就必须离开工作岗位，然后“当之无愧”地进入退休阶段。

今天情况完全不一样。20～30之间是青年阶段，这一阶段的人在尝试人生，在环游世界，通过有薪酬的实习工作勉强糊口，去创业公司里看看吧，他们中大约有80%在这个时期和父母住一起。女性生第一个孩子的平均年龄推到了30岁。30～50岁被称作人生的高峰时间，在这一时期，生活状态在不断地变动：换工作、换伴侣、组成家庭以及长时间的单身都属于这一阶段。

在50岁上下，人们往往开始了一个人生新阶段，女性更是如此，这个阶段被称为“第二次出发”。有的人甚至作为创始人从头开始，或者作为商务天使支持着年轻一代的创业者，又或者为慈善事业添砖加瓦。在今天，65岁并不算老，顶多算是“已经年轻了相当长一段时间”而已。人们继续进修，想要变得有用，勤奋地打造出一切可能的半职业化生活或者私人性行动计划，并高调付诸实施。人们保持活力，通过做大量的事情来尽可能长时间地维持健康，因为老迈来得越晚越好。“穿上这个会让我看起来像个老奶奶”，我前不久听见一位75岁的女士在试衣服的时候生气地抱怨道。

在逐渐老龄化的社会中，80岁是新的65岁。关于这个年迈的年龄组还有很多东西可学，最好的方法就是让他们积极参与进来。芭芭拉·贝斯金德大概是全球最高龄的产品设计师。她在89岁的时候向著名的设计公司Ideo投了简历，并且迅速得到了聘用。她很恼火地说：很多产品在同类产品中算得上是构思良好的，但却设计失误，因为它们的创造者没能站在使用者的角度想问题。于是她行动起来，带着极大的热情想要改变这一状况。

不要在老年陷阱中摸索

50 岁以上的目标群体并不存在，它是广告界的愚蠢发明。一个 50 岁的人和一个 80 岁的人之间的距离和 20 岁与 50 岁之间是一样的。他们中的每一个人都有不同的需求、不同的行为模式和价值观念。即使是在同一年龄组内部，也只有为数不多的共同点。而老龄组的消费力高也只是一个传说。和每一个年龄组一样，这个组内部的差别也是巨大的。当然，富有的老年人的数量也很大。但是，老年人的贫困同时也是一大问题。老年顾客最多有四个共同点：

- 身心健康的人，在自我感觉上要明显年轻很多。50 来岁的人会觉得自己比实际年龄年轻 10 岁，而 60～75 岁的人则觉得自己要年轻 15 岁。在营销中，我们把他们称为“思想年轻型客户”。

- 老年人比年轻人的购买经验更丰富，因此，他们也更挑剔、更严格，但在满意的情况下也会更忠实。另外，他们也是很可信的建议者和很感恩的建议接受者。

- 从前文中可以看到，人们身心两方面的功能都有所变化。虽然在产品设定和服务过程中必须顾及这一点，但却永远不可以明确地说出口。生活质量和生活热情的提高永远应该摆在中心位置。

- 经验丰富并且睿智，没错，这听上去很好。然而谁也不想是老头老太，明显指向高龄状态的概念不能出现在交流当中。请找出听上去更有风度的字眼来作为替代品，最好是那些并不老套的词汇。

这一点本来完全没有新意，然而商家仍然在不断地犯着严重的错误。不久之前，我在一家餐馆里向一位年轻的服务生征询意见："我不是特别饿。厨房可以为我变出哪些好吃的呢?""您可以选老年套餐!"这就是对方毫无感情的回答。这个餐馆我永远都不会再去了。那么，请检查一下你的交流方式：不管你供应的是什么，"老迈"的称呼以及老年服务那一套都是禁忌。即使它们只是以很不起眼的小字形式出现，也必须清除掉。而在商店里，一切让上了年纪的人必须弯腰才能拿到的东西一般都会卖不出去。

另外还需要备注一点：当儿童房间早就被全方位高端化、数字化的同时，老年人的助步车等一系列用品却很不受重视。所有能方便行动和减轻生活负担的产品都可以更年轻化、更有设计感并且更加网络化，这是一个巨大的市场空白！让我们来仔细看一看来自 50 岁这个年龄组的各位代表：

● 特蕾莎是一位 72 岁的独居女士，人们叫她苔丝。她拥有一套很大的公寓和一辆非常时髦的敞篷跑车。在经过一次髋部手术之后，她在行动上稍微有些障碍，却仍然热情地拥抱生活。在丈夫去世后，她发现了旅游的魅力，也曾去探索过遥远的异国。她经常和一位女性朋友一起去购物，去享受所在城市提供的文化活动。她对网络的使用非常频繁，目的是让自己始终了解时事。她的智能手机是最新一代的，使用频率相当高。而在 Facebook 上，她还找到了少年时代的初恋对象。

● 伊尔米和赫伯特，分别是 64 岁和 68 岁，两人都已退休。结婚已经 40 年的他们非常幸福地做了爷爷奶奶。他们宠爱着自己的三个孙子孙女，经常和他们一起玩耍。他们两人住在一个联排住宅小区，最大的爱好是悉心整理自己的花园。花园里有一个舒适的烧烤场地，因为两人都善于交际，花园于是就成了邻里和朋友们非常喜欢的一个聚会地点。两人参加了多个运动班，经常骑着电动单车去探索周边地区。身边总是带着一部平板电脑，在家里也有一台电脑，但是如今大多数时候摆在书房里接灰尘。

● 彼得，59 岁，租住在某个小城市里一套价格实惠的两居室公寓里。因为健康问题，他提前退休。自从 5 年前离婚之后，他变得独来独往。他很少运动，大把的时间都花费在了电视机前。他的健康状况在过去一段时间里恶化了很多。无论从哪方面来说，他都必须为自己做更多事情。所剩无几的朋友中有一位送给他一个运动腕带。遗憾的是，即便如此，生活的热情也没能真正回到他身上。

● 对了，还有约尔克，也是 59 岁。他经常把自己晒得黝黑，体型锻炼得很好，是一个住在慕尼黑最佳住宅区的成功生意人。他领导着一家软件公司，开着一辆阿斯顿·马丁轿车，使用的数字化设备总是最新产品。他经常驾驶帆船、打高尔夫，刚刚和儿子一起报名参加了一个风筝冲浪班。他的妻子在多年前因为他的出轨而离开了他。但是没关系，他很容易找到慰藉。

这是一大批人中的几个例子。在对他们每个人的生活情况做了一番形象而具体的描写之后，就能更好地规划，然后才能更得体地与他们攀谈。这里说的是“典型人物角色”，它在网络营销以及在产品开发中得到越来越多的赞同之声，对触点管理来说，它也是非常适用的。

“人物角色”是新的目标群

人物角色是客户群的虚构代表，它结合了该群体的个性特点、期望态度以及行为模式。它们用人性化的、让人感同身受的形象代替了匿名的大众目标群。哪怕它们的形象最终显得有些套路化，但夸张的描写仍然能增强明确性。没有换位思考则会缺乏创造力，因此，人物角色也能帮助只和顾客进行间接接触的员工，让他们看到隐藏在订单号码或者档案编号后面的人。而在只通过算法来工作的地方，它会让数据包变得生动起来。

比如，当你写邮件的时候，请生动地想象出收信人的样子！但如果你并不认识对方呢？那么就给收信人取一个名字并想象一张脸。兴许你认识一个长相类似、行为相近，有着同样观点、态度和愿望的人，比如你的邻居、你以前的老板或者亲属。接下来，你可以开始给他写信。你的眼前出现他的样子：戴上眼镜，打开电子邮件，认真浏览内容，开始微笑并不自觉地点着头：因为你的产品和服务对他很有吸引力，也因为他觉得你是在和他本人对话。

对一个人物角色的简要说明通常包括以下六个要素：

- 名字和照片：被观察的这个目标群体或者客户群体的典型代表有着什么样的外貌？他叫什么名字？在挑选照片的时候，我最喜欢用的是画得很好的肖像。真人照片大多来自照片库，往往会把人物形象定得太死。

- 背景信息：这里涉及的是年龄、性别、居住地区、职业、家庭关系、收入情况、业余爱好以及其他兴趣。

● 说明：请引用该客户类别非常典型的文字叙述，或者列出能反映其价值观、立足点、看法和态度的关键词。分派给他典型的标记，让他能对自己做出说明。

● 期望/目标：这个人物角色想要通过购买某个产品或者使用某项服务达到什么目的？他想要解决什么问题？他想要得到什么好处？随之又可能产生什么样的感受？他可能会有什么样的担忧？什么会让他格外惊喜？

● 购买过程：这个角色是如何购物的？他的客户旅程是什么样的？他通过什么方法获取信息？谁对他产生着影响？线上与线下各自有着什么样的地位？对他而言，哪些是最重要的触点？

● 理想的解决办法：以这样一个角色的视角来看，理想的产品或者服务是什么样的？

那么一个人物角色的简介可能会像图 12－1 中展示的那样。为了发展出这样一个角色，你最好对该顾客群体中的典型代表做一番调查。调查 5～10 个这样的人物就足以整理出他们的态度、需求以及行为模式的特征。另外，观察、健全的判断力以及在社交网络中的足迹也都能帮你创建准确无误的人物角色。还有客服或者投诉受理部门的同事也能提出宝贵的意见。最后，当前的研究调查也能帮助你整理出人物群体的典型。

千万不要让营销部门来设计人物角色，天天接触顾客的员工是更加合适的人选。开展交流会、让大家像刑事调查部的心理分析专家那样运用侦探式的判断力来创建人物角色，这不仅非常有益，而且还很有趣味性。人物简介，有时也被称作“买家角色”（buyer-personas），最好能够挂在办公室墙上，以方便与这些接近真实的人物进行交流。通过这个方式也能让所有人在做客户项目时，看到的目标人物都是同一个画面。大家随时可以一起探讨，这个人物对某件事情可能会有什么样的看法，他在他的客户旅程中有着怎样的感受。

说明

- 偶尔会忘记时间。
- 诚实，有能力，不自负。
- 不爱挑剌，不会喜怒无常。
- 有幽默感，有趣，有礼貌。
- 想要获得认同。
- 不太追求奢侈（除了对食品）。

期望与目标

我不愿意受到比其他顾客更好或者更坏的对待，也不想太“被关怀”。
比如在买衣服时，喜欢自己静静挑选，不重视服装咨询或是对方的夸赞。但在理发店或者做美容时，全面、良好且诚实的咨询是很有必要的。

理想解决办法

我试图得到两个世界（线上/线下）中最好的。因此，应该要有一个办法，让两种途径都尽可能简单。还要方便、可靠和可信。

照片

人物资料

- 梅兰妮
- 29岁
- 人事负责人
- 有恋爱对象
- 收入不错

喜欢的品牌

总的来说不太有品牌认同感。
比较看重的是服务或者销售员以及他们的行为方式/风格。
更喜欢天然化妆品，而不是超市产品。
更喜欢小酒馆，而不是酒杯里插着小纸伞的鸡尾酒吧。

典型购物过程

- 在家里的沙发上或者在外面用手机购物。
- 衣物会在我最喜欢的网店买。
- 最新流行趋势和合适的搭配建议大多会直接呈现。
- 模特身上衣物尺码的标注很有帮助，这样我就知道什么时候该选大一点的尺码，几乎每次都能选到合身衣服。
- 好好地在家里试穿订购的衣物。
- 不必挤到小小的换衣间去。
- 不会碰上商店中疯狂的扰攘。
- 衣物完全合身。
- 不合身或者不喜欢的衣服可以毫无障碍地退回去。

图 12－1　一个人物角色简介

这样，你就能够看到哪些人适合你的品牌，哪些人不适合；而且也会清楚哪些人的购物可能性最高。在网络营销中也可以把人物角色标签化，也就是加上关键词，那么广告只会在相应的概念出现时才会播放。特别是，借助具体的、完整的客户旅程可以排除触点中可能出现的薄弱环节。

以桑德拉为例，她是一位年轻妈妈，也是网上摄影服务机构 Pixum 公司的四个人物角色之一。为了改善自制照片挂历的网上营销，该企业在一次交流会上对桑德拉的客户旅程进行了详细研究。参与者通过人物的视角一步一步地呈现了桑德拉在计划给爷爷奶奶制作一套圣诞挂历时，是怎样通过收集网上的信息而找到 Pixum 的。通过所谓的热区图、可用性测试以及满意度调查，人们事先就已经找出了客户旅程中可能存在问题的触点，并在交流会中与桑德拉在网络上的整个旅程进行对比。这样一来，Pixum 就查明了在哪些环节还必须为桑德拉提供怎样的技术支持。其中的一个弱点就是：想要查看自己还没有设计完成的挂历，必须先注册登记。这家网上摄影公司很快解决了这一类问题点；据 2015 年 10 月刊的 *Acquisa*杂志报道，该公司的照片挂历在订购率下降的同时也提高了转化率。

B2B 中的买家人物角色

如果涉及 B2B，大多数时候是一个采购团队坐在谈判桌旁，而真正的决策者往往根本就不在其中。不管在哪种情况下，采购都是人与人之间的交易。企业是无法购买产品、列出供应商名单或者是交付委托的，它们也无法签订合约。在流程链的末端坐着的永远都是人，而这些人和其他所有人一样，也是拥有感情、情绪、需求、愿望和梦想的。他们的脑子里装的不仅仅只有企业的利益，还同时追逐着自己的目标。于是，他们在做决定的时候也同时牵涉到权力、威望、名声、荣誉。我常常听人说："在我们这里是以顾客利益为中心来行事的。"这完全是蠢话，没有健全的常识。自我的利益会击败顾客的利益。

做决定的不是企业，而是有着个人需求的人。

出于所有这些原因，研究 B2B 的买家人物角色也是极为明智的。与普通的角色相比，这里增加了一个额外因素。这样的人物资料由下列的七个要素来确定：

- 名字和照片：被观察的这个职业群体的典型代表有着什么样的外貌？叫什么名字？职业名称是什么？在企业中的职位是什么？
- 背景信息：这里涉及的是年龄、性别、居住地区和工作地点、工作经历、收入情况、业余爱好以及其他兴趣。
- 说明：请引用对该客户类别可能非常典型的文字叙述，或者列出能反映其价值观、立足点、看法和态度的关键词。
- 在企业中的位置：这个人物进行着哪些项目，或者肩负着何种领导责任？在组织机构图表中他处于什么位置？他的职业目标是什么？什么给予他动力？什么会阻挡他晋升？这个人物在企业中能真正起到什么样的影响？
- 期望/目标：这个人物角色对业务伙伴有着什么样的要求？他想要通过购买某个产品或者决定用某个供应商达到什么目的？他想要解决什么问题？他想要得到什么好处？随着这一切可能会

产生什么样的感受？他可能会有什么样的担忧？什么会让他格外惊喜？

● 购买过程：这个角色是如何做出决定的？他的客户旅程是什么样的？他通过什么方法获取信息？谁对他产生影响？线上与线下各自有着什么样的地位？对他而言，哪些是最重要的触点？需要的因素和论据有哪些？

●理想的解决办法：以这个角色的视角来看，理想的产品或者服务是什么样的？引导他的关注点有哪些？这个人物是在什么样的情感体系和动机体系中做出决定的？

神经营销学专家哈斯·格沃克·豪瑟尔研发的边缘类型特别能给最后一个问题带来助力。在其畅销书《大脑探索》中他写道："当企业主管检查新的机器是否能提升企业的竞争力时，做决定的显然是优势系统。采购主任想要最低廉的价格以及最佳性价比，这属于原则和监控的领域。生产主任关注的是机器的安全性和稳定性，并且希望产品的质量能保持一致。这时起主导作用的是平衡系统。研究与开发部门却注重与机器相连的创新和新的可能性，我们知道，这种愿望要归功于激励系统。"

如果现在按照上文描述的七个步骤来给采购团队中每一个参与者创建一份简介，那么供应商一方每一个与该客户打交道的人就都会对他有一个清晰的画面。这个画面则比存储在数据库里的普通信息要详尽得多，因为现在这个人就从他的职能背后现出身影来，而他的动机将会在销售谈判中有针对性地被提及。下面是一个例子。

被优势系统推动、着眼于领先地位的"展现者"，你可以这样向他论证："这将给您带来无法超越的竞争优势。"或者是："为此我可以授予贵方专有权。"对于被数字推动、只注重经济性的财务人员，可以这样说服他："这可以在正好4个月内分期付清。"或者是："我们为您进行过详细的计算，请看这儿。"而面对被安全性推动的"平衡者"，可以说："对这种全方位放心套装，您无须担心任何事情。"或者是："这个产品经受了实践的考验。我们的客户中有90％的人如今已经是该产品的老用户了。"

于是每个人都得到了自己情感中最看重的东西。需要了解的是，如果对某个类型给出了错误的论证，不仅不会产生任何效果，还会引起对方的抗拒。如果你用琐碎的东西来烦扰一个激进的人，他就会撤退。对他而言，生活中有很多比Excel表格更美好的东西，你最好不要妨碍他的工作。在所有谈判桌旁的人都按照类型进行过谈话之后，销售员的主要任务现在就是：在各个参与者之间统一意见，并且像主持人那样居中调停，引导众人共同做出决定。可如果本来的决策者并不在场怎么办？这时就可以向在座各位提一个假设性问题："让我们假设某某先生现在正和我们坐在一起。那么他作为企业主管，作为有人情味的人又会说些什么呢？"

买家人物角色可以很好地在所有B2B领域开发出来。图12-2展示了一个来自制药行业的真实例子。

在一次大型团体交流会中，我曾经让与会者开发出了全套的销售团队买家人物角色。且看：像挤柠檬一样压榨供应商的标准采购者已经被丰富的人格所取代。年轻一代的采购者几乎完全通过网络调查来做出他们的购买决定。除了少数只专注于折扣的人，也有以伙伴式关系处事、关注服务的人。从这一时刻开始，"所有买家始终只会因价格的低廉而做决定”这一典型的卖家咒语就失去了它的魔力。于是，从现在开始可以只专注于那些并不是要来一场伤人伤己的赛跑，而是想跑一次商务马拉松的客户。曾经纯粹的价格谈判演变成了如今的解决问题谈话、服务对话以及应用谈话。而在这之前一直贫瘠的、针对信息搜索者的线上内容也得到了极大的扩展。

说明	照片	典型的采购过程
• 积极致力于地方事业并且因此而闻名。 • 赞助体育活动和儿童节日。		• 连续三代人成功经营着一家位于市中心的药店（200m²），正对着一家医院。 • 数年前在一家高级老年公寓附近接手了第二家药店（大约130m²），这家店由他的妻子管理。
期望与目标	**人物资料**	**采购过程/媒体运用**
• 想要有这样的感觉：自己的大批发商可靠、产品种类丰富并且条件最优。 • 他害怕做得没有同行们好。	• 彼得 • 43岁 • 住在康斯坦茨 • 店主 • 药剂师	• 亲自进行合同谈判。非常重视和外勤人员之间的良好关系。 • 对重要的谈判主题，他坚持要销售部领导到场，因为他们有着很大的决定权。 • 重复购买由员工来执行。 • 人工回购取代了他一年前引进的药店订货软件。
理想解决办法	**定位**	
迅速、可靠、及时的供货；友好的司机、最佳的条件；可亲的、有能力并且友好的外勤人员；高供货能力；账目可回溯；有适合自己以及员工的好的培训机会。	积极致力于打造独立而稳定的药店； 对自己的第一定位是医务人员。	

图 12－2　一位买家人物角色档案

数字土著与数字移民

4 岁的阿琳娜是我邻居家的小孩，她像往常一样熟练地用她可爱的小手拿起我的数字设备开始玩起来。她熟门熟路地启动了语音操作，不需要懂得读写她就已经拥有了通向世界的大门："给我看海豚的图片"，她发号施令。当几微秒之后图片出现在显示屏上时，她对这个结果显然很满意。她自己展示给世界的第一张照片是一张发布在 Facebook 上的超声图片。当她在子宫里撒野的时候，准妈妈在 Twitter 上发送了一条"我踢了妈妈"的信息。当她出生时，她已经拥有了一个自己的网络域名。作为小婴儿，她穿的小袜子能够与爸爸妈妈的智能手机通信，如果出现异常情况就会自动报信。她的尿片如果湿了就会通过蓝牙信号发出警报。10 个月大的时候，她就有了自己的第一台手机，随后又拥有了一大批数字玩具。如今的她已经完美掌握了如何使用爸爸的平板电脑。当今所有3～5岁的孩子中有 47％都能做到这一点，但是只有 14％的孩子会系鞋带。

阿琳娜是 Z 世代中的一员。人们把 2000 年以及之后出生的人称为 Z 世代，他们是 Y 世代——于 1985 年以及之后降临人世的人——的后继者。这两代人都是在互联网时代开始社交的，这给他们的生活打上了与前辈很不一样的印记。这些数字化土著——也被称作千禧一代——的信条是：独立自主和发展空间、协作与自我组织，还有存在代替拥有，共享代替占有。

他们是自我思想家，在孩提时代就已经开始参与到家庭决议中，积极的协作在他们的人生中扮演着非常重要的角色。他们想要主动出击，而不只是被动地接受。“重点是要能参与创作、证明自己的能力并将此展示给其他人”，未来学院的克里斯蒂安·舒尔特这样介绍他的“青年经济”（youth economy）研究。千禧一代对一切事物都会培养出一个观点，并且会交流一切事情。同时，他们还非常重视他人的投入和反馈。他们求知欲强，并且拥有一双开放的耳朵去倾听一切。只要反馈意见不是教训式的，而是阐述性的，他们也愿意统一意见。但是对依靠职位的权威者和等级制度的指挥链，他们却表示拒绝（“你就不会自己动手吗?”）。而老板作为发号施令的人和监督者，对他们而言是一个过时的模式。“我们要的是一个教练，而不要一个管理者来告诉我们往哪儿走。我们不需要像袋鼠拎着自己的口袋那样成天端着自高自大的社群首领”，经济专栏记者克斯婷·邦特如是说。即便是铁饭碗也没有吸引力，这一代人更喜欢跳槽，在不同的岗位凭直觉去尝试不同可能性，正如他们使用数字化设备时那样。

数字先驱者和自我演绎者

千禧一代在游戏式的虚拟世界中交流。在这里，他们体验到的是对所有年轻人来说都特别重要的与父母一辈的界限所在。他们对人格的追寻大部分是通过新媒体来调度的，因此，也正是在这一点上产生了父母与子女间的冲突。然而年轻人将战胜年长者，这始终都只是个时间问题。与数字化很亲密的年轻网络大军将会成为技术变迁的决定性推动力量，日新月异的应用程序和他们轻而易举地融为一体。他们并不惧怕会弄坏什么东西，他们在应用软件上敲敲打打，一如前辈们当年修理自己的汽车时那样。在这个过程中，趣味性的方式方法有着极高的地位。这个趋势被称为游戏化，它越来越多地进入消费以及工作这两个世界中来。

千禧一代从网络中学会了良好地表现自我，网络声誉得到了细致入微的维护。

良好地表现自我，这是他们从社交网络的个人资料页面上学到的东西。每个人在那里都是公众人物，就像在集市上一样需要向众人展示自己想要表明什么。“关键不在于展示出对现实做过加工修饰的图片，而是在于，选择一个适合的自我描述，来赢得加分”，奥地利青少年文化研究学院的贝亚特·格罗斯格在2015年第45期《经济周刊》中这样写道。人生就像是一场虚拟的选秀活动，标准化的行为以及个性化风格同时扮演着重要角色，人们对自拍照片会进行精心的演绎，会在修饰加工之后才展示给全世界。而“囧照”则只会放到Snapchat上，因为在那里人们只能短暂地观看照片。

烂醉如泥时拍的快照是讨不了好的，这一点他们早就学会了。当然也学会了怎样抹掉数字痕迹，绝对不能把所有关于自己的网络搜索情况都泄露出去，这是不言而喻的。网络声誉得到了极其仔细的维护。值得尊重的并不是那些开着豪华轿车的人，而是通过自己的促动让社群受益的人。他们并不像前面的X世代那样通过身边的品牌来定位自己，而是通过从网络中挖掘而来、可以传递给他人的东西。传递了最宝贵的内容，从而创造了附加值的人，会最受看重。在网络上拥有众多追随者的人也拥有影响力。于是，那里的“权威”是自己赢得的，而不是被授予的。只有通过行动证明其合理性之后，权威才能得到承认。

网络儿童的交流方式

千禧一代习惯了知识的公开化以及随时都能被调用。如果需要信息来完成一个新的任务，他们不会花大把时间问来问去，而是会尽快开始网上调查，因为总是联网的人也随时可以在网络上进行搜寻（“这些东西谷歌全都有呢!”）。几分钟的上网搜索比商店里普通专业人员提供的任何咨询都更有用。对于那些把浏览网页作为日常消磨时间方式的人来说，这样的搜寻也非常迅捷。在这个过程中，他们的大脑被调整到短、精、快的状态。他们的注意力频繁变化，并且热爱乐趣。不断地学习对他们而言是一个重要的主题，但是他们不会通过事先学习来储备知识，而是一小口一小口地学，并且是现学现用。解说视频和网上教学是年轻一代的学习和启蒙媒体。

他们的工作风格是流体的，就是说，他们喜欢从一个任务跳到另一个任务，然后在头一个任务还没有完全结束的时候就已经进入了下一个任务。业余时间和工作时间不再像从前一样被划分成不同的类别，而是流畅地融汇到了一起。“Downtime”，即放松阶段，不再是 17 点以后以及周末时间，而是在一切合适的时候。在工作与私人生活之间的那种合理的节奏曾经对我们的先祖是非常重要的，直到工业时代它才被拆散，如今又能重新建立起来了。我称之为“工作生活一体化”，其他人则说是“liquid everything”（把一切流体化）。

“真实数字化”生活的复杂性日渐增高，这需要花费大量时间。有的商家在偷盗用户的时间，因为在他们那里不管做什么都很麻烦，这样的商家是不会被千禧一代考虑在内的。随着数字应用成长起来的人是不会接受企业在这方面的不足的。在自己的设备上运转良好的东西也必须在公司里顺畅运行，这没什么可争议的。年长的几代人对待流程问题较为仁慈，因为他们从前没有别的选择，一切都要看供应商的心情，因为供应商是握着操纵杆的人。然而，这种时代早已成为历史。

现在，权力掌握在数字土著们的手中，他们通过行动可以直接决定供应商的生死（“看吧，这是我发现的，说不定你们也会喜欢!”）。在他们眼中，不成功的商家不仅仅会被撤换掉，还会被公之于众。他们热忱地推崇自己喜欢的品牌并且大声地告诉全世界。但是，同为数字土著一员的作家菲利普·雷德勒说：“如果你想要得到我们，就必须能够让我们先成为你的粉丝。”如果他们的体验是积极正面的，他们会经常并很乐意地分享给别人，以便让其他人也同样去做。而被他们痛恨的，他们就很想去摧毁。

“千万不要在某某那里买东西，他们真是让我吃尽了亏”，他们会在所有平台上这样写。而他们的整个网络都会追随这声战斗口号，以免自己受到损害。大家共同发誓不再光顾那家商店。于是，他们与自己的网络爱着和恨着一样的东西，他们一起从一个品牌转到另一个品牌。商家很容易就会失去这些顾客，可能只是因为商家当前不够吸引人，或者因为商家不经同意就拿广告打扰他们，又或者因为商家的道德立场很成问题。于是一切到此为止，再不回头。

不要采用传统的广告轰炸

广告对数字土著来说是不言而喻要被禁止的东西。“我们可以自己从媒体中汲取养分，并且是我们真正感兴趣的东西”，菲利普·雷德勒说。如果真要做广告的话，那就不能“为了”这个目标群体做，而最多是和他们“一起”做。而这能在YouTube一类的合作平台上很好地展开。必须给予千禧一代机会，让他们自己接手交流沟通。对此，他们需要的是能够轻松传播的对话材料。如果不能提供这样的东西呢？议论反正还是会存在的，只不过会完全脱离商家的掌控。

我们将在第三部分中详细探讨的内容营销在这个大背景中扮演着至关重要的角色，而且，来自协作网络的习惯会浸入真实生活之中。积极地协同合作而不是只会被动参与，这在线下世界也是很受欢迎的。共作式营销就是关于这一主题，更多内容我们也会在第三部分讨论。

志同道合者的体验报告对千禧一代来说有着极为重要的意义。什么东西好、什么东西不好，会迅捷地传播开来。“如果我不知道某个品牌，那我会想要先了解一下网络中的其他人都是怎么看的”，刚刚18岁的索菲亚这么向我解释。她尤其会追随那些在她的世界中扮演重要角色的推动者和舆论引导者，而这些人是她从YouTube、Facebook和Instagram上找到的。

关于网络儿童的忠诚度

在传统营销中，我们说的是要培养起三种忠诚：

- 对企业及其所在地的忠诚
- 对产品、服务和品牌的忠诚
- 对员工和联络人的忠诚

如果一个人多年来一直忠实于他的汽车品牌、他的买家和他的个人联络人，从未左顾右盼，如果他再把这些讲述给其他人，那么就达到了一个牢固的忠诚度。但如果生产商为某个特别型号产品派遣了一个专属销售大队，并且这支队伍也并不驻扎在本地，那么就同时摧毁了两种忠诚。把自己的思维强加给客户，所引发的后果并不是每个品牌都能承受得起的。类似的情况也出现在 B2B 模式下广受欢迎的 ABC 分类中。有时，顾客突然之间就不得不接受某个很不讨喜的员工的客户服务，因为在企业看来，顾客已经从 B 类滑向了 A 类。这个员工每隔 4 周就上一次门，因为系统规定对 A 类顾客应该这么做。这时候顾客就会开始考虑：怎样才能快速地摆脱这种讨厌的状况。因为人人都更愿意在自己喜欢的人那里买东西。

> 第四类忠诚，即对自己网络的忠诚，往往对购买有着决定性意义。

近来又有“第四类忠诚”加入了进来，这就是对自己网络的忠诚。在所有存在着高度数字亲和力的地方，它变得越来越重要。网络儿童把它摆在了第一位，它让其他的忠诚黯然失色，因为共同体验对千禧一代来说是最基本的东西。因此，他们的主要忠诚对象是同辈，是在自己的网络中与他们地位一样的人。面对这些人，他们有着强烈的结盟渴望，并且会把一切都和对方分享。不管是在悠长的购物旅途中，在游乐园玩耍，还是周末的消闲，朋友们都以虚拟的形式在场，同时演变成小型的、一目了然的圈子。在这里，人们可以避开数据采集者的警惕目光，大家聚集在一个亲密的群体里，身边都是自己真正放在心上的人。在这里，人们也保护着自己的小秘密不被父母发现。爸爸和妈妈在他们年少的时候也正是这么做的，只不过不是虚拟的而已。

人类一直以来都以网络的形式团结在一起：从游牧者变为定居者，从定居者集结成部落和族群；手工业者组成同业公会，拥有相同兴趣的人成立社团、协会和共同体；在社交网络中，我们组织成“部落”和“群组”。从前，忠诚是上下级式的。比如说某人是一个根深蒂固的西门子人士——此人为西门子公司的员工——并且终生忠于该企业。这样的忠诚在当时侵蚀力是极大的。从前这种对上级无条件的忠诚当今已经不存在了，因此，再也不能把责任推给体制结构了，如今责任都在每个人自己。

把等级制度作为管理原则的做法已经过时，社交网络和平级式的忠诚取而代之。在社交网络中，年轻的一代找到了由他们自己挑选出来的亲友，他们因为和这些人有着相同的生活态度、相似的世界观以及共同的业余爱好而产生了同盟感。在这里，他们也找到了在一个不断变迁的世界中所必需的稳定感，大家互相给予有帮助的好建议，并且互相支持。与集体的一致性是对属于该集体的保障，被排除在外是最大的忧虑不安。社交网络就这样在一切传统安全网失效的地方成为了接收池。这一发展为什么对商家很危险？如果一个人在他的网络中有着重要地位，一旦他换掉商家，那么就或多或少地也带走了整个网络。

Y/Z 世代：最大的转变者

每一代人都有着自己的时代印记。战后的一代如此，60 年代的一辈以及以身份地位为导向的 X 世代也是如此。但是，Y/Z 世代所经历的，并深受其影响的转变将是有史以来最大的。他们中的一些人将能够活过 100 岁，会经历电脑和人融为一体。借助先进的数字技术，他们将发展出新的社交、商务以及工作形式。对他们来说，文化界限以及政治界限变得模糊不清，他们中的很多人今天已经把自己称为

“世界公民”。作为真正全球联网的第一代人，他们对文化差异有着深厚的理解力。“这让他们能够站在别人的角度思考，并且能广泛培养起人性化的团结互助”，琳达·格拉顿在为 *GDI Impuls* 杂志所撰写的一篇文章中这样描述。很久之前就预言过的地球村终于要建成了，我们现在只需让它变得对所有人来说都很舒适称心。

这个机会是很大的，因为 Y/Z 世代是最有创造力也是接受过最佳培训的一代，他们同时还是“maybe 一代”：一切首先都是有可能的。决定是在最后一秒钟做出来的，因为如今的选择数量极大，能够得到乐趣的机会潜伏在各个角落。大家想要的东西在手指一划之间就都可以获得，因此，灵活性就非常重要。“既……又……”的可能性必须持续到最后一刻，这一点既适用于业余时间，也适用于工作。

千禧一代早就让企业文化也得到了转变。他们让商务世界和社交发展能保持同步，同时也特别注重缩短社交距离、强调共性，并且让大家地位平等。在旧经济世界中很常见的地位象征常常被他们称为“权力的拐杖”。在老式机构中，上级在他的臣民面前把自己好好地藏了起来，顶多只会偶尔开恩让大家得见一面；而在年轻的企业中情况却不这么复杂，人人都可以彼此交谈，不必恪守等级和部门的界限。重要的是所做的贡献，而不是挂在门上的标牌。还有一点可以肯定：无法实现自己价值观的企业是不会被千禧一代考虑在内的，而这样的雇主因此所失去的将是未来。

共享经济：分享代替拥有

对年轻一代来说，“入口”比“占有”更重要。和全球性的网络社区分享自己的东西以及自己获取的知识、分享自己生活中的经历，这对很多人来说早就习以为常。当X世代借助所有物来定义自己的地位时，Y世代与Z世代却是通过讲故事。对觉得很酷的上传内容，大家会通过点赞、转发和评论，以体现其价值、重要性和受到的关注度。他们的理念是：分享是在积累社交资本。于是，实体性的共享理念也非常流行，超过一半的人都对这一理念持开放态度。名牌服装、婴儿用品、书籍、工具、园艺器具、家具、自行车、宠物、作坊、停车位、叉车和卡车车厢等都已经被共享。专家预言，40%的汽车将会通过汽车共享理念逐渐从市场上消失。

经济疯狂增长的终曲早就已经唱响，因为人们已经拥有了一切，即使还需要还贷。企业在向饱胀的肚子、满满的衣柜和齐全的生产车间做着推销。德国家庭平均每家拥有10 000件东西，如果想让经济保持原来的增长率，这一数字必须达到12 000件。然而，如今的趋势是加速朝着相反方向行进的。网络上正在展开一场巨型的共享运动，一切的开端并不起眼：在维基百科上共享知识，在交换市场上互换物品，以及在Facebook等一系列网站上的点击转发按钮等。

“我有一个主意，而你也有一个点子。如果我们分享它们，那么我们每人就有了两个创意。”互联网一代就是按照这样的口号发现了分享的优势。囤积独守来源于不合群的思想观念，它只能使个别人强大，并且滋生出竞争。分享却能壮大群体，彼此分享的市场参与者越多，大家的富有程度就会越高。因此，分享热潮并不仅仅关系到节俭，它也来源于社会性的思想观念。人们想要保护环境，想要近距离体验其他地方的人们的生活，或者想要帮助那些需要帮助的人。因为贫富之间的鸿沟还会继续加深，于是会有更多的人无法负担得起所有他们想要的东西；而且，过多的所有物对迁居变动也是一种负担，分享则为这两种情况提供了另一种选择。

于是，中介平台开始大肆发展。这个主意本身就和圣诞传说一样古老。直到布莱恩·切尔斯基把它做成了大生意。2008 年，还不名一文的他在旧金山参加了一个设计师大会之后，产生了一个想法：在他专门建立的一个网页上出租他公寓的一个房间。对这种理念的需求是爆炸式的，从“Airbed and Breakfast”——即“气垫床和早餐”——发展出了 Airbnb。就像很多其他的共享经济一样，这一模式也颇受质疑，然而切尔斯基说：这首先是为了消除低效率，城市里有空置的住宅，而他则把供需双方带到了一起。

在企业中，共享理念的潜力甚至比在私人生活中更大。为此，你也可以针对共享适合度对所有业务领域做一番扫描。而把共享当成不言而喻的事的年轻人可以在这个过程中为你提供极大的帮助。在内部的信息平台上，早就开始提供来自全体员工的经验智慧，方便大家借鉴，而不是只把信息和知识囤积在个别员工脑袋里。大家不仅仅共享生产资料，也越来越多地彼此分享工作场所。而神圣不可侵犯的公派车如今也被高调地拉出来让大家共用，这一地位的象征在某些机构里是开销巨头，而大多数时间只是被闲置着，企业车队共享理念将改变这一现象。

一起分享的人会彼此靠近并团结起来，信任和互助就能由此产生。声誉机制带来安全感，因为供应商和使用者双方都会被公开评论，这样一来，必要的监控就转移到了社会范围。集体互动让人行为“端正”，而害群之马很快就会被扔出去。“没有测评系统，Airbnb 是行不通的”，布莱恩·切尔斯基证实道。

对生产商来说，共享经济会带来很多改变。会被共享的产品必须要有上乘的质量，那些刻意留下损坏点、一过保质期就坏掉的产品，现在开始就会被逐渐淘汰了——容易损坏的东西在共享社会中是没有吸引力的。特别是生态环境一定会非常欢迎这一长期性的趋势，“共享是最时髦、最社会性也最迅速的降低能源消耗的途径”，瑞士智库戈特利布·杜特威勒学院的卡琳·弗里克这样总结道。

“始终在线”成为常态

当前几代人“去上网”的时候——因为网络对他们而言就像是位于另一个层面上的平行宇宙——年轻的一代却把网络看作完全融入他们生活空间的组成部分。他们差不多每周 7 天、每天 24 小时都是在线的。“当我的实体在床上睡觉的时候，虚拟自我则存在于网络中”，13 岁的罗伦佐·图拉·奥索里奥说道。他在 25 个网络平台上注册过，积极参与了 30 个 Facebook 群组；他经常光顾 Galileo、Faktastisch、BuzzFeed、NowThis 这样的信息网页，以及 Pakalu Papito 一类的娱乐页面；他开发出自己的品牌和网络商店，拍摄 YouTube 视频并且举办网络交流会。“我们这一代人是数字化的重要活动家，”他在接受苏黎世《每日公报》的采访时阐述道，“如果企业能和我们谈一谈，它们现在就会思考新的产品；如果市长能与我们谈一谈，他就能恰如其分地做出针对孩子们的决定。”在这一席话里，他也许说出了最重要的一点：想要学会理解彼此，就必须相互谈一谈。不要仅仅通过阅读来理解这一代人，而是要和他们展开对话；而且要不带成见、地位对等，不是教育式的，而是开放和关心式的。千禧一代也很愿意谈论自己，因为分享是他们基本价值观中的一部分。然而，对于不认真对待他们的人，他们会将对方引入歧途。

持续在线是这一代人生活中的基本组成部分，他们把在自己网络中的交流称为“自我时间”，这种时间对他们良好的社交感受是不可或缺的。没有持续性的介入，他们就会觉得被排除在外、觉得孤单。手机的丢失会立刻让他们产生生存危机，始终在线对他们而言是一种原则上的必需。因此，度假的时候他们是不会选择那些不提供房间、泳池和沙滩网络的酒店的。联网在如今是强制性的，必须随时随地都能得到保障。很多年轻人不再自己开车出行，因为开车的时候他们无法上网。最近有一位熟人告诉我，他十几岁的儿子在运动中发生事故，必须被急救车送到医院去。这位小伙子问急救人员的第一个问题是：“医院里有无线网络吗？”

网络一代的媒体行为已经有了彻底的变化。“你究竟还看不看电视呢？”最近，我问 17 岁的汉娜。“我们大家都只看 YouTube”，她回答道。她的偶像是像弗洛里安·蒙特这样的 YouTube 明星，网名为 LeFloid 的他在 2015 年夏天曾经采访过安吉拉·默克尔，该视频的点击量已经超过 400 万。YouTube 视频制作者不仅仅是舆论制造者，他们还是新一代的指导老师。比如网名为 Gronkh 的艾瑞克·然杰——观众可以观看他玩网络游戏——的“Let's Play”视频就有超过 380 万的订阅者、共计超过 15 亿的点击量（截至 2015 年 10 月）。相比之下，印刷版的《图片报》的销售量不过是 220 万份。毫无疑问，要争取到 Y/Z 世代，就必须在 YouTube 上展示自己。

年轻人也在 YouTube 上书写自己的品牌发展史。比如，在“Haul Videos”中大家会热情地展示自己发现的廉价好物，做得好的人能得到大量的点击。一部分人通过 Vlogs，也就是播客，获得了很不错的酬劳。各类网络明星们的收入据说会有四五位数。但是，诚实在这里也有着重要的意义，因为把垃圾夸上天的人，很快就不会再有观众了；再者，评论栏里的公开议论也会给这样的播客造成很大伤害。大家的底牌（大多数时候）都是摊开在桌面上的："这件产品是我从某某企业得到的测试品，现在让我们看看，这是怎么一回事。”虽然是收取报酬的，但他们也不会像广告中的受试者一样大唱荒谬的赞歌，而是不管好坏都会说出来。因此，作为生产商就需要确定：要推介的新产品是真的有新意，而不是有问题。附带建议一句：在产品植入时双方都必须当心不要出现违规的隐藏式广告。

年轻一代对待广告的方式更为诚实，并且通过这样的方式发展出崭新的沟通形式。除了 YouTube 之外，Instagram、Snapchat 和 WhatsApp 都非常受他们欢迎，而视频直播服务商 Periscope 也开始受到注意。千禧世代通过新闻应用程序来了解世界大事，印刷品和新闻节目对他们来说速度太慢，电子邮件几乎无关紧要，而打电话的人也越来越少。“我不必在电话中给我阿姨解释说我买了一件新的红格子衬衫。我直接发一张照片即可，解释就多余了。”我们刚刚认识的这位罗伦佐是这样认为的。

即时反馈——不被问题打败

数字原生代几乎对反馈上了瘾。他们完全不能满足地想要知道别人是怎么看待自己的，因为他们已经习惯了即时反馈。一旦有东西上传到网络中，评论就会分分秒秒地不断涌入，每一个“赞”都是一次虚拟化的鼓励。在视频游戏中，即使并不总是能够获胜，心灵也会得到抚慰。如果勤奋地研究一番在线游戏机制，就能从中学到一大堆东西来赢得年轻的购买者阶层，因为这一代人习惯于以游戏的规则来思考和行动。

- 电脑游戏总是会对良好完成游戏任务的玩家进行即时奖励：升级玩家的状态，激活进度条，让等级不断提升，颁发虚拟的徽章以及奖赏、游戏币和奖励积分等。

- 电脑游戏也会对协同合作进行奖励：把信息分享给伙伴的人在游戏中的上升进度会更快。这也包括进入知名的社群和协会、和大家一起赢得胜利。

- 通过任务的形式把玩家不断引向新的挑战，游戏攻略会帮助玩家赢得挑战，这样就推动了对赢得胜利的积极乐观性。

- 游戏结果始终透明化。玩家可以实时跟踪自己游戏成果的排名，并与他人进行对比。

- 玩家互相帮助。实力强的玩家给较弱的玩家提供内幕消息，这就促进了玩家之间的团结，并让社群更强大。

- 玩家习惯了犯错并且会交流经验。反馈被看作助力而不是批评，乐意接受反馈意见的人将会更快成功，于是就培养出了一种“吃一堑长一智文化”。

- Game over？没问题，再试一次！失败因而获得了一种崭新的意义，每个人都会得到新的机会。如果能诉说自己的失败、霉运和问题，会增强一个人的社会能力。

玩游戏意味着互动：在寻找中获得进步，激发回应，遵守规则，让自己融入集体，一步一步地改善提高，接触自己的情感，学习并且得到乐趣。平板电脑之所以日渐取代了电脑——后者代表着生活和工作的严肃性——是因为它更俏皮。“乐高认真玩”系列的积木游戏甚至像模像样地打入了商务层面。“我们不是因为老了才停止玩耍，我们是因为停止玩耍所以才变老”，萧伯纳曾经这样说过。

视频游戏以及社交网络和数字设备都是完美的反馈者，仅仅出于这一个原因它们就已经具备了使人上瘾的潜力。互动性评估机制起到了去伪存真的作用，只有表现良好的人才有资格竞争。声誉成为了一种社会性货币，使得优者胜出。比如，在拼车中心 BlaBlaCar，司机和乘客都能被公开评估。一个会员获得的正面评价越多，就会越受重视、越让人信赖，相应地获得的拼车机会也就越多。“在五星制的评价总分中，平均值达到了四星半”，德国 BlaBlaCar 主管奥利弗·布雷默在 2013 年第 2 期 *GDI Impuls* 杂志中做了这样的说明。搭便车旅游这一类做法中存在的危险已然成为过去。

所谓的数字原生代并不存在

数字化的进程在不断向前，即使是 1985 年之前出生的人——也被称作“数字移民”——也熟练掌握了必要的技能，当然并不是所有人，但是人数越来越多。有积极使用 iPad 的 80 多岁的老人，也有完全拒绝使用网络的 30 来岁的年轻人。一部分 50 来岁的人如今用起电脑等一系列设备来比 20 多岁的人更厉害。可以这么说：所谓的数字化原生代并不存在。确切地说，人们对数字设备的擅长或不擅长的程度各不相同。

人们在个人风格以及数字行为这两个方面都各不相同、参差不齐。在描绘人物角色的时候仍然可以对不同世代加以区别。在图 12－3 和 12－4 中，可以看到两个例子。

说明

- 必须快捷、无误。
- 简单并且一目了然。
- 有吸引力并且个性化。
- 可信。
- 有很不错的特色/独树一帜。

期望与目标

人们应该能“在线上以及线下倾听我”，这就是说，作为顾客的我真正处于中心位置。商家应该让我的生活更简单、更舒适，不能太复杂，这样我就不会在寻找产品或者服务的时候失去兴趣。

理想的解决办法

- 我是一个混合型消费者：我尝试着从两个世界中（线上/线下）获取最好的东西。
- 因此，两种途径的解决办法都应该尽量简单。

照片

资料

- 马尔克
- 47岁
- 居住在科隆
- 有伴侣
- 收入颇丰

首选品牌

- Audi
- G-Star
- Lloyds
- Strellson
- Nespresso
- Tissot
- Apple
- Ray-Ban

典型购买过程

在慕尼黑市区时，有一位客户打来电话说，想和我一起吃个晚饭。我问他大致想吃些什么。他说：“除了意大利菜什么都行。”我的iPhone肯定有好的推荐！输入“慕尼黑最好的餐馆”这个关键词之后，在tripadvisior.de页面上列出了一长串慕尼黑评价最好的餐馆名单。一家牛排馆的推荐评语看上去挺不错。在链接主页的左边把菜单以PDF格式下载到手机上并稍微考虑了一下之后，就是它了！该餐馆的照片是不是也很有吸引力呢？啊，很时尚嘛！通过“网上预约”按钮给出了希望的时间和用餐人数。5分钟后，我听到手机上的新邮件提示音：预约已被确认。我马上把邮件转发给客户。在谷歌地图页面输入今晚的目的地，查一下去那里需要多长时间。

图 12－3　一个 40 多岁人物的角色简介

说明	照片	典型购买过程
• 还在小学时代，我们就已经历了数字化青春期。 • 我们对社交媒体的跨媒体应用有着和成年人不一样的理解和体验。 • 我们的世界是跨设备式的。 • 我们这些网络原住民比大多数成年人认为的更聪明。		**我是怎样/在哪里购物的？** • 跨越交错式购物：跨媒体、跨设备。 • 网上（如果更便宜的话；在商店里）。 • 如果了解该企业的话，就会在网上买，比如耐克。 • 据估计，70%在线买，30%线下买。 • 超市的自产品牌。 **我在互联网上做什么？** • 使用社交媒体平台。 • 搜索网络寻找潮流趋势。 • 看书（电子书）、看报（网络版）、看新闻（诸如旅游报道一类的有背景内容的信息）。 • 看视频（最近在Netflix上看完了《毒枭》所有剧集）。 • 游戏城市：Skylines。 • 订购书籍、鞋子、衣服等。 • 财务支付我使用PayPal。
期望与目标	**资料**	
• 时尚：最近开始不再赶潮流了；创造自己的风格。 • 教育：了解技术和社会的发展，比如看解说视频（了解学校里不会传授的事情！）。	• 克里斯托夫 • 16岁 • 高中生 • 和父母住在一起 • 尚未从父母身边独立 • 互联网原住民	
理想的解决办法	**首选品牌**	
不断地从动手、尝试、犯错中学习；不照本宣科。	• Nike • Vans • Netflix • Spotify • Vespa	

图 12－4　一个 16 岁人物的角色简介

如果涉及数字原生代，迄今还有一大堆东西需要解释。对模拟化时代的人来说，情况看上去很不一样。然而，这一现状很快就会有所改变。我们首先需要有研究性的文章来向逐渐长大的网络儿童解释：遗留下来的模拟世代的老头老太们是如何思考的，人们在没有数字化的过去又是如何存活的。

然而，未来是属于千禧一代的。他们能推进企业的沟通交流，这就需要提供参与机会以及好的数字资产。特别需要的是内容，它们能借助线上以及线下第三方迅速传播，从而达到吸引大量新顾客购买的目的。这种运作方式将在本书第三部分加以探讨。

第三部分

怎样吸引新客户

通向胜利的途径有很多，而且，随着触点的数量不断增长，也就有越来越多的途径可以达到目的。所有流程的完全数字化在此是必选项，那么可选项呢？那就是适合未来的沟通交流，它要尽可能地减少广告，要让顾客作为成员积极地参与进来。

喜出望外的顾客为商家做的宣传就是最好的广告。推荐是交流中最诚实的一种形式，因为这是第三方对产品质量做出的担保。只有从优秀的服务中才能得到出色的口碑，而只有那些值得推荐的东西才会被顾客推荐给他人。而在今天并不值得推荐的商家，到了明天也就不值得购买，后天则会关门大吉。“成为真正优秀的一员，并让人们快速地传播出去”，这就是新的商务秘诀。从年轻一代的眼光去看，让自己变得有推荐价值和完全数字化都是未来的一种必然趋势。

具体来说这意味着，不管是B2B、B2B2C抑或是B2C，一切措施都必须合理构建，从而能不仅仅制造购买和重复购买，还要能引发口碑宣传和用户推荐。因此，新的销售规则和市场指标就是：（1）通过好的内容和口碑宣传赢得新的顾客；（2）把现有的顾客培养成推荐者；（3）把那些不能或者不愿成为顾客的人变成传播者。

在我们下面将要看到的所有案例中，线上与线下将彼此交织，内容、沟通和众包将成为重要的关键词。在本篇末尾，我还将介绍负责打理这一应事宜的客户触点经理。

13

内容营销：包罗广泛却绝非广告

我们今天所熟知的广告形式很快就会成为历史。“未来的历史学家将会把 2020 年确定为广告宣传与世长辞的一年”，广告人托马斯·科赫对该行业做出了批判性的预言。为什么呢？因为“20 年来的网络广告让整个行业声名狼藉，并且使得我们的目标群体痛恨广告”。某些自作聪明的商家对逃跑的顾客设下一个比一个更卑鄙的陷阱。而广告人全然不顾用户的需求，只管收钱办事。需要举几个不光彩的例子吗？愚蠢的追踪定位广告、壁纸广告和极其讨厌的弹出窗口不一而足。当人们舒服地往沙发上一坐，刚想搜索点什么的时候，这些东西就不请自来，骚扰我们、跟踪我们，并且伤害着我们的感官。我们当然能理解，免费的网页内容也必须有广告收入来支撑，但也别用这种方式啊！如果在报纸杂志中不断地有广告覆盖了正文内容，那么是没人会去读它们的。

越来越多的人出于纯粹的必需而开启了广告拦截器，然后突然之间又出现了一大批拦截广告拦截器的程序。有的商家还是没有想明白：粗暴对待顾客的人是难以得到顾客认同的，必须开发出新的形式来招揽顾客。办法很简单，那就是听起来要像真实对话的对话，是人与人之间地位平等的对话。而这样的对话只在对方也真的有这个意愿时才能进行。

因为直白的广告不再能让人激动并且让人感到厌烦，于是一种早已为大家所熟知的交流形式再次被众人提了起来：content。蕴藏在这个英文词背后的除了“内容”再无其他。以 content 为形式的内容沟通是完全数字化的世界中不可或缺的热门产品，因为在一切因流程的自动化或者对话的网络化而在人际沟通方面滞后的地方，内容是一个非常适合的工具。通过置入自己的网络展示当中，并放到社交网络上去，内容既能作为自有媒体，也能为管理媒体服务。内容可以被分享，从而引起第三方对有意思的产品的关注。这就形成了一个团体性的游戏，而无须为额外的作用范围付费。通过这种方式，被传播的内容最终将成为能极大影响他人购物决定的赚得媒体。

通俗地说，内容就是除了广告之外的一切。不过其中也早就掺过水了，因为很多媒体都为内容置入收取了广告费用，人们称之为“native advertising”（原生态广告）。然而，“把广告伪装成正文内容来忽悠观众，这不能成为媒体的任务或者是意义所在”，托马斯·科赫说道。我完全赞同这一观点。这样的隐形手腕会让人恼火，没有人会愿意被愚弄，而且用户早已不像广告人以为的那么傻了，恰恰相反，网络把我们变得相当精明。

内容格式有哪些

从广义来说，content 就是一切企业制造出来的关于自己的可能性内容，也就是产品描述、使用说明、包装文字、业务报告、职位描述、招聘广告、新闻稿、客户杂志、员工报刊等。

从狭义来说，content 指的首先是从网上所能找到的关于某个供应商的所有内容。除了网页文案之外，也包括下列内容：

- 有关客户项目的报道
- 有关企业内部情况的报道
- 概念说明
- 常见问题
- 白皮书
- 图示化的电子书
- 教程
- 说明视频
- 问卷调查
- 研究结果
- 趋势报告
- 活动报道
- 案例研究
- 用户体验报告
- 顾客推荐
- 测试报告
- 指导建议
- 视频
- 社交媒体发帖
- 抽奖游戏
- 计算器
- 配置程序
- 在线游戏
- 登录页
- 信息图片
- 播客
- 图片和照片
- 网络研讨会
- 视频群聊
- 应用程序
- 博客文章
- 核对清单
- 专栏
- 电子报
- 演示
- 问答游戏

这些东西所涉及的，应该远远不止“content”这个不带感情色彩、几乎是技术至上的概念。米瑞安·勒夫乐在《思考内容》一书中指出：这一概念在英语以及法语、意大利语和西班牙语中都意味着愉快、开心的“满意”。从这个角度去理解，我们就更加贴近本质。因为所有包括在 content 类别里的东西在一方面都涉及实用性，也就是知识；而另一方面涉及的是情感元素。

如果实用性和娱乐性能够结合，那就很理想了，然后才谈得上信息娱乐。做得极具趣味性的说明视频和原创的信息图片就是非常受欢迎的例子。总的来说，从前铺天盖地的广告和无人问津的企业沟通正在逐步走向 storytelling（讲故事）。在这个过程中讲述的不仅仅是企业的故事，顾客们也越来越多地接到邀请，去讲述他们自己的体验和经历。有魅力的内容在这一过程中是非常吸引人的，能让感兴趣的人自行前来购买。不过在很多例子中，这一模式的作用范围也是被买下来的。

Content 在内容上有两个本质的方面：

1. 实用内容。大多数情况下是以知识的形式出现，比如核对清单、使用窍门、免费电子书等。这样的 content 经常被用于工作领域。在 2015 年年中，职场博客网站 berufebilder. de 指出：高管培训师罗斯维塔·范·德马克的一篇关于员工谈话的文章，在发表后头三天中就被浏览超过 11 000 次，其中很多人来自 Xing 网站的同一个组群。通过这种筛查方式，可以从最重视的目标群体中有针对性地赢得新客户，前提条件是：所提供的资料——除了必要的例外——对用户是免费的。费用在网络中一直都是禁忌话题，它会让点击率迅速降低。另外还需要注意，文档的结构应尽量简洁，网络中人们的耐心比线下更为有限。

2. 娱乐内容。如果我们觉得某些东西刺激、有趣、好玩或者让人放松，我们将很愿意分享给我们关心的人。有意思的故事、滑稽的视频、一点点心痛、偶尔的沉思，这些都是很受欢迎的。即便是恐怖或残忍的东西也能刺激头脑，让情感得到宣泄，并且极具病毒性。数年前，某家生产名叫 K-fee 的以咖啡因为基底的能量饮料的供应商制作了一些让人毛骨悚然的视频片段，造成了轰动。通过口口相传，该视频每天的浏览量达到了 100 000 人次，平均电子邮件转发量为 9 次。其中一个短片甚至在很受欢迎的某个美国电视节目中播放，引来了汹涌而至的流量。

内容营销的目标

Content 能为我们在本书中已经多次呼吁过的“视角转换”提供支持。自我表现和烦人的广告被挤到了后面，摆在中心位置的是能够创造附加值的信息，目标是：为潜在的顾客带来他们在寻找、需要或者是想要的内容。这里涉及的不是炒作，而是不可抗拒性，用市场语言来说就是：内容产生出的是引力，而不是推力。企业虽然在场，但却只是低调地作为原作者出现。内容更应该做到的是唤起关注、建立信任并把所瞄准的目标对象引向供应商及其产品。另外，内容营销还要结合已有的顾客，营造话题、提供谈资并创造竞争优势（见图 13－1）。

而特别重要的目标有以下这几个：

- 通过展现在本行业中的卓越专业技能来建立知名度和声望。可信度在这里是至关重要的。

- 向网站流量、营销线索和购买行为转变，通过这种方式来吸引感兴趣者、新客户或者后续业务。

- 扩展范围，即借助第三方扩大作用范围。通常说的“共享性”

在这里扮演着至关重要的角色，因为分享比点赞更有价值。

这样一来，内容所涉及的既是对现有客户以及潜在客户，也是对广大公众的直接发言。持续不断地分析行业中、顾客中、社会中以及在互联网这个经济体系中正在讨论哪些话题，或者正在产生什么样的话题，这是必不可缺的。当触点的数量增加时，就需要不断有新颖的内容来相应地满足它们。

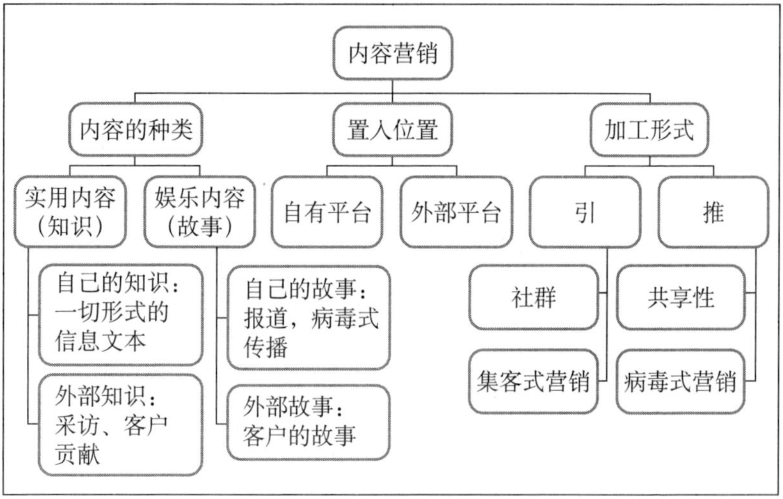

图 13-1　内容的种类及其应用范围

14

如何开发自己的内容战略

很多企业完全不知道：在自己的档案、文件柜和抽屉中埋藏着多少内容宝藏。有些东西也许最好还是继续放在那儿别动，但很多有意思的东西却只是因为某些职员认为知识是权利，因而不能公之于众。拜托！在共享经济里，一切知识随时都可以被任何人调用。人们在企业网页上找不到的东西，会在其他地方找到。一旦人们转向了其他地方，那么他们就一去不回头了。

把知道的东西送出去，把擅长的事情卖出去，这就是当今的成功准则。这里说的当然不是生产机密、保密配方和企业专利。但是我们也不要自欺欺人了！真正想要获取信息的人，总会找到相应办法和工具的。知识在今天是公有财产。“所以在很多情况下建议企业为了自己的声望而主动地公开知识，并署上自己的名字”，克斯婷·霍夫曼在《联网，或者死亡!》一书中这样写道。这样一来，也就不会发生其他人率先发布到网上并且主张所有权这种情况了。越来越多的供应商认识到了追寻知识这股兴趣大潮所带来的优势，并因此大幅度地把适合的内容放到自己和他人在网络中的平台上去。

因为没东西可说的人很快就会被人抛在脑后，因此，请首先备好真正的内容基础，以便能定期获得新东西。对此，最好是先做一次盘点：我们已经在哪些地方运用了哪些内容？哪些东西必须尽快清理掉？什么东西被太频繁地或者太稀少地放置在了错误的位置？哪些触点上还缺少什么东西？什么是必需的，什么是“有的话也不错”的？对此请做一份一览表，把现有的内容及其在各个触点上的表现罗列出来，这样的一览表在现实中可能有着非常多的内容。

如果已创建了数量的分析，那么请研究一下想要保留或者替换掉的内容的质量。它们是否共同构成了符合产品、供应商和品牌的和谐的全貌呢？什么已经陈旧或者含有过时的信息？什么东西因为不能正常运转而必须着手修改？哪些东西作用相互抵消？哪些有可能重复了？什么可以在哪个环节加以再利用？什么必须尽可能独树一帜地、高品质地全新开发——因为这样对用户而言就有了唯一性，并且在网络中容易被搜索到？通过什么样的内容可以成为先驱或者是话题主导？如何安放现有的以及尚待制造的故事？在企业内部有谁拥有适合的生产资料？

用明文说话还是放烟雾弹？

接下来，就可以开始研究风格和语调了：现有的内容究竟是否有用？是否既能提供信息又能激发情感？所用的语言是否亲近顾客，是不是既轻松愉快又准确无误？又或者，是否死板僵硬、拒人千里，学术性太强并且深奥得不得了？在书面文字中，我们的表述常常既冗繁又呆板，恨不能写出一部史诗。吹嘘、废话、陈词滥调和夹杂着外来词的管理用语在商务世界中随处可见。

想通过堆砌深奥的辞藻来彰显自己、吹嘘自己的重要性，结果往往只说了一堆空话，既没能表达出尊重，也没能设身处地为对方着想。这种商业辞令就像密码一样把自己同其他人隔绝开来，草率地把别人当成了外行。然而，从那些被我们小看的人身上，我们也实现不了大的期望。最糟糕的是有一队名头光鲜的管理顾问上蹿下跳的地方，他们那些由“业内人士的专用英语”和“精英高校的不知所云”所组成的大杂烩必须要去除。为什么？因为要让管理者们重新学会说人话。

没有人愿意去解码混沌不清的连篇蠢话，糟糕的沟通将制造出普遍性的困惑和退缩，又或者会引发误会，最终导向致命的错误决定。“企业中的语言传达出了关于企业个性的真相”，作家加布里埃拉·伯格曼在《商业文案》一书中写道。也就是说，首先盘查一下语言风格是很有必要的。

把垃圾清理出去、把灰尘打扫干净，毫不留情地做一次大扫除。所有的废话蠢话都要丢掉，要用明文说话。要赋予文案一种轻松、清新、鲜活的色彩，外貌还要很现代化。大可让文字鲜活起来，发掘出非常个人化的写作风格，一种对企业来说非常典型、最好是非常有辨识度的风格。首先应制定一份文案手册，定下对表达和写法的基本规则，这里也包括对字体、颜色以及搜索引擎优化策略的规定。

好的内容是怎样产生的

在很多企业中，内容至今仍然像有了后妈的可怜娃。为什么会这样？每份最终无人阅读而被扔进废纸篓里的宣传册子，都要先经过一个漫长的决策过程，接受很多双眼睛的审视；而会在网络上永久停留的内容，却只是让一个毫无经验的实习生来打理；在广告宣传中没有人会在意一下子就花掉 50 000 欧元或者 100 000 欧元，但却要求内容产品尽量做到不花钱？这种逻辑我无法理解。如果你想做得更好但却缺少人手的话，那么可以去类似 textbroker. de 或者 content. de 这样的网站上找专业的撰稿人。

米瑞安·略福勒说，内容文本是“网络世界的销售员”，“你必须把一个主题、一件产品或者一篇文章用一种积极而有带动力的写作风格推介给网络用户，并从第一个字开始就和他们进入一场销售对话。最终的目的是要激励用户采取行动：购买、点击、逗留、推荐、评论、下载、转发”。优秀的内容撰稿人知道怎样运用语言、怎样讲故事，对 SEO（search engine optimization，搜索引擎优化）也有所了解。即使生产的内容首先当然是要让用户喜欢，但它们也需要有实质性并且适应谷歌等一系列搜索引擎，这样才能位居结果列表中靠前的位置。

还有，撰稿人必须知道在不同的社交媒体平台上什么东西能收到好的效果。如果不被人所知，即便是最好的内容也毫无用处。所以每一个好的内容战略都包括一个社交媒体战略以及一套关于把什么内容放置到哪里的规划；每一种媒体都不仅有形式上的要求，同时也需要自己的语言风格和写作风格。只有在内容上和视觉上吸引各类用户，才会被浏览、被点赞、被评论和转发，这才对实现内容目标有帮助。

最后，一名撰稿人必须研究网络中的阅读行为，这样他才能触及用户。在一本书中，文本是被横向式阅读的，在网页上却是纵向式的，也就是从上往下扫视。通过眼部摄像机进行的研究表明：目光所走的路线是一个F型。这就是说：人们会掠过位于上方的导航条，然后着重关注位于左边的内容。这部分内容的受关注度达到70%，右边的则只有30%。但是特别有意思的刺激会让人们的注意力突然转向右侧。80%的用户不会向下滚动，他们只会看屏幕当前展示出来的东西。同样有80%的用户只阅读标题。密集阅读文本内容的最终只有20%的用户。因此，最重要的构架就是：上方优先于下方，左侧优先于右侧。一篇文字中最重要的关键词应该放在上方的标题中，最好还是开头的位置。对此，冒号式战略非常适用。举个例子？比如，“内容营销：你永远不能犯的错误”。

创建内容的人应该着眼于读者的三个关键性问题：

- 这是从哪种角度来写的？
- 如果我现在读完全部，我会得到什么好处？
- 我在读完之后要做些什么？

阅读就是在脑子里播放电影。要怎样才能确保你的“影片”，即你文案中的信息，首先能被理解，然后能引发所希望的行动？诀窍就是：不要用“写”，而要用“说”！最好是先像和真人面对面谈话那样，对着录音机说出你想说的话；然后不要做太多修改，直接把口头的内容记下来。这样一来，读起来也会非常有意思。请使用短小的句子和容易理解的词语，这样读起来感觉会比较好；还应利用形象的图片和一点点幽默感唤起读者的好奇心。怎样让读者觉得你是在写给他们个人呢？请你想象一下自己要攀谈的对象。我们在第二部分已经了解过的人物角色可以在这方面帮上忙，请为角色写出文案吧。

写作是一个过程，它从一张白纸或者是一面空白的屏幕开始。众所周知，灵感的火花并不会在工作中产生，并且大多数时候也不是在书桌旁产生的。请选择一个创作地点，运动运动，吸足氧气，放松一番，喝点水。从收集关键词开始入手，然后先粗略地写出文案，删节、修改、精简，直到只剩下对读者来说有用的东西，要具体、精练而且能让人胃口大开。也请运用来自目标群体的语汇，让受众能够感到自己被人理解与重视。

内容的嵌入位置和方式

自己的网页是主战场，也是每一项内容战略的核心部分，几乎一切信息都汇集到了这里，正因如此，这里常常看上去一片混乱。人们会吃惊地看到零碎的内容堆积成山，也不知道是谁出于什么原因创建了它们，然后就再也看不到更新。然而，由谁来决定什么必须扔掉而什么应该留下来呢？最终决定权掌握在用户的手中。即便是花费了极大一番工夫的网页，如果没人对它的絮絮叨叨感兴趣的话，也是毫无用处的。从未被点击过的内容，就不具备重要性，也就无须出现在网页当中。

> 当今的网页和内容必须针对智能手机进行优化。

今天的客户体验是从智能手机开始的。手机的使用如今已经比电脑更为普遍，一大半的搜索查询都是以移动方式进行的。响应式网页设计于是就成为热点，不能提供这一服务的商家，会受到谷歌的惩罚，会被放逐到搜索结果的末尾，这意味着不会被人找到。大多数电脑旁的用户都只会查看“断点”以上——也就是屏幕下边框以上——的搜索名单，在手机上平均来说则是位于前三的结果，或者人们会直接使用应用程序。同时，有 1/3 的手机用户会在经过网上查询之后购买他们之前完全没考虑过的产品。手机显示屏就是你未来的战略要通过的一个针孔，因此，要把移动摆在优先位置。越来越多的供应商首先会针对最为重要的手机型号来设计网页，而针对电脑的优化工作在第二步才做。

那么然后呢？哪些工具可以在构建内容战略时给予帮助？在专业化内容营销的主题查询以及其他所有步骤中需要注意什么？对此，沟通专家多丽丝·艾西梅尔和克劳斯·艾克撰写了《企业中的内容革命》这本论述透彻的专著，其中提出的核心问题是：

- 编辑规划：哪些内容应该在什么时间、什么地点传递给谁？
- 内容生产：谁来为哪个触点在哪个期限之前撰写好什么？
- 监控：怎样检测结果并记录存档？
- 工具和费用：哪些资源/多少预算可以被调用？
- 联系人：谁对整个主题负主要责任？

在这个过程中将看到，为了最终能让一切都协调一致、甩开自我中心的部门利益而产生一幅统一的整体画面，就需要一个内部的协调点。在大型企业中可以是自己的内容经理，而在小型企业里可以是触点经理。他除了掌握由企业自己制造的内容以外，也密切关注由员工和客户创建的内容，这些内容往往对一个供应商的声望有着非常重大的意义。当然他也会检查竞争对手的内容，以便让自己与他们区别开来，最好是能超过对方。另外，他还采纳外来的内容，即“content-curation”（内容策展），它可以是采访、嘉宾文章、引文、事例以及被转发或加工过的文章等。另外，负责人也必须立即对最新事件或是突发情况做出迅速的反应，因为内容也需要有时效性。

15

寻找好的故事

人类喜欢和其他人分享自己的故事，尤其是当我们的情绪很受触动的时候，我们喜欢倾诉。用网络语言来说这是社交共享，除了分享之外，它也是为整理情绪服务的。当我们开口诉说的时候，消极的情绪会得到疏解，人们通过这样的方式能减轻负担。而当我们开口诉说的时候，积极的情绪会得到增强和延长。包含极少量有情感价值的内容几乎不会被分享，而极为情绪化的内容却经常会被分享。通过这样的方式，供应商可以突然之间就成为所有人谈论的话题，这样的情况主要发生在当内容被作为故事来讲述的时候。

故事把信息转译为情感，它们的魔力引人入胜。它们能增加可信度，因为它们比数据、资料和事实更让人难忘。如果讲述很精彩的话，故事能拥有难以置信的心理力量。它们激发好奇心、拴住注意力，让人轻快、放松，能唤起信任感，能激发想象力，甚至能让极为复杂的关联变得容易理解。它们还会增强说服力，让人倾听、理解并且赞同，而毫不施加压力。

大脑研究专家认为，每一个思维过程和决定过程都伴随着内心的画面，这些画面是我们的大脑在一个永不停息的生产过程中构建出来的。这种构建是由我们的感官传向大脑回路的感知画面，以及以往经历的记忆画面和内心设想画面所供给。好的销售员和吸引人的品牌用讲述为头脑放映大片，营销人员称之为“大脑脚本”。“我们所有人都在寻找我们自己的故事。大脑脚本、别人的故事都能提供帮助”，奥地利媒体戏剧顾问克里斯蒂安·米昆达在《禁地，或者策划出来的诱惑》一书中这样写道。好的故事是那些很容易就能让我们破译的故事，因为它们向我们展示了熟悉的套路，比如“大卫大战歌利亚”的神话传说（绿色和平组织）或者是“灰姑娘综合征”（戴安娜王妃）。

成为讲故事的人

但愿那些盯着数据不放的管理者终于能够明白这一点：比起客观的陈述和冰冷的数字来，故事更能让人着迷。PPT 式的展示虽然很普及，但要想借此赢得他人却是极其不专业的。另外，美国科学家、诺贝尔奖获得者丹尼尔·卡尼曼也通过实验证明：能引起高度重视的并不是汇总了最佳论据的一方，而是讲述了最为和谐的故事的一方。还有，故事也会让企业及其员工更加人性化。

因此，讲故事是内容营销中很重要的一个方面。故事需要素材，而素材必须去寻找并获取。因此，在讲故事之前始终都先要听故事。包括：

- 来自企业的故事
- 关于员工的故事
- 来自客户的故事

比如你可以讲述：在你的帮助下顾客获得了怎样的成功；哪些很有意思的人和你的产品有关联，或者你的产品被应用到了哪些有趣的地方。你可以讲述关于企业中比较特别的人的故事，讲述他们日常工作中的情景。而对幕后情况的展示也是很吸引人的，说一说特别的生产方法、罕见的原材料及其原产地发生的事件。你也可以公开发表与创新背后的故事，它们有的描绘了行业的未来蓝图，有的则反映了企业创业时期的情况。

在 Innocent 这家全欧冰沙与果汁市场的领先企业中，他们是这么说的："我们的故事开始于 1998 年，我们的创始人理查德、乔和亚当产生了制造冰沙的想法。他们花了 500 英镑买来水果，搅拌成冰沙，在伦敦的一场爵士音乐会上出售。在他们的摊位前挂着一块牌子，上面写着这样一个问题：'我们是否应该辞掉工作继续做冰沙呢？'牌子下面摆了两个垃圾桶，一个桶上写着'是'，另一个上面写着'不'。到了星期天晚上，写有'是'的桶里已经装满了空瓶子。星期一，他们去上班并且辞职，为的是创立 Innocent。"

沃尔特·艾萨克森在他的《乔布斯传》中描写了史蒂夫·乔布斯创立苹果形象的传说：1976 年，年轻的公司迫切需要一个名字。创始人一开始想到的全都是各种各样听上去很有技术感的概念。乔布斯刚刚完成了一次水果节食疗程，从一个苹果种植园返回。于是他最后建议用"苹果"这个名字。他觉得这个名字听起来很友好并且很有活力，会减少电脑世界的冰冷坚硬感。而且，他们在电话簿上会排在雅达利公司的前面。他向合伙人史蒂夫·沃兹尼亚克声明，如果对方在第二天去申请注册时没有想出更好的名字，他会坚持用“苹果”。于是，公司名就这么产生了。

好的故事不同于普通的琐事，它们能带来惊喜并且连接着情感。它们最好是用进行时或者交替使用现在式与过去式来讲述。它们非常奇特，最重要的是，它们是真实的。不正确的或者是被美化过的故事迟早都会被揭露出来，而揭露真相的人往往是愤怒的员工。员工有意替上级隐瞒不道德行为这种虚假的忠诚，已经不存在了，这是好现象。

最好的故事当然还是客户的故事。如果是由客户亲自讲述他的经历，其影响力将是最大的。要让你的客户变成他们故事中的一个积极部分，他们的体验报告和推荐介绍比你自己传播的事件要可信得多。和你的顾客谈一谈，了解一下有哪些合适的故事，收集并记录下来，并针对适合的目的广泛地加以传播。相关媒体在这里也是很得力的帮手。

也应清楚：哪些故事正在你的企业中流传，并通过数字化的信息流讲述出来？它们反映了企业中怎样的气氛？顾客在故事里是英雄还是怪兽？实习生在闲谈中泄露了什么并且被外勤人员传了出去？服务人员在顾客那里是如何谈论企业内部的？哪些关于供应商和合作伙伴的故事应被传播开来？管理层在背后偷偷地说些什么？如果去问门卫的话，他们又会怎么说？那些已经退休的员工从前有些什么样的轶事？训练生在谈论些什么？曾经的员工在雇主评价网站上散播些什么？

故事的作用为什么会这么大

你的员工所描绘的画面是别人将从你身上看到的画面。请记住，只需讲述那些可以让别人去传播的故事！要谈论结果而不是问题！一个积极的形象会让大家着了魔似的被吸引，不管是（潜在的）员工还是（潜在的）客户。因此，你要讲述的是成功的故事，在每一次会面时讲，在所有的会议上讲，哪怕是在吸烟区里也可以讲。成功故事让人自豪，能鼓舞人心。“我们（已经）非常优秀”是故事所要体现的，能鼓励大家争取更好业绩。在叙述中，也制造出了追求。

如果你是老板的话，最好在下一次大型员工活动上做一次热情洋溢的讲话。脱下你的外套、松一松你的领带，从演讲台上走出去，直接站到大家面前。然后开始不点出姓名地（！）讲述一名对公司付出极大的员工的故事。最后，在自由发言中可以说一番大致如下的话：“这只是我最近听到的一个故事。这让我特别为我们的员工骄傲。我非常肯定，这样的故事还有许许多多。我们、我们的公司，需要更多这样的故事。请你让我们收集这些故事并积极地讲给企业内外更多的人听。其他的人，我们的竞争对手可能会传播他们不好的故事，但是我们不会这么做。当一名运动员在奋力争取又一次胜利的时候，他是不会把他负面的故事翻出来的，他更关注的是他最大的成功。我们也能够做到！我们将会成为一个超棒的公司。为此，我需要你们，需要你们中的每一个人。”你不必在台上疯狂地跳来跳去，就像微软的史蒂夫·鲍尔默在他著名的演讲《我爱这家公司》中所做的那样。但如果能够流露出一些真实的情感，当然是最好的。接着，你可以声明要从现在开始收集这样的故事。而此时此刻在员工们的脑子里会发生些什么呢？求胜之心会熊熊燃起，多巴胺、睾丸素和血清素水平会上升，这种混合会让人变得自信、摩拳擦掌并对下一个胜利深信不疑。成功故事会鼓动我们，鼓舞着我们并释放大量的能量，会让人记忆深刻并且愿意说给其他人听。请找出让人喜欢的、积极向上的会话素材。为了这一目的，首先也要把社交媒体梳理一遍。可以开展一次讲故事竞赛，又或者邀请大家把他们的故事经历发给你。

在大众面包车 Kombi 停产的时候，企业找到了顾客和这款车一起经历过的特别的故事：伍德斯托克音乐节、周游世界、分娩……一个非常女性化的声音重现了 Kombi 在这些故事中所扮演的角色。所有故事中的主人翁都得到了一份很特别的告别礼物。最后，这款车自己也有一个最后的愿望。一部题为《大众 Kombi 最后的愿望》的著名短片由此产生。

在需要的情况下邀请一位故事掘金人到你的企业里来，外人不做伪的眼光常常能找到亮闪闪的故事金块，而这正是在内部盲点之下永远都不会被发掘出来的。对这些故事的讲述也是一门艺术。它们应该被传播宣扬。经验丰富的经济记者就能把最枯燥的应用报告写成非常专业的成功报道。这样的报道有一大优点：因为撰写者不是企业自己，而是中立的第三方，就不会有常见的醺醺然自我陶醉，语言会更加犀利，也能更好地通过旁观者的视角去观察，故事的广告意味也没那么重。那么这样的故事会对读到它的人产生什么样的影响呢？它将引发一种“我也想要这样”的反应。

怎样构建好的故事

构思精妙的故事是从主人公的角度来讲述的，而主人公通常是顾客。故事的开场非常关键，因为此时我们会问自己：这和我有什么关系吗？如果答案是“有”，整件事情是与我们相关联的，那么我们就会继续听下去。如果对我们来说不重要，我们的大脑就会直接断开连接。人们喜爱英雄，尤其是当英雄们追寻着崇高的目标并且为此不断成长时。叙事顺序最好是依循着所谓的英雄旅程，这个旅程沿着悬念曲线从次一级的初始状态出发，在穿越了艰难险阻，克服了困惑与迷途，或者受尽了折磨并差一点失败之后，光荣地抵达了终点。企业、产品和员工在这个过程中则是帮手，是忠实的旅伴或是很有用处的精灵，虽然处于配角地位，但主人公没有上述角色的帮助是完成不了这场转变的。

在结构上你可以参照童话故事。童话有着以下这些套路：

● 一开始是什么样的情况（问题、怀疑）？

● 谁（主角英雄）在谁（善良的精灵）的帮助下去做什么（好的行为）？

● 哪里潜伏着危险（冒险、障碍、对手）？

● 整件事是怎么结束的？（胜利，大团圆结局）？

美国神话研究专家约瑟夫·坎贝尔研发出来的典型英雄旅程的基本模式包含了分成两幕戏的十二个阶段：

● 第一幕：旧的世界。一个次一级的形势；对“外面的世界会更好”的猜想；守门人试图阻止主人公出发；遇见一位导师，他带来了勇气并指明了方向；越过门槛走向新天地。

- 第二幕：新的世界。考验、对手和同盟者的出现；一决胜负的时刻临近；决战打响；获得胜利；踏上归程；转变展示出了第一个成果；抵达目标。

而现代的故事是跨媒体的，也就是通过不同的媒体来讲述。听众和观众的功能不再局限于被动地消费，他们能积极而有创造性地参与进来：他们会参与打造故事的进展，提供背景资料，或者至少能够评论和投票。“如果广告和公关能够用一个跨媒体故事成功地打动目标群体，那么他们得到的奖励就是对方逗留时间的延长和对品牌更高的忠诚度以及更高的推荐度”，佩特拉·萨默尔在其《讲故事》一书中这样写道。讲述性的图片和视频短片在这个背景之下扮演着越来越重要的角色，这样的讲述被称为视觉化叙事。

另外，选出来的故事还要针对不同媒体分别加工处理：在自己的网页上讲述故事的加长完整版；在 Facebook 上则要进行删节、缩减或者分成小段；在 Instagram 上则要用丰富的图片来修饰；作为放在 YouTube 一类的网站上的动态画面，可以做得像一部节奏飞快的悬念片。最后，要根据目标群体的不同而突出一个故事的不同方面：对于一台机器，采购员的需求和生产主任是很不一样的，单身汉与有家室的人所关注的细节也是不一样的，而行家里手所着迷的技巧和新手也是不同的。

故事对内对外的传播

不管怎样编织你的故事，你的目标方向总是有两个：一个是对内（员工），另一个是对外（有意者、客户、前客户、伙伴、供应商、银行、投资人、应聘人员、推动者、公众)。

在内部可以有针对性地运用事例和轶事来清楚地说明企业理念具体应该怎样贯彻。比如可以讲述一名员工的某个聪明的点子是如何经受住现实考验的，而顾客们对此又有什么看法。你也可以报道在一次里程碑式的胜利中是如何战胜最强劲的竞争对手的；或者，对一个成功的（数字）项目进行全方位的赞扬。发掘真正可以“且听下回分解”的连续性故事，或者从不同主人公的视角讲述同一个故事，然后，用故事来喂养媒体，而不是用金钱。

运用一切已有的沟通工具和触点来嵌入故事（而不是无聊的数据事实）：

- 招聘广告
- 雇主品牌宣传册
- 内部网站
- 互联网
- 自己的社交媒体
- 他人的社交媒体
- 电子报刊
- 邮件
- 宣传资料
- 形象宣传册
- 营业报告
- 客户杂志
- 推荐证明图册
- 形象宣传片
- 介绍演示
- 演讲
- 年会
- 展览
- 展台
- 活动
- 新闻报道
- 书籍

另外，我还建议在每一次会议之前都说一个和客户相关的成功故事。这个环节可以冠以“客户发声”的标题作为议程的第一号议题摆在最开头的位置。轮流让一名与会者讲述一个企业为顾客制造惊喜的故事。这些故事应该是“我们的故事”，也就是说要有不同的领域都参与其中。这能促进团结精神和集体感，而且，这也是为了找到公司里那些为顾客制造惊喜，但却很不愿意站在公众的聚光灯下的无名英雄。这些人往往有着最好的故事。

16

共享性：内容是怎样传播的

如果一个信息没有任何意义，让人不开心或者很无聊，那么是不会有人去传播它的。因为这是拿自己的声誉在冒险，没人愿意受人指责。而一流的内容却能让人用它来装饰自己、提高声望和自我价值感，人们可以把自己作为先驱者展现给众人，可以参与创造，还可以影响他人并行使一定的权力，或者为他人做一些好的事情，这样就能够建立起充满信赖的关系并巩固友谊。只有当你提供值得谈论的、能以此博取第三方好感或者对他们有帮助的内容时，人们才愿意积极地传播。对内容和故事的加工必须要让它们不仅仅具备功能性，同时也要在内容上具备“可共享性”。

人们进行传播的基本动机有以下几个：

● 助人为乐与利他主义：人们想让自己有用，想通过传播内容去帮助别人或者让别人避免遭受损害。

● 凸显自身并建立地位：人们想要展示自己能够弄到哪些非常有价值的内容，以此来滋养自我意象和在他人眼中的形象。

● 维护关系以及归属感：人们通过传播内容来保持关系不会中断，或者是推动自己网络中的讨论。

● 想要创造的意愿以及意义性：人们想通过自己的行动来参与塑造、修改或者改进放在心上的事物。

加州大学洛杉矶分校的科学家马修·利伯曼的研究为针对动机的问题提供了非常有意思的结果：一样东西是否被分享取决于它的“奖励值”。这里有两个决定性的标准：第一，对我而言它是否很有价值；第二，把自己塑造为新的、吸引人的或很有用的内容的传播者，这对很多人来说都是一种奖励形式。这也提供了建立社交资本的机会，每个人都有分享内容的基本天性，一个人能做到哪种程度与他的内向或者外向性格有关。一个内容所唤起的情感越多，它就会越迅速地被传播开来。

总而言之，人们不仅想要金钱或者乐趣，还想让自己变得“重要”。他们想做有意义的事情，谁能在这方面为他们提供帮助，就会得到他们友善的分享作为奖励，往往还会伴随着购买行为，因为内容并不仅是要得到传播，它还应该支持实体店的销售量以及让网店获得转化率。

然而，只是把内容片段扔到网页上，期望着它能被正确的对象找到，这是没有多大意义的。更应该做的是动员用户积极地传播信息，因为只有少数人看的内容是不会被多数人分享的。这里需要注意由可用性咨询顾问雅各布·尼尔森提出的90—9—1原则。根据他的观点，网络社群中只有1%的人是超活跃的，9%的人是个别贡献者，而90%的人是完全被动地追随着数字进行交流的。另外还有MOF类型，这是指没有朋友的人，他们不能转发和分享。

怎样让内容积极流通

一旦你收集好了内容材料，请大幅度地加以传播，比如以下这些方式：

- 把适合的内容放入电子报以及其他交流工具中去。
- 把你的内容分享到所有的社交媒体站点上去，并装饰好Facebook一类的页面。
- 在Xing和LinkedIn以及外部的论坛或者群组中加以报道。
- 寻找SlideShare这类可以自己创建内容的网站。
- 主动为网站运营商和影响力大的博主提供合适的独家内容。
- 媒体也很欢迎有质量的内容。寻找合适的专业杂志。

在做所有这一切的时候，要尽可能地不做自我广告。最好是能够用自己的专业能力彰显自己，把自己定位为本领域的“专业人士”。这样一来，对媒体而言你也会是受关注的发言人和采访对象。

另外，还要安装合法的社交媒体插件，尽可能地方便第三方把合适的内容分享到自己的平台中去。这样的插件能把你的网页、博客或者应用程序与Facebook、Xing、Twitter和LinkedIn这一类的社交平台连接起来。通过它们可以得到新的感兴趣者、产生新的网页访客或者是应用程序的新用户。不过，这也就间接地为各个网络做了广告。另一方面，柏林分析服务机构Searchmetric发现：诸如点赞、转发这样的社交信号直接关系到更高的排名。

容易被分享的内容

综上所述，问题就产生了：内容的形式对能否成功被分享很重要吗？这是当然的！大量调查显示：在网络中，照片在最易被传播的内容排行榜上位居第一。因为图片很容易理解，它们让人印象深刻，无须话语就能表达意思，于是也就很国际化。同时它们能激发情感，尤其是当以组图形式来讲述故事的时候。视频位居第二，在YouTube一代中甚至常常名列第一。

那么文字又是什么样的情况呢？与图片不同，文字对我们的大脑来说是繁重的工作。出于这个原因，表达力强的标题就很重要，它能激发读者的好奇心。一张配合文字内容的巧妙的图片——最好是横向的——基本上是不可或缺的。小标题也能迅速给读者指明方向，它们是我们意识的路标，能帮助大脑进行扫描和过滤。

另外，（核对）清单在传播文字内容的过程中很有用处。“这也难怪，它们的处理和理解比起纯粹的文字来说要更为简单，”社交媒体专家托斯滕·潘泽说，“像是《十大最佳减肥诀窍》或者《最常见营销错误》，又或者《互联网的最伟大传说》这样的标题会在每一个主题领域中引起关注，并让人想读下去。对那些转发内容的人来说，它们也非常有用：转发者可以很好地告诉别人，自己发现了一些很有趣、很吸引人或者很有价值的东西，从而让自己一跃成为专家。如果这些标准都被满足了，人们甚至会在不阅读文章的情况下就转发它们。”

你想制造额外的刺激来奖励推广者们的工作？那么请做出明智

的选择！代金券和奖品、奖金虽然是非常有吸引力的诱饵，但却也会引来误用、滥用。金钱常常会破坏本来很好的一件事情，而通过点击诈骗甚至可以让人赚得百万。因此，有的供应商用积分来奖励转发。你也可以为勤奋的转发者们启动一个“荣誉榜”，可以开发出配套的星号或者徽章，达到一定的级别后可以送出超强内容。

怎样专业地“病毒化”内容

有的内容吸引力极其强劲，使得感兴趣的人会自发地去寻找供应商的平台。可以说，这样的内容很有推动力，也就是能吸引人。而有的内容却如睡美人一样常睡不醒，因为没有王子能找到它并吻醒它。因此，很多内容必须积极营销、加以推广，从而让它能够进入必要的作用范围，即“病毒化”。不过，在最初的启动之后，对宣传行动最终会走向哪条路就很难施加影响了，而且大多数情况下也无法确切地做出预测。信息可能会走向一个积极的方向，也可能会走向消极的方向。通过传播而引发的效应将发展出一种很高的自我动力，既不能被事先规划，也不能进行调控，让它停止也是做不到的。这使得情况变得惊险刺激，同时却也不可捉摸，有时甚至是危险的。因为就像真正的病毒那样，它可以通过人为操纵而引发造假以及无法掌控的变异，从而背离原本的行动目标。

病毒式传播不能被“制造”，而只能为之创造前提条件。其中之一就是：越情绪化就越病毒化。对成功至关重要的还有：有组织地传播推广，迅速达到临界数量并且攻克所谓的引爆点——从这个点开始，事件就开始自由发展。为此，需要尽可能多的人把信息转发给一个以上的人。为了进行调控，战略性的初始布局就尤其重要。这个过程被称为“seeding”（播种），它有两种形式：

- 针对性播种是对充分联网的人进行有针对性的调控。这里既可以使用自己的地址（新闻媒体、合作伙伴、员工等），也可以发动很有网络亲和力的增殖者和言论引导者，也就是所谓的影响者。第一传播者应该在所瞄准的目标群体中受人信赖、有影响力，特别是要拥有良好的关系网。

- 在触点播种中，可以使用自己的，也可以使用别人的网络触点（网页、博客、社交媒体平台等），以此来传播推广内容片段。如果这一内容行动有媒体的参与和跟进，就会很快出名，从而也能获得很好的广告效果。

运作良好、播种广泛的宣传活动可以很快就卷入数百万人。而与此同时也出现了一大批技术和工具，在需要的情况下可以借助它们提高内容宣传成功的可能性。Facebook 和 Twitter 上有赞助的帖子或者广告都属于此列。适合的内容也可以通过专业的推广者、暂时性的合作项目或者联盟系统运营商来接入其他的电子报，并在他人的网站上加以体现。有偿的推荐项目在网络中也是普遍存在的。

尤其是现在经常被称为“病毒”的视频短片早已不再只是出于自己的需要而被制作出来，它们更多是为了支持复杂的沟通战略。为了让它顺利流传而投入的预算是相当高的。比如，据《法兰克福汇报》报道，Edeka 超市的“超级棒”广告短片——一种介于内容和广告的中间产物——包括推广在内一共耗费了 22 万欧元。然而在此期间，这笔费用已经成倍地收回。仅仅在 YouTube 上就有超过

1 500 万的播放量（截至 2015 年 11 月），数不胜数的媒体报道、消费者的好感分、商店营业额的增长以及一系列的品牌大奖就是得到的回报。而这部短片又被 Edeka 的圣诞节视频《回家》远远地甩在后面，该圣诞特别视频发行不到三个星期就已经有 4 000 万次的播放量。

17
社区：共同创造内容

通往社区的预备阶段就是自己网页上的内容区域。在那里，你可以一目了然地、分门别类地展示你的内容，也就是专业文章、案例研究、电子书、信息图片、教程、指导建议、照片、核对清单、介绍演示、视频等。你也可以在那里放入别人的内容，包括采访、特邀文章、体验报告、研究结果、问卷调查、最新行业信息等。这样一来，你就成为本行业的技术中心，这不仅会优化谷歌搜索排名，还会带来更多的网站流量。

人们很少会寻找具体的某一个产品，他们的查询需求更多是针对特定的疑问或者突发的问题，因此，他们在搜索引擎上给出关键词进行搜索。然后，他们就在你的网站上找到了恰当的解答。而搜索引擎之所以会把这些解答显示在非常靠前的位置，是因为它们更优待高质量的内容而不是劣质内容。当人们因为从你的页面上找到了很多有用的东西而开始流连时，他们也就会在这里购买，或者至少会进行初步的接触问询。

不过，迄今为止已经完全把自己的网页转换为内容格式的供应商并不多。一个广受重视的例子就是 schwarzkopf. de。在准备阶段，施华蔻这个隶属于汉高集团的品牌分析了以头发为主题的 1 600 万次查询，然后得出这样的结果：在客户输入的搜索文字中只有极少的一部分包含了品牌名称，这就从数量上证明了，目标群体是根据解决办法而不是根据产品来查询的。在这个基础上，施华蔻研发出一套针对互联网的内容战略，并且使得网站流量比原来增长了 10 倍。公司现在的网页是按照生活时尚杂志的风格来设计的，从各个层面探讨美发主题：流行造型、发型设计、染发、护发、增发等都是重要的浏览主题。这些正是——这对 SEO 也非常重要——用户在查询时会输入的概念，也就是说，施华蔻在用顾客的语言说话。另外，网页上还有一系列解说视频。一位虚拟的产品咨询员会对服务项目进行补充，他会询问用户的需求，然后将对方引向适合的产品。通过轻松的处理方式，企业证明了自己在美发护发领域的坚实能力，并且目标精确地兑现了广告承诺：“专业为你美发护发”。

社区拥有不同的形式

社区到底是什么？先来查询一下维基百科：“online community（网络社区）是网络中组织的群体，社区里的人相互交流，有时在虚拟空间中进行互动。”而社区平台又是什么？“网络中的社区平台提供了基本的工具，比如电子邮件、论坛、聊天系统、即时消息、公告板或者是交换市场等，以此实现并组织成员之间的交流。使用的前提条件几乎都是注册为成员。”

社区有不同的类型，我们所关注的首先是品牌社区以及主题社区。

● 品牌社区想要赞美各个品牌所带来的生活感受。被该品牌或者是品牌旗下的某个产品吸引的人们聚集在这里。建立此类社区的主要目的在于，维系成员和品牌之间的关系并且把成员变成品牌大使。

● 主题社区是志同道合者的兴趣群体，他们在这里交流职场、业余爱好或者生活等方面的话题。“有所收获”在这里处于中心地位，这样的网站大多有着指导功能并会提供优化产品的可能。

这里又有两种可能性：

● 对你而言很有用处的社区、专业论坛和主题网站已经存在，这样你就可以在那里注册。

● 你最关心的主题还没有任何社区存在，这有了建立新社区的机会。

很多产业以及大量专业领域都有相关的主题论坛。在其中，人们寻找着信息或者和其他人一起讨论不同的课题，而不需要直接联系企业。供应商在这里最好能认真听一听，这样就能对潜在客户的愿望、要求有更多了解，并能就服务的改善或者产品的推出获得宝贵的认知。以妮维雅为例，企业通过网络中的信息不断了解到关于白色和黑色衣物的腋下部分容易留下汗渍的问题，然后就研发出针对黑白两色衣物的无渍防汗剂。这是这家身体护理产品制造商最为成功的一次新品发布。

怎样建立起自己的社区

建立全新的社区是一个越来越有吸引力的选择。为此，需要准备一个平台，以供感兴趣的人进行虚拟式会面。平台运营者在这里的首要任务是组织并主持成员们的交流沟通。企业首先必须学习的是：自己的角色重心在于回答问题，而不是以自我为中心去表现自己。在论坛和社区中，要尽可能不发自高自大的帖子，不然成员很快就跑光了。

通过正确的管理，社区可以降低对维护服务的需求。它能实现以顾客为导向的产品设计，也能支持额外的销售以及客户忠诚度，还能引发更多的口碑宣传。在国际美容网站 Sephora 上，积极的社区成员通过平台运营商 Lithium 的订购量是非成员的 2.5 倍，而广告转化率高出 25%，网站流量高出 40%。

> 一个支持性的社区能为企业节省客服资金。

“顾客帮助顾客”效应在大小适中的社区里基本上会自发形成，这就极大地减轻了企业的客服工作。奥地利最大的电信供应商 A1 做了统计，通过引进支持性社区，企业可以节省 25%的费用。其他的行业代表以及软硬件制造商也都有过类似的经历。不过，这需要一个临界量来让用户积极地参与进来。

通过小型的竞赛可以激励社区成员积极行动起来，把自己的诀窍和技巧公之于众，并提出自己的改良想法。这样，用户就可以借助经验老到的帖子建立起不错的声望。如果达到了规定的等级，那么这些积极的用户就会得到一个公开可见的特殊级别，这也包括了不同的特权。这里最重要的催化剂并不是金钱，而是关系到名声和荣誉：或者是因为有机会通过自己的知识来发光发热，又或者是因为觉得自己被需要并且能够让别人的生活更好。所以，仍然认为只有通过金钱才能动员人们按自己的想法去做事的管理者们，可以从这里学到很多东西。实际上，这里涉及的主要是归属感、被认可、被重视和团结精神，还有打发时间、获得乐趣、支持好的事情，并且偶尔赢取一些好东西。

在达沃斯世界经济论坛上，一位出版人问马克·扎克伯格，怎样才能让自己的大型出版集团建立起一个像Facebook那样强大的社区。扎克伯格回答说：这是你永远办不到的，也没人能够办到。因为，社区是无法被建造出来的，社区本来就存在。Facebook唯一的一个决定性成功因素就是：为一个已经存在的社群提供更好的组织机会。也许这听起来很被动。当然，在支持用户的交流机会、加强网络效应方面，Facebook极为活跃，比如，通过收购信息服务商WhatsApp来提供支持。其他商家则在寻找很多人聚在一起进行交流的地方，或者利用“死的”时间——也就是平台运营者迄今认为的、我们不是特别活跃的时候——来进行购物等活动。从这个思维出发，就产生了自动驾驶的苹果汽车和谷歌汽车等产品。

社区供应商是依赖网络效应存活的：有很多人的地方，很多人都会想去。因此，他们总是不断在寻找把人们紧密联系在一起的可能性。经典品牌耐克就利用它这个源自希腊神话中胜利女神的名字建立起“Nike+”这个平台，全世界的志同道合者都可以在这里交流他们的体育爱好。人们还能在这里进行虚拟的测试并展开真正的比赛。为了能让不同的体育项目可以相互对比，耐克甚至开发出自己的货币“Nike Fuel”，也就是燃油！所进行的体育运动会换算成积分，并以“Fuel”的形式显示在用户自己的资料页面上。通过这个方式，耐克将其他的许多活动都进行了数字化。该品牌走出的这一步让它猛冲到了领先地位，于是，耐克从一家曾经纯粹的运动用品制造商发展成为一个生活时尚集团。

另一个典型的例子就是奥地利品牌红牛。这家企业宣称自己生产的能量饮料能激活身体并鼓舞心灵，他们用独树一帜的方式连接起内容以及自己的社区。红牛媒体工作室在过去几年中开发出大量编辑性平台：像《红色公告》和《侧目》这样的杂志，以及电视台Servus TV、唱片公司Red Bull Records等。另外还有红牛特技飞行赛、X-Fighters花式摩托赛、山地车越野赛、菲利克斯·保加拿的平流层跳伞这样的极限运动项目以及一大批大众可以参加的活动。这就是红牛，尽管它为那些在道德上颇有争议并且出过数次死亡事件的特技运动提供了支持，但从平台思维方面来说，它大概是全欧最佳企业。

自家网页之外的社区

有的企业决定让自家的社区平台脱离企业的网页来运营，其中就包括博世。这家电器制造公司以“总会有人知道该怎么办”为口号，创建了1-2-do.com网站，在这里，喜欢在家里做手工活的人可以相互交流。更重要的目标是什么呢？是为这些“自己动手”爱好者建立一个数字化的家园，他们可以在这里参加竞赛、建立项目、展现他们的知识、推荐东西、和同好者交流诀窍和技巧、和他人分享自己的经历。这里当然也有关于博世工具的内容，不过它被包装得很优雅，广告以让人舒服的方式潜移默化地宣传。

比如，网站上会出现“征集25名产品测试者”的帖子：“亲爱的社区伙伴们，在9月，你们将又能够测试一个新的、实际上每一个手工爱好者都不能缺少的产品。因为小巧的激光远距离测量器Zambo让测量更添乐趣！Zambo拥有优良的性能和简便、顺手的单键操作。激光技术让Zambo实现了对线路和距离的精准测量。它能测出从起点位置后沿起20米以内的距离。借助‘保持功能’，它能存储上一个以及当前的测得值，从而让工作更加轻松。外壳配置巧妙设计的软握把，Zambo可以舒适安全地拿在手中。你们有没有搬家、改造、装修或者其他的精彩项目交给聪明的Zambo？那么请在9月26日之前通过下面的链接进入申请页面填写表格。苏珊娜祝大家开心又成功。”苏珊娜是该社区的成员，同时也是平台主持人中的一位。

这个帖子被评论86次，其中一位成员写道：“我有它的‘兄弟’PLR15型，非常棒而且很轻便。这款测量仪我要大力推荐!”这样的评论比起企业的自吹自擂要可信得多，这一点在本书中已经多次提到。论坛和社区为独立的推荐者扫平了道路，从他们中间可以轻而易举地招募到积极的成员来尽心尽力地测试新产品。可以这样说：“博世很想知道你们对新产品的看法：它好在哪里？在哪些方面还必须改进？博世的产品开发将直接受益于测试者们的体验和观察。”为了能让新品测试万无一失地进行，博世在一篇说明文章中一步一步解释了怎样做测试。

如果一件产品非常成功，那么就能利用测试者们惊喜的话语来建立可信的沟通。但是，如果一件产品失败了，并且在论坛以及其他地方受到了激烈的批评该怎么办？这样的失败能帮助供应商把可能的失误消灭在极早阶段，不可用的产品可以停产，以免造成更大的损失。

18

集客式营销：被顾客找到

在对外式营销（outbound-marketing）中，是企业主动走向客户。这种方式仅仅由于隐私保护的原因就已经在过去几年中变得越来越艰难。另外，越来越多的顾客在遭到未经允许的广告轰炸时会进行激烈的反抗。这也是理所当然的！

集客式营销（inbound-marketing）的基础是：被潜在的买家找到。这里涉及一个事先定义好的、大多数情况下是自动式的流程顺序。借助成熟的软件可以将潜在的客户首先培养成网页访客，然后成为有意向者，再然后是客户，最终成为推广者。针对每一个阶段都有相应的内容材料（见图 18－1）。

为了抵达下一个阶段，均需要运用一次“行动召唤”（call to action，CTA）。在这个环节中，大多会借助切换界面或者链接来呼吁用户做某一特定的事情，比如要求用户使用一个应用程序、前去付款或者往 Twitter 上传东西。转换的意思是：所期望的行动得以顺利达成。通过转换率可以对结果进行评测。

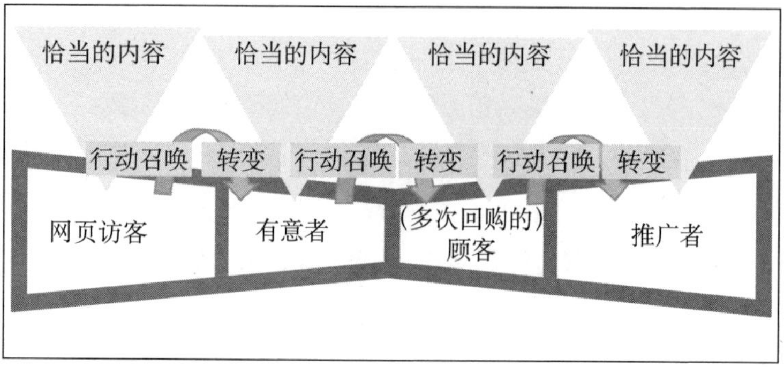

图 18－1　集客式营销的四个步骤

恰当的内容在各个阶段起着诱饵的作用。为了能得到这些内容，有意者就必须给出他们的联系资料。此时必须填写的东西首先要尽可能少，额外信息放在后面的步骤中再获取。因为如果一开始就必须填写太多非必要信息的话，用户会觉得挺费劲，可能就会迟疑，甚至中断不做了。

要进入想看的内容，通常需要先进行一次 Double-Opt-In（双重选择进入）。如果通过的话，用户会被邀请订阅电子报。通过这种方式可以比较简单且成本较低地得到用户的地址，然后将适合的资料寄给对方。这些地址会经过评估，并会通过电话进行再鉴定。在第一步中大多是评估性的电话，然后可以追加一个参加网络研讨会的邀请，而主动性的销售尝试则留到后面的步骤进行。在旧式销售中人们把这一过程称为“同意之路”，商家一路上获得多个小的“同意”，从而为最后的总结对话做准备。

在所提供的内容材料得到第一个“同意”之后，商家的一只脚就已经踏到门槛了。但是，只有当觉得这些内容听起来很吸引人的时候，人们才会自愿地给出自己的资料。不过，这样的做法可能也会吓退一部分感兴趣的人，因为他们害怕收到垃圾邮件。因此，对内容材料可靠性的信赖感就有着非常重要的意义。遗憾的是，人们收到的内容有时候很让人失望，又或者，它以伪装过的传单形式，用看似友善无害的样子蒙骗我们。被这些情况倒了胃口的人不会成为顾客，也不会成为拥护者。人们不会再容忍欺骗了。

如果一切进展顺利，那么还剩下一个问题：最后应该怎样测评成效。因为即便是内容营销也不能从头到尾只是投入，而必须要有所收获。为此，企业常常会运用在网络营销中很有名的指标数，这些数值可以借助网络分析工具或者通过对社交媒体进行统计而得出。不过，正如前文提到的那样，很多测量数值都是理论上的构想，它们对真实事件的测量是不完整的。即便是顾客在商家的内容世界中的旅程也只能作为参考而已，最终引发购买决定的并不是网络研讨会，而是某个好朋友的建议。

19

怎样应对用户生成内容？

与企业正式制造和传播的内容共生的还有用户生成内容（user-generated content，UGC），也就是由网络用户创建的内容。人们可以在公开的评论网站以及论坛和社交网络中找到这些内容。它是出于自我动机而生成的提供给大众使用的原创单品；也可以是用户对企业发布的内容所做出的反应，比如博客文章、视频、照片、设计草图、产品评论、评分。

> UGC 的机遇和风险均在于无法控制的病毒式传播。

用户常常是以极为风趣的语言和让人惊讶的专业性来完成这些工作的。不过，在网络中也有大量愚蠢的东西，有些还是错误、虚假的。机遇和风险都在于针对这些内容所展开的无法掌控的病毒化传播。在增进销量的好评潮与灾难性的恶评潮之间，一切皆有可能。

在这样的形势下，企业有四大核心任务：

- 关注生成的用户内容。
- 在有必要的情况下，要对用户内容做出反应。
- 推动并组织用户内容。
- 继续推广现有的合适内容。

首先聆听，然后发言！这一规则尤其适用于社交媒体。这意味着，首先要关注用户生成的内容，认真地倾听虚拟空间中的对话，尽可能迅速地捕捉大众的观点和意见。然后借助恰当的、非广告性质的内容以及敏锐的洞察力和人文情怀加入到讨论中去，所有积极的东西都要加以推进并给予大力支持。对于用户可能产生的疑难以及遇到问题的内容要迅速地、单独地去关心和处理。同时，用户还期待商家能在一两个小时之内做出反应。对说什么样的话要特别谨慎认真，因为在网络中的对话是公众都看得到的。

然后，还应该鼓励现有顾客讲述他们自己在线上和线下的经历（但愿都是好的经历）。最后还要积极从网络中搜寻关于自己以及自己产品的适当陈述，并系统性地予以传播。这样一来，企业就把粉丝变成了新客户的顾问。

网络内容监控

网络监控在任何时候都是最好的实时市场调查。我们终于可以在大家谈论我们时进行旁听了，也能阅读大家关于我们都写了些什么。而且，我们还可以即时做出反应。有这样一个故事，有人在 Twitter 上抱怨说："前台把整个旅馆最糟糕的房间给了我。"服务台人员看到了这条信息，立即联系到这名访客，把他安排到了更好的房间。这家旅馆绝对会被点赞。

就算是对那些出于种种原因仍然没能积极展开社交媒体营销的企业，网络监控也是必不可少的！请委任一名员工对网络进行持续关注。作为老板的你也要定下一个日常的仪式：每天仔细研究网络中搜索来的重要事件，就像研究商业信函和销售数据那样。

> 把对公司名称、产品名称和人名的网络监控自动化。

可以首先列出一张观察清单，写下从网络空间中了解的项目，其中包括公司的名称、产品名称、品牌、企业领导层的名字以及你想要跟进的重要内容项。通过 Google Alerts、Talkwalker Alerts、TweetBeep 以及很多其他的应用程序，可以针对制定的搜索概念免费获得每日提醒。更好的做法是，设置自动关注。对此，有诸如 Hootsuite、Socialmention 或者 Addictomatic 这样的免费工具，能让你花最少的时间对尽可能多的网页有一个概览，这样就几乎不会错过任何一次提及自家企业的事件。

专业人员会使用专门的监控软件，它们通过“网络爬虫”来检索网络并过滤出重要的信息。接着，所谓的 dashboard（仪表板）会密集处理大量数据，然后做成图表、图片和概览的形式供人使用。在这个过程中会调查出文章数量和被提及的次数，并确定转发的关键词，还会进行观点分级（正面的、反面的、中立的）。同时还能识别出网络意见的来源，并加以调控。这些源头是否有一个推动者，在正面的情况下是否能起到帮助，而在负面的情形下是否会带来危险，这些都会被记录下来。在进行数量分析的时候将调查出所观察的内容是出现在哪一种生活方式背景中的，继而可以从呈现出的趋势中建立诊断。另外，用户在帖子中提到的具体问题或者改善建议也被总结在内。请仔细分析所有找到的内容，思考一番：你可以从中学到什么，又该怎样运用到单个触点上去。因此，请对自己提出以下几个问题：

- 用户具体是怎么谈论我们的企业、产品、服务和品牌的？
- 这些表述会发生什么样的变化？
- 是否有性别、年龄、季节、地域或者国籍上的差异性？
- 特定结果引发什么样的反应？这一过程中有什么因素得到了大大的赞许？
- 哪里还需要改进？我们怎样利用网络中的建议帮助自己做出改进？
- 有没有具体的改进意见？怎样才能将它们付诸实践？
- 从大家对我们的竞争对手的评论中可以学到些什么？

请在此基础上做一个清晰明确的报告，把重要的结果概括进来。对那些赞扬的人表示感谢，但最重要的是去联络那些投诉的人，并尽快地平息他们的怒火！这项工作要尽可能针对个人去进行，因为文本模块和泛泛的回答会被一眼看穿。不管批评意见听上去有多么刺耳，请保持冷静、客观，不要争论。还要注意的是：不要放烟雾弹、不要文过饰非，只有事实才算数！

不管是什么样的批评意见，都要客观、礼貌地加以处理。如果找不到对方，那么就在任何可能的地方写一段恰当的评论，但请谨慎周到，不要升级事态、不要粗暴威胁、不要把律师扯进来！并且，如果有可能的话，不要在线否认。在网络中，针对一件事情的文本越多，就越能吸引搜索引擎，于是这个问题也就会排在更靠前的位置。而你要做的是传播大量正面的东西，把负面标题从靠前的位置上挤下来。

是不是对每一条用户内容都应该无一例外地做出回应呢？不，当然不是。有的内容直接搁在一边不予理睬会更好一点。尤其是长期性的捣乱分子——人们也称这些人为“网络小白”（troll）——你最好忽略他们。如果猎物不做反抗，狩猎的兴致往往也就快消失了。如果运气好的话，还会有正直的粉丝拔刀相助来驱散邪门歪道。

对于网上的负面说法到底是不是必须容忍？网络上流行的是言论自由，反映了个人观点的意见和涉及产品或服务的批评责难，即使是匿名发表的，原则上也都是被允许的。然而对于虚假说法或者是对某个具体的人的诋毁，则要采取不同行动。针对诽谤，可以采取法律手段，因为诽谤是刑事犯罪。另外，你还有权要求停止传播和删除这些文章。不过删除的作用是有限的，因为在删除之前已经有很多东西被传播开了。更何况还有网络时光机（wayback machine）的存在，它是包含了一切并可用于核查的网络档案。

怎样赢得良好的用户生成内容

怎样才能获得良好的用户生成内容呢？非常简单，邀请你的目标公众来制造它。其形式可以是摄影比赛、视频比赛或是故事比赛，主题越疯狂越好。比如美国马萨诸塞州的一家打印机维修公司曾经召集用户寄来视频，内容是：通过最有创意的方式摧毁打印机。这样一来，公司不仅得到了一大批疯狂的短片，还可以签下一系列新的维修合同。因为通过这个活动，公司成为整个地区的热门话题——而且不需要做广告。

你有博客吗？它能为你的顾客讲述自己和你的产品之间的经历提供一个非常好的平台。比如，在专业户外品牌 Patagonia 的博客上，顾客们讲述了带着装备在全世界各种激动人心的地方冒险的故事。如果涉及专业性质内容的收集，可以开展一次博客大阅兵，邀请有意思的人或者邀请广大公众来针对某个特定主题写文章，然后发表在你的博客中或者是与你的博客相链接。最后可以选出最佳作品集结成电子书，然后免费提供给网络社群。

另外，还可以请大家参与一次问卷调查。不过需要当心的是，在这个过程中一不小心就会踩到香蕉皮。三星 Facebook 官方账号在美国遭遇的一次事件就很有传奇色彩。该账号向粉丝提出了一个看似温良无害的问题："如果只允许携带一件电子设备前往一座孤岛，你会带上什么？"在 19 000 个回答者中，几乎所有人都选择了三星的竞争对手的产品 iPhone。而 2 500 次的转发和 46 000 次点赞则更加广泛地推动了传播。这表明，网络行为始终潜藏着风险，不过，必须综合考虑风险和机遇的比例。而机遇往往要远远要大于风险。为了有备无患，应该随时准备好应急计划。

如果要开发用户生成内容，必须做好主持工作，不然很容易出现收到低质量内容的情况。这不仅仅是指负面内容，也包括质量低劣、毫无增值作用、会对工作带来负面影响的文章。通过以下方法，可以进行弥补纠正：

- 原则上，要找到的是高质量的内容，要想办法吸引高水准公众，排除水平较低的人。每个人都想得到好处，但没人愿意丢脸。

- 把网络礼仪发布在显眼的位置，制定好在你的内容平台上的行为规则。对不适合的或者不干净的广告内容及时删除以示警告，并且要始终做到言出必行。

- 提出巧妙的问题是导向正确方向的重要方法。如果要号召大家制造内容产品，就应该提出具体的问题，让用户能够构建自己的文章。

- 把提交上来的内容交给其他用户，通过给出星号来进行评分。在得分最高的文章中进行抽奖，列出得分排名，并且给予奖励，或者颁给他们等级积分和徽章。有的人会为了荣誉和声望做很多事情。

同时也要兼顾趣味性和意义。对很多人来说，能让他们融入一个社群、能帮助他人或者能让世界变得更好一点的文章是很重要的，请恰当地强调这一观点。

为什么顾客评论越来越宝贵

内容营销的一个重要目标就是：制造转换率，从而产生营业额。最直接的办法就是借助测评、评论和体验报告，也就是极其满意的顾客给出的品评。为什么呢？因为在这种情况下不是供应商自卖自夸，而是第三方在进行评论。企业应该有针对性地从顾客那里尽可能多地获取体验报告，并在自己的网络中展示给更多人。所有的研究调查都表明，如果有其他消费者对某个东西给出好的评价，它被放进购物车里的机会就更大。

一项尼尔森调查显示，德国人最信赖的首先是个人的推荐，得票率 78%；第二受信赖的则是网络中的消费者意见，得票率 62%；

受信赖排名第三、得票率61%的是媒体文章；网页的内容则以50%的得票率名列第四，其他所有形式的广告则被远远甩在后面。

Big Social Media、博世、西门子家用电器（BSH）、国际BWL教研室以及亚琛HTW电子商务在2014年针对产品评论对销售行为的影响做了一项调查，结果显示：

● 72%的受访者信任网络社区的评论。

● 75%的人在前往商店购物前会先在网上寻找信息。

● 拥有良好评价的产品比没有评价的产品好卖一倍。

● 良好的评论平均能让销售上涨30%。

● 拥有50条以上评价的产品，销售量能增加63%。

● 得到四星半评价的产品的销售量比评分一律为五星的产品多三倍。

对最后一条的解释是：将近1/3的买家认为，如果没有一个顾客有任何不满的话，那么这中间就极可能有虚假评论。而超过2/3的受访者对既有正面也有少数负面意见的情况更加信赖。另外，该项调查的研究者强烈建议：对评论要及时做出反应，这能把购买的可能性提升186%。

有针对性地向客户征询体验报告的商家，可从以下五个方面获益：

● 顾客的购买意愿上升，因为人们喜欢被他人征求意见，通过这一行动也能建立起团结。

● 商家能直接获得意见。这样就能迅速发现不足，迅速予以解决。于是，批评者就变成了拯救者。

● 营业额增长。拥有良好评价的产品明显卖得比较快，而没有评论的产品则根本卖不出去。

- 在测试和研发过程中，顾客往往是免费的创意库。聪明的公司早就开始利用这一点了。
- 最后，在网络中受到的表扬可以作为“原始发声”加在你的广告和广告页面中去。顾客成了你的辩护人和购买刺激者。

敏锐的商家早就开始在专业机构的帮助下，把从网上找到的针对自己产品的很有说服力的评论系统性地放置在自己的网页上呈现给公众。适合的描述说明也可以直接链接到网上商店中，并把相应的产品附在旁边。

“带有评论的产品之所以转化率较高，是因为消费者在通过评论获得了信息的同时，也得到一种‘购买行动很正确’的感觉”，法国建材连锁企业 Castorama 的电子营销经理帕特里西亚·德尔霍姆证实道。比如，从 2011 年 11 月到 2012 年 1 月，看过评论的人的转化率比没看评论的人要高出 233%。Castorama 通过各种方法来激励顾客写评论，如果有顾客在 Castorama 的 Facebook 页面上提到某个产品，评论就会自动显示在该连锁店的电子商务网页上。

虚假评论的危险性在上升

> 最高规则是：评论不能自己撰写也不能购买得来。

评论只应该是真实的体验报告，这是不言而喻的。永远都不要为自己的产品写赞歌，也不要去购买评论，更好的做法是研发出相关机制来证明被评论的产品确实是顾客自行购买的。比如亚马逊就提出了购买验证的做法——在某个汽车生产商那里，必须提供车架号来证明。也不要为评论提供奖金，这很容易引发骗购。即使是对抽奖游戏，我也抱着批判态度，因为很多消费者认为只有给出好评论的人才能入围抽奖。

遗憾的是，在过去的一段时间里，帮助商家购买粉丝、评级和评论的产业在蓬勃发展。有的完全是刻意为之，有的则出于事态紧急——比如，被不现实的指标压得喘不过气的产品经理，又或者是想要夸耀粉丝数量的老板。又比如，某家旅馆被竞争对手通过虚假的负面评论把自己的评论统计弄得一团糟。然而，大多数伪造的评论迟早都会被揭发，届时美梦就变成了噩梦。因为如今专业的供应商和优秀的评论平台已经能够借助算法和额外的操作探查出真相。比如在消费者网站 Yelp 上，明显造假的以及付费的评论会通过“消费者警告”公示出来。其他的门户则对那些以虚假评论为业务模式的组织、在网上投放虚假评论的写手采取法律手段。企业不应该把精力浪费在要手段上面，而是应该让自己变得有推荐价值。虚假的东西无论如何都会被警惕的消费者发现，因为这些陈述听上去总有那么一些“不一样”，或者是因为没有写出具体体验，又或者是因为所使用的文字和广告海报上的字眼是一样的。另外，在媒体上还时常会看到各种诈骗案例，相关涉案者还会被大快人心地公布出来。很久之前就有传言说，有的商家大批量地赠送自己的产品，只为了能获得正面的产品评论。然而语焉不详的称赞（比如“好吃”等）是不能给有意者带来多少帮助的。

“如果评论逐渐朝‘受人所托’的方向转变，它们总有一天会变得对消费者而言无足轻重，而用户在购买时会更多采用离线方式听取朋友们的意见”，口碑宣传专家马克·莱纳曼说道。另外，除了积极的声音之外，如果能出现几个负面的意见也是完全有好处的。请想一想：如果你正在计划一次旅行，并在目的地找到了两个吸引你的旅馆。一家有 9 条好评、1 条差评，而另一家没有评论。那么你会预订哪家呢？“很多消费者寻找负面评价的目的并不在于避免消费，而是为了在购买之前进行确认，并且更好地区分识别现有好评”，莱纳曼补充道。这里适用的是拳头原则：10％的消极评论是可以容忍的，大多不会造成影响。

不重视这些，就难以遏制付费评论的洪流。而害群之马的行为则会造成实质的危害：本来有良好初衷的排名与评论机制将背负恶名，从而毁于一旦。信誉良好的平台运营者面对着一大任务，就是建立起稳固的安全体系。不过，最有效的办法是 Google 做一次大更新大调整，对虚假评论系统性地进行惩处。

为什么负面内容也可以变得宝贵

网络评价是免费的企业咨询。企业借此可以证实自己正朝着正确的方向走，或者是得到了宝贵的经验教训，从而有机会来发现弱点、改正错误、做出创新、挽回迟疑中的顾客、避免负面口碑、预防客户流失并且维持良好的声誉等。因为如果有一个顾客产生不满，那么同样的问题也可能正困扰着其他顾客，所以，专家们把网络中的批评意见看作改进自身的机会。只有糟糕的供应商才会觉得它们是麻烦。

在 Castorama 公司，当很多顾客都对淋浴套装 Equinox 提出批评之后，负责经理就和生产商一起为该产品研究出了一个新的版本，然后把这个新产品免费寄给了投诉过的顾客。这些顾客中的大多数人在获得这项服务之后为新版产品给出了积极的评价，这又对销售产生了显著的影响。

时装公司 Ulla Popken 从网上发现顾客对某款裤子的扣子有所不满。在换过新的扣子之后，评论都变成了正面的。果酱生产商 Darbo 曾经在网上收到差评，随后 Darbo 根据用户的建议做出了相应的改进，获得了成功，通过消费者改进的产品被 cash. at 网站评选为“年度最佳产品”。

就这样，负面的评价最终也展现了它好的一面。因此，对网店经营者来说，起码要完善评论系统，除了能从负面评价中吸取经验教训、从正面声音中得到销售增长以外，还能借此改善搜索引擎排名。用户生成内容所提供的东西，即时效性和独一无二性，恰恰是搜索引擎会给予回报的。每一个新的体验报告都能让你的页面在搜索引擎的目录中得到更新。

为此，要尽可能地让顾客更简单方便地对所有产品进行评论。请建立一个星号体系，把文字框的链接直接放在产品旁边。为顾客提出怎样写出合格评论的建议，并提醒顾客进行评估。最好的做法是在两周之后自动进行提醒，因为届时顾客对订购的物品就已经有了初步体验。当你邀请用户提交评论时，可以用“现在提交推荐”按钮来代替“现在提交评论”按钮。前者听上去更积极一些，也会带来更积极的结果。同时还应提示顾客热线电话的存在，这样可以让无奈的顾客拨打热线电话解决自己的烦恼，而不是只能借助评论来公之于众。

这里再提一个和有没有网店完全没有关系的建议：负面的体验报告是可以阻止并能得到正面收获的，办法就是置入一个提示："亲爱的顾客，您的满意是我们的愿望。如果我们让您失望了，请马上告诉我们。我们会立刻想办法。而如果您非常满意，那么请您把您的感受写进评论网站中去。"

内容经理也可以关注用户生成内容。而数字土著们期待的恰恰是企业的网络行动能够专业化，创造性、沟通天赋、细腻感知以及迅速快捷都是非常受欢迎的。因为网络的速度是非常快的，好的和坏的内容在那里就像野火一般会迅速传播。商家永远无法确定自己传出去的球会怎样被数字空间接纳并继续传递下去，在这样的形势下，想要按照行政手续办事、长时间地协调意见然后等待上级的决策就变得不可能了。因此，一名内容经理需要对所有内部领域拥有不受限的即时访问权，也需要有采取行动的自由空间。

20

员工成为内容制造者

“在我们客户服务部门工作的都是些不中用的人。”“在上一次的黑客攻击中，我们的大部分资料被销毁。”“领导们的脑子里反正只有他们的分红。”“如果继续这样下去，我们马上就要倒闭了。”在火车的大车厢里，每一个公司职员的声音都是公开化的。不仅如此，现在，只要愿意，向大众发声前所未有地简单。我们可以在数字沟通工具中广泛地看到听到，不管是好是坏都能得到爆炸式的传播。有越多的数字土著渗入到企业中，这一效果就会越强烈。这既是诅咒也是祝福。

从前在大多数企业中都存在着“one-voice-policy”（一个声音政策），由企业发言人来负责公布有关内部事务的信息，而勤奋的宣传部门则小心谨慎地监视着，是否每一个字都正确一致。今天，每一个员工都能摇身一变成为“新闻发言人”，只要他在网络中对雇主的私密事务加以报道。外人现在也可以了解到在企业围墙里面真正发生的是什么样的事情，而且可以很方便地在雇主评论网站上研究一下评论意见。或者也可以随时跟踪那些在 wiwitreff.de 这一类网页上向社区同好提出这些问题的人："你们那儿的领导是怎样对待员工的?"或者"在熟悉业务阶段，你们都有哪些体验?"极有可能会有内部人员或者曾经的员工给出适合的回答。而自己的员工会在数字空间里吐露些什么，这是企业完全无法掌控的。

因此，上文中所描述的网络监控也一定要扩大到员工生成内容（employee-generated content）范围。对员工在社交媒体、交流论坛和评论网站上的发言进行跟进，这将让领导层了解到：哪些信息正在私底下悄悄地传播，什么事情备受关注，亮点在什么地方而哪些弱点应该马上处理。即使在 YouTube 上也满是失望的员工悄悄在办公室里录制或者是场景重现的视频短片，他们通过这种方式来公开不良现状以及错误的行为。

要把网络监控扩展到员工生成内容上去。

在积极的情况下，每一个员工都可以变成企业事务的信息使者和舆论引导人，他们将作为"企业的传教者"，在一切有可能的地方让企业品牌更强大，而他们的可信度要大于任何一个官方公告。通过搜索网络，可以找到那些已经开始主动完成这些工作的员工，他们比那些需要强迫才会有所行动的员工更能为内容营销提供支持。

怎样让员工积极参与内容营销

在现代的网页上进行对话的不仅仅只有企业和顾客，企业的员工也同样在发言。他们可以撰写专业文章、使用者记录和博客文章，也可以参与问题的讨论和解答。请立刻从主页开始入手，让员工自己讲述如何处理顾客的特殊要求；为新的应聘者介绍应聘岗位工作内容的不应该只有人力部门，还要有各个岗位上的员工；解释包装流程以及供应链的不应该是网页写手，而是发货部门的专业人员；日常工作中的趣事不应经由宣传部门，而应通过实习生博客来讲述。

如果在社交网络中有人对某个机器的功能提出问题，可以由设计团队在评论框里给出适合的信息。如果涉及加工流程，可以通过视频让一名工人直接在装配线上讲述每一个步骤，让另一名工人对工业机器人的运作做出详细说明。如果有人想知道某个产品的化学构成，那么就让实验室人员发言。无须担心，用网络通用语言进行表达的能力是年轻人的自带技能。而对于其他想要参与的人，可以让内容经理传授必要的知识。为怎样写好文章或者怎样录制说明视频做一份小指南手册，也是非常有帮助的。

员工的直接参与能带来很多优势，这将加强重视、增强动力、提高积极性并激发热情和忠诚，即使对那些不太积极的员工也是如此。被允许为自己的公司正式发言的人，是不会背地里搞破坏的。当自己的员工能被看到、被听到，这就赋予了一个企业属于自己的人格，同时还很有清新感和真实性。每一个机构组织里都有能让我们微笑、让我们惊奇的原始一面，它比任何宣传画册都更能诉说一个企业的精神，它让企业显得更开放、更友好、更人性化也更值得信赖。这不仅仅能增强在公众中以及潜在客户中的声誉，还将提高雇主品牌（employer brand）的价值。于是全世界都将发现：曾经无名无姓的、官方公告总像消过毒似的公司体系如今变成了有血有肉的、实实在在的人性化公司形象，并且能与顾客非常理想地进行沟通。这是好现象。因为购买行为是发生在人与人之间的，而不是人与企业之间。

怎样避免来自员工的流言蜚语

让自己的员工在公开场合特别是在网络中有正确的言行，这是企业的正当权益。因此，社交媒体守则就必不可少，它们大多是以企业社交媒体方针的形式制订而成的。规章制度可以说是行为准则和防护栏，它们为作为企业代表的员工和管理者在网络中的行为做出了说明。

如果一个企业已经有了这样的准则，它又是怎样制订出来的呢？通常是从上而下式的：不问常理、不切实际地想出或者剽窃一些东西，然后把它作为最终方案发送给员工。这样一来，失败也就是无可避免的了。因为社交媒体守则应该针对每个企业的特点来具体制订。更好的做法是让员工共同来制订这些准则。不要担心，他们制订出来的准则一定会符合公司利益，而且这些准则将被更有创造性地实施下去，在员工圈子里的接受程度最终也会更高。

“少即是多”的原则也适用于社交媒体准则的制订。想要全面覆盖一切可能出现的情况是很没必要的，我所知道的最简单的规则其实就已经揭示了一切："Don't be stupid!"（别做傻事）。而一个常用的三句话原则是："内部批评可以，但要维持在内部。秘密要始终保密。私下的意见则私下保留。"如果害怕有人泄密，则可以说："我们对外公布的一切也可以在社交媒体中进行讨论。"另外还有一个很有用的原则："矛盾是无法在网络中解决的。"

有一点始终都很重要：社交媒体守则不应该仅仅着眼于禁令以及网络表述所带来的负面影响。与一般的观点正相反，在数字空间中倾诉的大多数事情都是积极的。为什么会这样？网络就像一个真实的市集，其重点在于"看和被看"，因而人们想要展示自己最好的一面。而对于不太熟悉或者完全不认识的人，人们会像在现实生活中那样想给对方留下好的印象。谁又愿意被外人看成是喜欢发牢骚的人呢？

诚然，网络对某些人而言成了一个公开的忏悔室，但向人展示自己美好的一面总是更好一些。既然积极面占主导地位，那么就应该把这一点运用到员工管理上来。如果想让员工作为企业的使者行动起来，就请非常具体地写出来："如果你们想在社交网络中作为品牌大使行动起来，公司对此明确表示欢迎。"重要的是要让员工弄清楚：什么时候以公司的名义、什么时候以自己的名义采取行动。

21

沟通：胜利者抑或失败者的语言？

你是否也有过非常可怕的顾客，他们行为极其无理，给所有人制造无尽的麻烦？你的销售人员是否都很无能，并且天天都在大办公室里斗来斗去？在你那儿的公告板上挂着哪些“有趣”的关于“尖酸的顾客”或者“无耻的老板”的言语？有的客服人员总是在说顾客是“神经病”。在政府部门我们被叫作“申请提交人”；在医院里医生对“肺部”或者“肾脏”动手术；对铁路局来说我们是“运输对象”；对能源供应商而言我们是“交货点”；而对于保险公司来说，我们是“寿险”；航空公司管我们叫“乘客”。在酒店和餐馆里我们是有编号的客人，“13 号桌一份烤猪蹄和两份炸猪排”是那里的语言；“谁的猪蹄？”服务员送餐的时候会这么问，也真的有人会回答“我的”。当一车的老年顾客走进旅途中的餐馆时，服务员私底下说这是“打开了骨灰坛子”。

我曾在一家企业里工作过，在那里，大家对让人不快的员工是“允许反击”的。在一家餐饮店里，管理人员把临时工称作“雇佣兵”，却还在奇怪为什么对方的积极性不够高。一位部门负责人对我说：他的上司在会议上曾经把与会的管理层称为“不长眼睛的蠕虫”。在某个企业里，人们把挂着管理人员照片、写有标语口号的柱子叫作“谎言树”。分厂、分公司把总部称为“死星”。在很多公司里，员工仍然被叫作“下属”。然而，今天谁还会自愿成为“底下”的“从属”呢？把员工称为“贡献业绩者”是无视了他们人性化的一面，而“上级”这个不恰当的字眼也应该最终去除。另外，我也支持把“人力资源”部门更名为“人际关系”部门的建议，因为员工不是用于达成目的的伪手段、资料，而是需要与之建立关系、培养关系、维系关系的大活人。

在你的企业里是否也有太过随意的情形呢？是否有些习惯很糟糕，有的玩笑很过分？那么你就急需做一次“语言大扫除”！因为人们在企业内部是如何相处的，他们就会在外面用同样的方式与顾客相处。创造一个有益沟通的环境也意味着要注意言辞，员工是否能够在一段客户关系中看到积极的一面，这与企业内部盛行的语言风格有着极大的关系。如果管理层总是把不成功的原因归咎为市场虚弱、需求转移、对手太狡猾又或者是其他部门的表现糟糕，那么员工很快就会有样学样地推卸责任。如果员工常常听到难缠顾客的消极故事，这会改变他们自己的态度。于是，顾客最后就被“妖魔化”了。当我在一个交流研讨会上要求与会者们画出顾客的样子时，产生了不少怪物形象。

没错，语言揭露出思想，也影响着行为。企业把顾客称为什么，它们偏偏就会得到这样的顾客，因为这是受企业自身的行为所影响的。因此，请系统性地检查一次整个机构中的语言质量，尤其是在过道里、吸烟区和茶水间里，去除一切让人反感的东西。财务管控的工作是管控，然而管控本身并不让人觉得特别舒服。产品经理负责产品，办事人员办事，销售部则负责销售。接待处接待访客，但访客在登记时得到的却是像申请者一样的对待，在那里会有人告诉他们“您可以先填写申请表”，或者“您可以先坐一坐”。“可以”这个词在这样的语境中带有贬低的意味。而一个被要求“必须”怎么做或者“可以”怎么做的顾客，是不愿意再次登门的。

美好的字句有如宝石

长有杂草的地方，生不出美丽的植株，而不修边幅的字句也是一样。当你将它们从企业内部铲除之后，就轮到对外的交流了。请和你的员工一起完成以下几件工作：

● 在我们的口头交流中，也就是在电话中以及在现场，哪些地方还存在着消极的或者对顾客来说很难理解的字句？我们怎样才能把它们转变成一种积极、易懂、对顾客友好的语言？

● 在我们的书面沟通中，也就是信件、电子邮件、投标书、产品副刊和广告文案等，哪些地方还存在着消极的或是让顾客很难理解的字句？我们怎样才能把它们转变成一种积极、易懂、对顾客友好的语言？

企业塞给顾客的很多文案真的能让人看得眼睛疼。它们不是在极度耗费我们的耐心，就是完全含混不清。只要想一想那些一直被大家质疑的典型例子就明白了：使用说明书、宣传单、包装上的小号字体部分、没完没了的可怕表格、试图进行解释的信件。所有这些东西都必须变得清楚明白，因为不能被我们理解的东西，我们也就不会购买。惯常的官僚式语言也要去除，它显得麻木僵化。对于听上去比较轻松愉快的东西，我们不仅会敞开自己的心扉，同样也会敞开自己的腰包。所以，请培养出成功者的语言。

对此，瑞士营销培训师维吉尔·施密特在《轻松营销》一书中给出了两个非常好的例子。利用旧的卡车篷布来制作挎包的弗莱塔克公司在客人订购商品之后会发送以下信息："我们将调动一切力量，以便能在最短的时间内让迷人的送货员按响你的门铃，亲自为你送上'弗莱塔克'用品。我们今天会因为你的订购而一直欢庆到深夜，并为你的选择至少干杯 17 次……"

一款坏掉的、即将"退休"的咖啡机给它的主人"写"了一段话："提笔给您写这封信让我很为难。第一，因为我没有手；第二，因为我们已经成功共事了这么长的时间。多年来，我带着热情烹饪咖啡，为您和其他人带来享受。而今天，已经到了我想要退休的时候了。请不要误解我的意思：我为我的工作而生，但我只是觉得，我在这里的任务已经完成。然而，每一次结束都是一次新的开始。因此，在我的继任者问题上，我为您争取到了一个非常不错的合约……"

在网络上也能找到很多成功沟通的好例子。在德国铁路局的 Facebook 页面上，一位来自勃兰登堡的年轻女性写出了心里的沮丧无奈，并且是以分手信的形式讲述的，内容如下："亲爱的德国铁路局，多年来我们一直维持着一种冒险式的关系。我们曾一起走过低谷，那时的你限制多多、控制欲强，而且时不时就会出人意料地把我晾在车站长达数小时，原因不过是你不太舒服。而现在，你不做任何通知就让我在严寒之中等待 45 分钟，然后再也不冒头，这就真的太过分了。……我身边需要的是一个可靠的人，不是只想要我钱的人，而且他要很愿意满足我的需求。而我结识了一个人，他叫'欧宝'，他随时都能为我伸出援手。”铁路局随即就做出了反应，几分钟之后，其 Facebook 网页团队的一名叫麦克的员工写了回信：“你好，我最亲爱的弗兰茜，我真抱歉。我知道，我在过去做了很多错事，而且并不是每次见面我都能准时到场。对此，我想对你表示深深的愧疚歉意。……你能不能再给我一次机会，让我告诉你，你对我有多么重要。”而后欧宝公司也加入了这场对话。这个帖子被点赞数千次，评论量也有数百。而德国铁路局肯定为自己积攒了不少好感分。

选择正确的用词甚至能在会计部门创造小小的奇迹。比如，Schnindlerhof 酒店寄催款信时首先会这么写：“嘘！到现在为止，除了我还没有任何人知道这件事。我在我的数据库里发现了一个备注，说您还有几笔账单没有支付。如果我在 10 天之内仍然没有收到款项的话，很遗憾，我必须向我们的会计告发您。而这一定是您不希望的。Schindlerhof 财务电脑向您致以敬意。”

每一个字都有感情色彩，我们应该把这一点好好利用在交流沟通中。而字母和数字的大杂拌却是没有能力维系情感的。在德国工程设计传统中，西门子咖啡机的名字有：EQ. 5、EQ. 6、EQ. 7、EQ. 8 和 EQ. 9，这听上去让人容易联想到发电机而不是咖啡。而 Saeco 公司的全自动咖啡机则名叫“阿凡提”，De'Longhi 的全自动款咖啡机叫“第一夫人”，这一下子就能引发一连串的想象。

精心挑选出来的字句是什么样的，而它们能造成什么样的影响，英国内容专家 Purplefeather 的一个视频中有完整呈现。一个乞丐坐在路边，身旁是一个字牌：“我是盲人，请帮帮我。”路人只扔给他为数不多的硬币。然后走过来一名年轻女子，她把牌子翻了过来，写下了几句话，乞讨用的铁罐子很快就满了。当这名女子在之后的某天再次来到盲人身边时，他问她：“您在我的牌子上做了什么？”她回答说：“我写了同样的内容，只不过用了不一样的字句。”镜头转向字牌，上面写着：天色真好，而我欣赏不了。

是的，真正的专家把他的信息包裹在语言画面里、精挑细选出来的事例中、丰富多样的轶事和巧妙的比喻中，因为这会让我们的大脑愉悦。因此，我把鲨鱼的语言称为失败者的词汇，海豚的则是成功者的语言。前者没有启发性却有摧毁力，而后者是充满智慧、硕果累累并极具创造力的。即使并不是所有关于鲨鱼的传说都正确，但带来的影响才是关键。我曾经和鲨鱼也和海豚一起潜过水，我可以肯定地告诉大家：和海豚在一起要明显感觉舒服很多。

持续不断地训练你的语言风格

字句就像箭，一旦开弓，就无法回头。它们能一语中的，有时却也会完全射偏。它们也许会像耳光一样伤人，这时，我们周围的人通常的反应就是：自卫、还击、退后或者保持距离。

禁令标牌常常也有着相似的效果，有时只需要一点细微差别就能让表述完全反转。你觉得下面的表达哪种更优雅？是“在活动期间请关掉手机”，还是“请在活动结束后再重新打开您的手机”。前不久我在某个旅游区看到了“禁止停车”的升级版本：“不遵守规定会遭到起诉”。这完全没有任何好客的意味。而抱怨式的“禁止踩踏草地”其实可以这样措辞：“嘘！花草种子正在这里睡觉，请不要踩到我们。”某个工坊在他们的提醒邮件中不会强行说要上门服务，而是这么写：“您的汽车在问，它什么时候可以再到我们这里来。”这样就可以用字句带来一笑，有时甚至还能在销售额方面制造惊喜。

“语言是思想的衣装”，英国作家塞缪尔·约翰逊如是说。请坚持不断地检查并改善自己的语言风格，找出不适用的概念并在会议上和大家一起想出更好的替代品——这应该是大家共同面对的事。系统性地用积极的概念替换掉消极的，比如，在传统企业中常常把改进办法专用箱叫“投诉信箱”，而“企业食堂”在很多地方依然存在。这两个词其实都能说得更有建设性一点，因为悲观让人麻痹，而乐观则鼓舞人心，我们的头脑也同样更喜欢生活中那些令人舒服愉快的东西。

沟通中的天使与顽童

我们每个人都能说出几个关于糟糕的言辞搞坏自己心情的故事，我也同样有很多可说的。有这么一件事：某天我打算买一本日历，当时是 1 月份。售货员颇有指责意味地说：“您来得也太迟了。肯定没有合适的了。”他伸手一拿正好是我想要的款式。他却没有为我高兴，而是强调说：“我这里只有这一本了。您来得太晚了。”

情况完全可以是另外一个样子。以下是约翰尼的故事。他是某家美国超市的打包员，患有唐氏综合征。当所有人都在研究怎样为顾客带来惊喜的时候，他有了一个主意：从互联网上找出最美好的格言，把它们打印出来，然后签上自己的名字，结账时他悄悄把这些纸条放在顾客的购物袋底部。从第二天开始，约翰尼所在的收银台前的等候队伍就开始变得越来越长，从前只是偶尔来买东西的人如今却变成天天光顾了。

而德国的收银台却远远不是这么友好。有一次我在商店快关门时去结账，收银员说："您是我今天的最后一桩糟心事。"还有一次，在我购买了上百欧元的东西后，我鼓励她可以说声谢谢。而我得到的回答是："谢谢？这在我们的销售票据上写着呢。瞧！感谢您的购物。"

为了避免出现过多错误，有的公司安排了"神秘顾客"，让第三方通过购物测试来监视服务规章有没有被遵守。不过，对这样的方式要三思而行，因为种下怀疑的种子也就会收获不信任的果实。"您知道吗，我们在这里必须表现友好，因为有人在暗中监视我们"，有一位销售员曾经这样对我说。因为每一个顾客都可能是监视者，于是他们也就被当作监视者来对待：服务人员带着做作的友好态度，眼中却流露出惧怕感。而在另一个例子中，商家把顾客变成了监督人员，在他们的购物单据上大大地印着："请您只支付单据上打印的金额。"于是大家就会想：在这里收银的难不成都是小偷吗！

有的时候，"天使"和"顽童"会一起蹲守在同一间公司。有一次，在过完圣诞假期返程的飞机上，座位坐得满满当当；我们的乘务长并没有使用标准开场白，而是对大家说："我衷心欢迎你们乘坐本机，并且非常高兴来了这么多人。"着陆的时候，他唤醒大家，说："太好了，你们大家全都还在。"我觉得这很值得称赞，于是想给该公司写信。在网页上有各种各样的表格，当然也有针对投诉的，但对于表扬却没有任何入口（真可惜，在这方面本来可以做很多工作的）。于是我就找到负责一般事务的邮箱地址写信过去，完全没收到任何回音。于是，我填写了一张投诉表格，说我的邮件得不到回答。又没有任何动静。当我把这件事写到我的 Facebook 上之后，终于有一位营销负责人出声了，原来是有人看到了这些文字并通知了 CEO。

再说说另一家航空公司，这一次是关于我的长期飞行客户会员卡。这张卡不知为何被搞丢了，想打电话联络公司完全无济于事。对方只是简单地说："请您访问我们的网页并填写表格。"还能怎么办呢，于是我就去上网填表了。在过了 4 个星期之后，我收到了一封电子邮件回复，当我回复了这封邮件之后，又接到了一封自动回复邮件："我们无法通过这个方式回答您的问题。请您访问×××地址中'帮助'一栏下面的'邮件联系'中的'邮件'一栏。"这样来回往复了一共三次，浪费了不少时间，还有一系列的手续——这真是上个世纪的老官僚做派。

然而这样的情况绝对不是个别现象。*Teletalk* 杂志不久前做了一项调查，给不同的服务机构邮寄了信件，说潜在的顾客对某个产品非常感兴趣，并且明确表露出了购买意向。在总共 50 家受试企业中，有 7 家在一周之内做出了回应，11 家又过了一周才给出答复。也就是在测试开始之后的两周内，总共才得到了 18 个答复。在网络商家能于一天之内做出答复的时代——他们甚至已经在着手当天发货测试了——这样的测试结果真是令人震惊。而在向同样的 50 家机构发电子邮件问询后，两周内得到了 45 个答复，平均反应时间为 29 小时。这也是不够好的。

在 *Teletalk* 用相同模式做的第二个测试中，给 50 家旅游产业的供应商（旅游经营商、旅行社、租车服务商、酒店）邮寄了信件。有 18 家企业在 14 天之内给出了答复，一周之后又有 14 家企业做出了回答，其余的 18 家则完全没有任何回复。而对电子邮件，50 家机构中有 43 家在两周之内做出回复，而有 7 家完全不予回答。如果再想想该行业的企业经常怨声载道地说市场不景气，我实在无言以对。

情况也有不同的。在为本书做前期调查的时候，我向凯捷公司提了一个问题，问题是通过其网上表格提交的。不到两个小时我就收到了回复。“哇，这么快，而且今天还是星期六呢!”我写道。“因为问题也是在星期六提出来的嘛!”沟通部门负责人阿希姆·史莱博这样回答我。对极了！这才是“永远在线”式经济中的服务。

关于好的与糟糕的服务沟通

遗憾的是，回避与客户联络的战略在很多企业中都非常受欢迎。在那些企业中，网络上自助式的服务项目和自动化的书信往来只有一个目的：节约资金。而与此同时，在已经饱和的市场中，什么都不如客户联络更可贵。自助服务（在线订购、查询交货状态、解除合同等）当然也是很棒的，但这只是在能让客户的生活更轻松、更安全和更简单的情况下才可行。顾客很难联系上的商家，很快就会被列入黑名单。因此，所有合乎时代的沟通途径都必须提供给客户，并且要被很好地运用起来。即使是老式的传真机（16 岁的扬正询问 Siri："什么是传真机？"）也仍然在销售中扮演着重要的角色，特别是当邮局搞罢工的时候，它的作用就体现出来了。只有电传机这种用来传递文字消息的系统可以完全撤下去了，而老式的电报机已经改头换面成为 Telegram 软件。

正确的目标并不是要避免联络接触，而是要避免无意义的重复联络。在理想的情况下，所有的流程和应用都要畅通无阻，问题性的薄弱点只是例外现象。举例来说，订购过程中的菜单选择要能简便顺手，或者，产品配备的使用说明在顾客看来是清楚明白的。可用性是这里的关键词，为了能达到这样一个状态，服务领域的员工会是非常可贵的帮手。他们天天都在与求助的顾客打交道，像是能提前预警大地震的地动仪。"我们的顾客今天有什么样的问题，他们为了什么求助多次？"这应该是电话中心的一个定期议题。这样就能顺利地发现不良状况，并且能尽快解决问题。

然而，谁又会对此感兴趣呢？开发部门无法相信也不愿相信自己的新产品完全是个失败品，他们并不关心那些低薪水的员工正在因为失败的产品被顾客呵斥责骂。而当顾客因为商家错误的承诺而向服务中心宣泄怒火时，被季度任务压迫着的销售部门只会对此耸耸肩膀而已。留在第一线的那一个总是遭殃。而 IT 部门已经不堪重负了，他们完全不关心网络表格的某个愚蠢可笑的运行错误，最快要在 3 个月之后他们才能抽出空来解决。而营销部唯一一个空闲的人则是一位实习生，他即便自己想做，却也无法修改网页上的错误信息。因为他不知道该怎么去做，也没人有时间来给他解释解释。

其结果就是，投诉量逐渐上升，处理时间变得更长；服务部门员工的沮丧泄气在蔓延，工作气氛开始低迷；开始有人请病假，越来越多的人生病。而顾客们的恼怒就转移到了社交媒体中，于是糟糕的状况就被公开了，营业额则开始下滑。这是一个恶性循环。然而，这在很多企业中仍然是司空见惯的。企业并没有从根本上去铲除问题的根源，而是勒紧裤腰带节省开销。既然在销售部无法省钱，那么销售人员就得埋头苦干！但在客服方面，还可以省一省嘛，反正这个部门太昂贵了。而电话中心的负责人办事太不得力了嘛，他的指标本来应该更好的，而现在却更糟了！于是乎，终于找到了替罪羊。他的解释汇报？没兴趣！结果就是炒他的鱿鱼。而律师已经开始摩拳擦掌了。

企业常常会从外部聘请他人来查找自己的弱点。当这些薪酬高昂的人员来到企业准备做出改进时，他们通常会从询问员工入手。而这个工作你自己也能做到！我经常会碰到一些管理者，他们认为自己机构的边缘范围中没有聪明的员工。而事实正相反，最宝贵的知识恰恰就藏在那里。但是，员工只会在觉得受到了重视的情况下才愿意说出自己的想法，进行一次大范围的触点交流将能够带来启发和帮助。

正确的做法应该是这样的：服务中心受理的请求要在第一次提出时就得到完满的解决。这就是完结式处理。来来回回地发电子邮件并不是恰当的解决办法，更好的方式是彼此交谈，这里可以利用数字化的实时聊天或者是传统的热线电话，视频咨询和共享浏览也是新的方法。在涉及跨领域主题时，三方聊天要比一味地转接产生更好的效果。但是，“当简单的客服主题从日常的客户联络中消失，例外变成了电话咨询中的常态时，”德国 SNT 公司的销售主管尤里乌斯·阿佩尔在专业杂志 *Intre* 上写道，“那么客服人员就需要具备更高的解决问题的能力。”这就要求有新的框架条件，要求企业内所有领域互联互通，并且要留出自主行动的空间。同时这也要求员工在专业方面、内容方面以及沟通行为方面接受良好的训练，并且真正热爱自己的工作。这样的员工是天才，他们能够有人情味地和我们交谈，而不是按照电脑执行的标准谈话模式。他们不会在 4 分钟之后就切断连线，他们会很好地帮我们的忙，让我们不需要再从头来一遍。这样的做法才会给我们带来惊喜。

怎样制造好的感受

为了不让顾客觉得一切都只是围绕着推销打转，就要让他们时不时地能感受到来自商家的纯粹谢意。举例来说，可以这样说：“亲爱的顾客，今天是我们的感恩日。所以，我们想向您说一声谢谢，感谢您从××年开始就一直光顾。这让我们无比高兴，因此，我们想出了一些表达谢意的方式……”

或者，可以建立一个“庆贺部门”。它会和顾客一起在客户关系建立一周年的时候庆祝双方的“结婚纪念日”；它会给汽车寄去生日贺卡，会给新厨房邮寄圣诞祝福。或者，当顾客结束和企业的关系时，寄去写有“我们很伤心”并且贴着眼泪贴纸的纸巾包。

也许你今天就可以马上给最重要的三个老客户打电话，为双方的愉快合作表示感谢，并告诉对方，你很重视他们。或者，你可以给三个最重要的供应商写信，告诉对方，他们的工作非常出色并对你的业务成功有重要的意义。这种认同所带来的效果可能是惊人的。而且，道一声谢并不需要任何预算。

不要总是专注于增加销售，也就是 upselling，偶尔也要做一做 downselling（下降式销售）。如果顾客并不需要一件产品，那就清楚地告诉顾客。户外装备品牌巴塔哥尼亚曾经发布了一条广告，上面写着："别买这件外套。"每一件外套的生产都要耗费能量，从而也就给环境增加了负担。购买的时候应该仔细考虑，是否真的需要一件新外套。这个广告并没有让销售额下滑，因为这个行动引起了公众的共鸣，从而获得了大量好感分。

下降式销售也可以是给顾客提供一个意料之外的价格折扣。卡尔斯鲁厄市的 Malerdeck 公司是这么做的："在给一项任务做成本核算的时候，我们当然很期待会有很不错的经济收益。而我们提供的始终是一个固定的总价，因此完全没有事后再降低固定价格的理由。但是，在做完任务之后却有时会比我预算的结果要更好。虽然合同中的固定价格已经商议好了，但我会把自己得到的好处再转给顾客。有哪家修理公司会做这样的事呢？这会让我们收到非常好的反响！接着就发生了下面的情况（这也发生过很多次了）：顾客大感惊喜，维修账单居然变便宜了？这种事情他们可从来没有碰到过，其他公司的维修账单总是会比预算更贵，可在我们这里却不一样！总而言之，诚实与公平在这样的情况下也是很有所值的。顾客用他们的口碑宣传表达了谢意。"折扣并不仅仅简单地体现在账单上，它还会得到真正的称赞。

广告标语也是一种沟通

广告标语，有时也叫口号，是对一个品牌重点信息的一种短小、简明的总结。它应该给品牌加载感情色彩，让人们过目不忘，从而能让再次识别变得容易，同时也能唤起购买欲望。因此，有的标语也简直像是战斗口号似的。然而，大多数企业的标语都既不知所云，也毫无特色。名声最臭的是企业常常喜欢对英语标语进行模仿或篡改。然而，德语标语也并非总能收到好的效果。以德国银行的广告标语为例：业绩源于热情。《商业日报》把这句口号结合德国银行连续不断的丑闻事件修改成了：业绩创造灾情。而在 YouTube 上也出现了大量讽刺视频。消极地坐等风头过去？或者用广告来消弭一切？两者都是行不通的。

每一条标语都是一个承诺。遗憾的是，广告公司常常只生产朗朗上口的广告说辞和漂亮精彩的广告标语，却不考虑这能否在现实生活中兑现。当触点在关键时刻变成顾客和品牌之间的“接触”时，这时的触点互动在很多情况下都是通过员工来展开的。他们代表着品牌，他们赋予品牌声音和面孔。

当连锁超市 REWE 还在使用“一天更比一天好”的广告口号时，我曾经问过一名女员工：“您今天做得比昨天更好的地方到底在哪里呢?”这位女士完全不知道我想问什么。没错，这就是问题所在：朗朗上口的广告信息人为地让顾客的期待被拔高，于是失望也就是注定的了，而员工却必须承担后果。

更糟糕的是，在期望和兑现的服务之间的空白地带中，顾客将变成溜走的顾客。所以，宁可少做承诺，而要多多兑现。最重要的是，在行动之前要和员工共同研究，他们可以怎样去满足并且愿意怎样去满足不断上升的顾客期望。如此，顾客的忠诚和推荐才能得到保障。

22

众包：借助顾客进行优化

尚未开发出来的最大创造潜力如今正蕴藏在顾客圈子中，应该让顾客积极参与企业的改善过程，让他们成为创意提供人和革新推动者。积极联合客户的人将自然而然地得到更好的解决办法。“和顾客共同研发意味着从最适合的智力资源储备库中汲取力量，这里有大量的人才，他们对出色的产品或者出色的服务有着和你一样的热情”，唐·塔普斯科特在《维基经济学》一书中写道。

> 如果让顾客参与进来的话，产品大多会变得更优秀也更受欢迎。

做不到让顾客参与自己业务流程的企业，就不得不面对销售额急剧下滑的可能。因此，加盟营销——其形式众多，也被称为众包、共创、社会协作或者开放创新——就往往扮演着重要的角色。如果集体的智慧、顾客的智慧能得到积极利用，那么产品在大多数情况下都会变得更好。而且，如果允许人们在研发过程中更密集地讨论发言，他们对产品也就会更喜爱、会给予更多称赞。

市场调查者早就认识到了这样的效应：如果企业告诉人们自己对他们的意见很关注，人们对企业的态度就会产生积极的改变。他们会对“他们的”企业、“他们的”联络人和“他们的”品牌保持忠诚。然而最有意思的是：如果顾客自己作为个人参与进来的话，他们就会变成粉丝、传播者和推荐者。而这全都是自发的免费行动。

顾客参与式营销是免费的企业顾问

“众包”（杰夫·豪尔语）指的是把寻找创意和创造过程外包给外部“crowd”，也就是企业以外的人群。消费品行业早就在充分利用这一手段。麦当劳的汉堡包、Joey's 的比萨、Ritter Sport 的巧克力、Mari 的芥末酱、哈瑞宝的一套粉丝特别装、凯富的一款利口酒、曼哈顿的一系列指甲油、妮维雅的连衣裙以及鞋业公司格尔茨的赠品围巾都是请别人来打造的。而这仅仅是众多公司中的少数几个例子。

瑞士零售业集团 Migros 早在 2010 年就启动了“Migipedia”社区。迄今为止，这个拥有 65 000 多名社区成员的圈子一共研发了 50 多种产品，其中有果酱、面包蘸酱、牙膏和沐浴露等。这些产品在过去 4 年中的销售额超过 4 000 万瑞士法郎。这是一个令人欣喜的结果，要知道，Migros 的管理者一开始并不乐意让顾客参与产品研发过程。另外，从 Migipedia 用户创建的超过 86 000 项产品建议和产品评价中，还产生了一个包含丰富产品信息和产品推荐的网络查询库。会员们定期对免费的新产品进行测试，定期参与专业品尝会一类的公司活动。这样一来，这家零售企业就可以利用相应的反馈来针对顾客改进自己的产品。

原则上来说，人们是很愿意提供帮助的，因为我们想让自己成为集体中可贵的一员。每个人都渴望得到影响力、归属感、认同和掌声，我们对自己所能做出的贡献感到骄傲，并且也想要向外人展现出来。另外，参与决定也意味着有选择的可能，这带给我们一种良好的感受。在面对他人时无能为力，或者作为顾客被商家驱使，这都不是我们所喜欢的。这样，外包就产生出两种形式：一种是“黑色”的，也就是剥削式的；另一种是“白色”的，也就是帮助式的。

戴姆勒旗下的汽车品牌 Smart 在口号中说自己的宗旨是要改善城市人的生活。而对行人来说，城市中最危险的地方是哪里？是有红绿灯的地方。为了让耐性差的人在红灯时能够耐心等待，让等候时间在他们的感觉中被缩短，里斯本市在行人的帮助下开发出舞动的交通灯小人。参与者在一个装备了照相机的盒子里跳舞，以此来控制交通灯小人的动作。电脑则把他们的舞蹈实时转播到交通灯上。其结果如何呢？在红灯时止步等候的人增加了 81%，因为他们都想完整看完这场舞蹈。这个视频当时在 YouTube 的点击量超过了 1 100 万次。

你的顾客不太愿意参与？好吧，有人喜欢舒服地穿着拖鞋窝在家里。然而，即使是在电视机前的沙发上也是可以一起参与的：在看选秀节目时，他们可是非常勤奋地在投票的。87%的德国消费者希望品牌能更好地让他们参与。

以改善为目标的顾客参与可以有丰富多样的形式：通过送货时附带的反馈卡片、问卷调查和投票决选、预测会、创意夏令营和创新交流会，以及顾客顾问会和焦点小组。在网上的评论论坛上可以快速、廉价地进行问卷调查，自有网站可以向感兴趣的人和顾客发出邀请，让他们说一说自己的体验、愿望和创意。

除了直播页面之外，用户也可以测试样板原型。在这样的研究中，常常有数百参与者在自己的电脑前做任务。比如，"请您订购从柏林飞往巴黎的机票，示范您的订购过程"，这是用来查探流程中的疏漏。"如果 100 名顾客每天订购一次平均价格为 300 欧元的机票，但其中 3%的人因为操作问题而放弃，那么网站的运营者就每天损失 900 欧元，全年就是 328 500 欧元"，《数字先锋》杂志算了这么一笔账。

出自顾客之手的创新

并不是所有人才都在你的企业中工作，但是在今天，全世界都能成为你的研究和开发部门。使用 Brainr、Atizo、Innosabi、Neurovation、Unseraller、Hyve 以及 Brainfloor 这类众包网站的人，就拥有了来自四面八方的横向思维者那无穷无尽的智慧。因为最宝贵的创意从来都不是在严防死守的内部产生的，而是来自组织机构的边缘部分以及广阔的外界。

一个小小的事例可以做出说明：瑞士交通企业 RBS 的一批已经使用了 40 年的火车（"Mandarinli"，橘色短途列车）需要进行更换，从 2018 年起，新的列车将一步一步地投入使用。为了让乘客以及居民能从一开始就参与其中，企业管理层选择了众包方式，借此来系统性地调查顾客需求并收集创意。同时也想为这个项目营造良好的气氛，并增强 RBS 重视对话的企业形象。企业在新开通的社交媒体频道中对挑选出来的 Atizo 社区成员提出了以下问题："在一列挤满乘客的短途列车中，为了能让从上车到下车之间的过程更舒适，你会做出什么样的改善？"当地的媒体也参与进来为项目造势。

针对这个提问产生了将近 700 个创意，有的可以一对一投入实施，而有的可以用到其他的流程中去。创意的产生也帮助企业更好地理解顾客，在这个基础上，该行动在群众中以及媒体上都得到了积极的反响。并且，整个行业都被唤醒了。记者们也开始询问其他的运输企业，将如何让其顾客参与到建设中来。

每一个企业，不管是大是小，也不管是 B2B 还是 B2C，都能通过自己的方式找到可以让顾客共同决策的切入点，比如，产品和服务应该并且必须怎样针对顾客来发展。你可以向你的虚拟创意室发出邀请，某家移动通讯供应商就是这么做的："我们想和你分享我们的想法，因为只有你才能告诉我们，什么对你很重要。请对我们的创意做出评估，并让我们知道，我们应该进一步考虑些什么。在你看来，哪些产品对未来很重要？"

某家饮料生产商询问自己的顾客："你喜欢思索有革新意义的产品创意吗？你想要深入参与打造最新的潮流吗？那么请成为我们专门的创新社区成员，和我们共同研发未来的创新饮品。"这样的信息输出不仅能减少失败品，还在网络中留下了足迹，如果幸运的话，将会让一个品牌成为经典。

一位面包师把他店里的群众行动称为"顾客聚会"。他在店面中张贴公告，根据主题不同邀请适合的顾客参与。这样，大家就每月一度地聚在一起喝喝咖啡、吃吃蛋糕来进行交流。在这个过程中，可以品尝新品，同时也能产生新的创意。

在姑娘们还喜欢穿露脐装而小伙们穿宽松裤的时代，慕尼黑的一家银行曾经讨论过着装要求。上级并没有直接作出规定，而是让培训生去步行街区进行问卷调查，邀请顾客为自己设想中的青年银行职员的外表进行表决。这样一来，老板们就无须明令禁止皱皱巴巴的T恤、鼻环舌环和露脐装，因为大家自然而然就不再做这样的打扮了。

怎样让众包项目顺利成功

正在计划众包项目的人需要三样东西：巧妙的问题、积极的参与者和实施项目的专业技能。此外，众包项目不应该被理解为营销笑料，其目的是认认真真地让顾客参与其中。专业人士越来越频繁地指出：出发点问题是一项关键的成功标准，因此需要非常谨慎地加以对待。由于这样的行动是公开进行的，于是也常常会吸引“小白”，也就是捣乱分子，他们会攻击每一个好的创意或者提出滑稽的建议。这样的事情曾发生在一个广为讨论的实例中，那就是Pril牌洗碗剂的众包活动。

活动的目的是请有创意的粉丝设计出新的瓶身。粉丝提交的建议总数超过了50 000项，然而，在最终的表决过程中，粉丝们的行为完全不像商家所期望的那样。得到第一名的是一个棕色的瓶身，上面写着“味道美得像烤鸡”。Pril没有接受这个建议，于是引发了社区的不满。一场谩骂风暴爆发，汉高公司被指责任意操纵投票结果，而对一些评论的审查更是让事态火上浇油。媒体也在这场闹剧中插了一脚，比如《明镜周刊》就刊文称："Pril 竞赛以公关崩溃收场。"

每一个众包项目都有特定的目标，必须区别对待。在本质上有八个基本步骤：

1. 定义任务。开展一次交流研讨会，委托企业代表和众包合作伙伴一起制定出人物设置与行动目标，确定好项目时间、项目负责人和决策过程的形式。同时也要注意法律方面的问题。

2. 确定目标群体。参与者是否正确适当的人选决定着项目的成败。提供创意的参与者圈子必须非常谨慎地进行挑选。

3. 制定核心问题。定义好具体的问题，这样的问题要能激活参与者圈子，并能极大地刺激适用创意的产生。为了避免错误的发展方向，要为"提交""表决"以及可能需要的"排除"等标准制定出游戏规则。

4. 安排好活动平台。选择开展活动的网络平台，对活动进行相应的准备和设置。根据情况不同，通知相应媒体，邀请用户通过网络来进一步推广活动。

5. 浏览创意。浏览提交的创意，并且有组织地对创意进行讨论，公布中期结果。持续不断的关注也同样很重要，不然失望的创意提供者很快就会转身离开。

6. 选择创意。从收集到的创意中预选出一定数量的优秀创意，给它们中的每一个都创建一个可视化简介。在适合的情况下也可以考虑做出样板。

7. 评估创意。把准备好的创意推介给社区，对它们进行充实和评估。滚动式的展示在这里很重要，不然的话，摆在前面的创意会更频繁地被点击。

8. 实施冠军创意。公布并实现（被社区选出来的）冠军创意。创意库中其他适合的创意将一步一步加以实施。通知获胜者并按照事先公布的办法对他们的工作进行奖励。

众包项目可以培养出一种相当强的自我动力，无论如何，都能带来大量创意。然而，如果整个项目完全失误，比如几乎没有什么人来参加，或者没有产生出好的适用创意，又该怎么办？针对这种没能取得预期成效的情况，要准备好一个应急计划，这样就能对朝负面发展的事态从容地及时加以阻止。

众包也可以是 B2B 式的

从前，自我陶醉的工程师们蹲在安静的小屋子里，把各种东西打包进一个器械之中，以此来标榜自己的不同凡响。而这些器械中的大部分对我们普通百姓来说的确都太过复杂了，它们不仅很不顺手，更是难以使用。谢天谢地，这种时代早已成为过去。现在，B2B 形式的众包是非常有可行性的。

在大多情况下，这涉及的是内容丰富的各种项目以及对外来专业知识技能的激活。这样的方式主要以“开放式创新”（open innovation，亨利·切斯布罗格语）为大家所熟知。“开放”在这里并不是指强迫式的完全透明化和对幕后的总览，它首先指的是完全敞开企业内部，以丰富和优化自身为目的的发展过程。80％的企业都已经对开放式创新进行过讨论——这是弗劳恩霍夫学院从一项研究中得出的数据。比如，位于汉堡市的国际化实验室器械公司 Eppendorf 就呼吁公众来参与一个新滴管架的研发过程。

Continental 公司充分利用顾客的创造力对农用以及建筑机械进行改进，涉及针对驾驶室以及人机接口设计的建议。为此，公司邀请农民和建筑工人来到公司设立的开放创新平台，请他们根据自己的实践经验提出建议。

一个让人印象特别深刻的例子来自加拿大投资商罗伯·麦克尤恩。他旗下的地质学家曾一度绝望，因为他们在他的新金矿中找不到金子。于是，他把所有地质资料都公开到互联网上，并且为勘探工作给出了高额悬赏。数以百计不同职业和不同专业的人投入了工作。电脑绘图师以三维形式绘出金矿的图像，为大家提供了虚拟的参照物。有了这个模型，再结合地质学者的专业知识，最后为项目带来了突破。

对于这种形式的大型项目，在全球都有创新平台可供使用。其中一个就是 Innocentive。“创新研究专家拉尔斯·博·杰普森和卡利姆·卡尔克哈尼调查了 166 项在 Innocentive 上创建的学术性提问，它们都是无法在自己的组织内解决的。调查结果表明：其中的 49项能被 Innocentive 社区攻克”，埃里克·布林约尔松和安德鲁·迈克菲在《第二次机械时代》一书中这样写道。尤其是外行人在其中表现非常出众。但如果开展这样一种大型的开放创新行动来为改进产品、器具和工艺收集创意，那么竞争对手是不是也会看到这些公开的建议呢？“但对手看不到企业是怎样评估、筛选这些信息的，也看不到企业对处理建议制定了什么样的选择流程，也不会知道最终是哪个创意将被实现”，企业管理教授海珂·西莫特在访谈中对《电脑周刊》说道。

顾客参与比死守象牙塔更好

消费新品的市场投放往往有着高达80%的失败率，针对这一工作，如今有了越来越多的口碑代理商（Buzz-Agent）。它们的任务是在小范围内对产品进行测试，并且在社交范围中以自然而然的方式引发话题。这种颇有争议的产品营销动作能帮助商家在极早的阶段就根除可能出现的错误，而完全不堪用的东西可以在它们造成更大的损失之前就被撤下来。从哪里可以找到适合的口碑代理呢？在相关主题的社区中，通过专攻口碑代理的广告代理商，在相应的平台上或者也可以在自己的网络中。

以草药润喉糖制造商 Ricola 为例，它利用自己的 Facebook 页面让粉丝成为产品测试者。在 Ricola 新品苹果薄荷糖以及甘草糖投入市场的时候，有 7 500 名 Ricola 的粉丝通过 Facebook 的应用程序参与测试活动。Ricola 的粉丝让他们的亲友进行了共计 50 000 多项尝试体验，与超过 55 000 人谈论了新产品，并且通过自己的网上汇报最终让影响范围突破了 200 万人。

在电脑行业中，如今也有很多东西都是通过群众测试来进行改进的。商家在软件投放市场之前会先让用户对其进行评测，试用的第二个目的则是对使用便利性的改进。这在网上商店和应用程序中扮演着非常重要的角色。在大量的例子中，都是先从一个极小的变动开始，然后每一步的发展都以公众的反应为基础。人们也将这种做法称为“绿香蕉政策”，因为绿香蕉是到了顾客手里后才最终成熟的。

顾客的帮助可以是各种形式的。你是否因为人们无法理解你的使用说明书而忧心忡忡？那么就让有心的顾客来编写！你的健身俱乐部想要展示借助你们的器具进行严格的训练会产生什么样的效果？那么不要让你手下身形健硕的教练来讲解，而要让顾客通过自己的身体来说明，展示自己是如何通过流血流汗流泪最终让自己看上去年轻了 10 岁。这会让人觉得可亲、可信，也更有真实感。

或者也可以让顾客来录制讲解视频。顾客能更好地讲清楚事情，从而更便于其他顾客理解。如果让工程师来解说，那么就只有工程师才能听懂。而最糟糕的是，他们还会推卸造成误解的责任：不，器具没有任何问题，有问题的是白痴顾客。而同样的话我们也想要对他们说。如果发生这样的事情，那么顾客在沮丧的同时还会愤怒，这就太糟糕了。

网上邮购公司 Mymuesli 的创始人和董事胡贝图斯 · 贝塞认为，顾客参与对该公司而言是品牌大获成功的关键所在。“我们通过博客让顾客参与到决策过程中来。他们通过督促和提出愿望参与了我们的创业，而并不仅仅只是调配自己的麦片。比如，我们把遇到的技术问题放到了博客上，在半个小时之内就收到 27 条解决意见。我们还借此和顾客建立起一种紧密的关系”，贝塞说道。

最后还有一个重要的提示：在所有顾客参与的行动中不可以忘记的是，要对参与者的劳动进行奖励。比如，在美国，商店里可以收集所谓的错误积分。顾客向商家指出问题所在，然后就可以得到购物券作为报酬。在 IT 业有免费的软件作为酬劳。实物奖励也是可行的。或者也可以采用游戏化元素：谁得到最高的分数、最多的徽章或者评论点赞最多，也可以发起一次抽奖活动。还可以对最佳创意者进行嘉奖，除了荣誉之外，还可送出丰厚冠军奖品。这样一来，企业就能让外围创新家们保持积极性，并且对往后的项目也始终关心。

23

顾客触点经理的到来

今天的企业是从市场出发向内建立起来的，现在的趋势是由外而内，而不是从内向外，对未来起决定作用的推动力来自外部。决定成败的不是猜测性的商务规划，而是在关键时刻商家与顾客之间的触点上实实在在发生的事情。因而，企业需要对顾客需求有一种执着。对此，不仅仅需要一套行得通的触点管理办法，也需要一位触点经理。

触点经理的核心任务是：让企业的外部触点，也就是产品、服务、品牌和顾客进行接触的地方，坚持以顾客为中心。这一职能是跨部门的，它既有战略性也有操作性的成分。与此同时，触点管理可以成为整个企业文化转变的关键推动力。

总的来说，这里所涉及的是把整个企业转变为互联互通、以顾客为导向的组织机构。对此，首先必须对每一个部门中与顾客相关的不协调的“杂草”进行归纳，并一步一步地予以铲除。之后要做的是发展和实施同步化的、始终以顾客为中心的、可靠并且可获益的价值创造流程。

触点经理应该是在与顾客接触过程中的第一个也是最重要的起跑点，他要对企业内外与顾客有关的动向了如指掌。他是顾客的代言人，坚定地代表着顾客的利益。他始终通过客户的视角看问题并接受他们的观点，即使这时常会让人很不舒服。他的工作就像一名乐队指挥，遵循的是顾客的节奏和旋律。

如果涉及与顾客相关的决定，他要率先提出来，并且也要有最终决定权，同时，他还拥有否决权。他全心全意地为顾客的利益服务，并且配合他们的需求。这样，他也确保了部门之间缺乏效率、自私自利的筒仓思维——至少是在涉及顾客问题方面——最终得以消除。

良好的组织整合是基础

从组织上来看，触点经理是他所代表的所有触点的枢纽站和旋转门。他并不是边缘配角，而是站在企业中心的角色。因为每一个部门，不管它们的核心任务是什么，都被包含在客户大主题之中，所以，触点经理要发挥交叉型的职能和所有领域进行密切、平等的合作。

他需要得到企业领导层的绝对支持，因为他的道路是崎岖的，并不总是轻松愉快的。因为作为顾客利益的代理人，他就必须揭露弊端。他是最高管理层中在顾客需求领域中的第一代言人。同时，他也确保了最高领导与市场和顾客的直接连通。触点经理在内部的“使者”分布在中层管理者中，要完成好自己的任务就特别要赢得这一批人，通过他们的帮助和全体员工持续不断的参与，触点经理才能为面向未来的“线下—线上—移动触点的大汇合”做好必需的全新设计。

从这方面来看，触点经理应是一个兴趣广泛的人。他有着成熟的个性以及丰富的经验，同时还有凝聚力，懂得换位思考，善于分析并且很有条理。仅仅由于这个原因，触点经理的岗位就不是一个“新人”职位。这个位置上的人应该能够交叉式地工作，既熟悉客户关系管理又了解 IT 相关话题。他绝对不能是一个权力欲强的、一个劲地要把个人的想法投入实施的人。他更多是一位在客户相关方面的远见家和战略家。对内，他是主持人、是网络、是沟通者和外交官，有时，他还是一名调解人，他缓和冲突并且为所有人铺好踏脚石。

即使是最为数字化的企业，在各个角落里、方方面面中也都是人。有的组织就像一个矿井，踏错一步就可能有生命危险，因此，那里的职员更喜欢循着别人走过的路走。而触点经理却需要有胆识和勇气，不仅要能走出新的路，也要走出并不舒适的路。

他必须对自己的职能作用有热忱的信念，这样才有可能说服其他人。因为要发挥横截剖视的作用，他必须赢得并肩作战的伙伴，把他们发散性的设想和兴趣结合在一起。但这不是为了达成并不牢靠的折中和意见统一，而自始至终都是为了顾客的利益和舒适。这需要有执行力，但尤其需要交际技巧。部门负责人是他们辖区的君王，而触点经理却要在不同主权领土之间展开工作。同时，他还将瓦解内部与外部之间的界限，并成为市场需求的信使。

根据行业的不同，触点经理在组织上的整合也不一样。这当然也和企业的大小有关。在小型企业中，兼职岗位就足够了；在中型企业里，触点经理是一个跨部门的专有职能岗位，并且必须与企业主管对接；而在大型企业中，则需要在董事会设立一个新的“chief touchpoint officer”（CTO，首席触点官）职位，作为 CEO 的右手。市场营销部门的原本功能是针对市场实施整体战略，如今却逐渐堕落成了广告机和数据狂。而 CTO 就可以接手“顾客利益代理人”这个经常被最高管理层所忽略的角色，这意味着用触点管理取代市场营销，这样就能确保企业的管理始终以客户为导向。

实践中的触点经理

如今企业中已经出现了一系列的触点经理，比如德国电信商 Telekom、Basler 保险公司、创新式医疗技术供应商 Oped、软件供应商 Doubleslash，以及瑞士铁路局 SBB。

在起始阶段的最大挑战就是：作为触点经理，他的工作应该从哪里入手？首先最重要的当然是必须培养出对这一职位的意识觉悟。进入这一主题有两个基本的层面：战略性的以及实践性的层面，我建议从实践层面开始入手。这就是说，首先要着手于那些——在顾客看来——完全运转不灵的触点，这些地方产生问题大多与部门之间缺乏协调配合有关。如果企业首先对这些薄弱环节加以改良，就能很快获得成功。因为这除了能让顾客满意度上升之外，还会迅速节省资金，重复的工作、无谓的流程、错误运作的触点以及繁冗僵化的手续都一步一步废除。

与此同时，必须建立起触点的整体图。为此，首先要对已经存在的和在顾客看来很有必要的触点进行系统性总览。然后，再查明各个顾客旅程。这个过程涉及的不是画出典型顾客的路线，更为关键的是要从事实性——也就是从表现去看——以及情感性这两个方面的视角去判断顾客的各种互动，接下来则必须确定好各个额定值。第三步是对实施工作的规划。第四步就是监控。在这个方面，触点经理继续遵循前面已经详述的顾客触点管理流程。

我向 Codex Information System & Consulting 公司的大卫·克努切尔询问了他的经验和看法——他在我的触点学院里完成了触点经理认证培训。谈话内容如下：

Q：把触点管理引入企业的第一步是什么？

A：作为第一步，必须向内部展示出：在顾客看来，我们的产品、服务或者是我们对待顾客的方式并不总是理想的。改进的潜力始终存在，团队必须首先认识到特别是要接受这一观点。必须唤起大家真正进行改进的意愿，只有这样才能着手具体的改进步骤。

Q：在这一过程中将会得到哪些具体的经验？

A：接触顾客的员工有的时候并不能马上认识到，自己的行动或者言语会对顾客产生什么样的影响。由于专业技能不足、惰性或者有时也因为热情不够，他们行动的方向并不总是能 100%抵达终点。对此，开诚布公、以寻找解决办法为中心的反馈座谈会和经验教训会议都能带来极大的帮助。

Q：在真正付诸实施的触点行动中，哪一个是最好的？

A："不骄不躁"文化是我们最好的一次触点行动。即使顾客对某些问题并不能马上理解（因为并非人人都是专家），我们也永远不应该表现得骄傲自大。即便已经找出并提交了两三个解决方案，也仍然应该把可能出现的不耐烦和自大情绪锁进抽屉里去。必须始终让顾客觉得：商家很愿意为自己提供支持。这样的行为大大地缓和了企业和客户的关系，并且加强了与客户的紧密度。

仅仅通过这些陈述就能让人认识到：使用顾客触点经理不仅能改善顾客沟通服务，在这个基础上，还可以是企业文化转变的一个很具体的起始点。

触点经理对在数字时代中的生存有什么样的重要意义，下面就让我们来做一番展望。

24

展望：怎样在数字时代中生存

数字化、交流化、协作化、联通化、颠覆化，这就是未来企业发展的魔法咒语。但是，在动身向着完全数字化的新世界进发之前，必须先要有正确的框架条件。数字化不仅仅是一个技术性的挑战，它也需要我们在工作、管理和领导的方式方法上做出革新。这里的核心问题是：在朝着数字化转变的时代中，我们应该如何组织自己的企业？

首先迫切需要的是一种轻快的转变状态，一切让组织机构速度缓慢的东西都必须丢弃，而一切让组织机构迅捷的东西都必须利用起来。为了能做到这一点，必须进行大刀阔斧的改革。我们所熟悉的管理方式正在走向终结，因为倍增式的发展是无法在直线型的组织中实现的。当迫切需要有迅速的行动时，僵硬的流程是不适用的。而中央调控在复合化的体系中也是行不通的，自我组织的结构要适合得多。最有说服力的例子就是人类的进化过程，还有大自然所创造的最为复杂的东西：人类的大脑。而另一个例子就是有史以来最为成功的商务模式、数字化的母体：互联网。互联网是没有老板的。

在线和离线正在融为一体，工作与休闲正在融为一体，人类和机器正在融为一体，而企业内与企业外的界限也将不复存在。一切都互联互通了，然而，唯有在企业中仍然通过等级制度进行调控和管理。计划经济、过时的管理方法和老旧的领导理念都是通向新经济世界和新型工作世界道路上的巨大绊脚石。传统的管理结构大多数时候都忙于组织自己，而不是关心与顾客的业务。它对流程的狂热、对目标的迷恋、对方法论的盲目信任以及死板的规章制度都在浪费金钱、谋杀时间与动力，很快就没人能够承受其后果了。

统治者不会发起宫廷政变

只要企业中还存在静态的、自上而下式的组织方式，就完全没必要讨论联网问题。上下级的划分、把思考的管理层和执行的员工层区分开来、用指挥与监控的方式展开工作，这都是旧时代的残余物。然而，每一个行动都可以事先计划一番的时代早就已经过去。每年秋天总是让半个公司陷入瘫痪的预算流程在今天只不过平白拖慢了速度。费心费力制定出来的商务计划大多不过是大尺寸的纸板布景，为了它还需要有一套费时费力的目标达成手续。与此同时，外头的市场机遇已经转瞬即逝了。谁热爱“定点着陆”的概率游戏、喜欢跟着自己的模式走而不是依照现实，那么向数字化的进军对他而言既是难以设想也是无法做到的。同时，正如我们一开始看到的那样，他将把谎言的地毯铺满整个公司。只要目标是完全由数字组成的，那么人性在这样的企业文化中就无法占有一席之地。

一切都在迈向改变，但是领导层的顽固却是非常坚定的。重新把权力、地位和掌控交出去，这对他们也是非常艰难的，这马上会引发自我的迷失，因此保护手里的东西是一大主题。通过繁冗的检测和调控体制，很多管理者主要是在维护自身存在权。“男人们喜欢重复那些曾经获胜过的厮杀”，文学教授格特鲁德·霍勒提出这样的警示。“胜利的历史越长久，人就会变得越以自我为中心”，莱因哈德·斯布林格补充道。“革新对于董事长而言是最为艰难的决定，因为这会打乱企业的流程”，阳狮集团老板毛里斯·列维针对这一话题说。在大多数组织机构里，“不革新”是更好的选择。然而，在新时代中不敢做出任何变动的企业绝对会失败，因为游戏规则永远都不会再是老样子了。

未来大道上的踏脚石

很多企业都想推迟数字化革命，因为它们还没有做好准备。可是，顾客才不管这些呢。转变的一个基本法则就是：一直存在的东西都将被取代。这也意味着：想要开始新的事物，就必须停止旧的东西。但是，传统的机构到底能不能被改造呢？涂抹一两笔漂亮的颜色是无论如何都不够的。领导模式的颠覆是不可避免的，从传统的金字塔结构向网络式结构的转型必须高速完成。在技术性革新之前，首先还要进行的是管理上的革新，而这需要最高层愿意才行。

我并不主张无政府状态，而是主张通过低级别体系和少而精的机制来确保必不可少的质量，并及早避开岔路歧途。此外，必须把新的领导形式谨慎地从各个层面上介绍给员工。这条道路上的关键阶段有以下几个：

● 改变你的组织结构图。想要展开内部的改建，就需要一幅可视化的图表来展示出企业在将来想要怎样——远离自上而下式的机制——设立组织结构。因为只有在人们眼前有一幅图画的时候，他们才能产生具体的设想，然后才能采取相应的行动。请用协作式机制来取代筒仓式结构以及与之相连的命令链，并且为未来的项目建立起强有力的、灵活迅捷的、自我调控的单位。每一个人都以开放、联通的形式与他人共同协作，一起为顾客的利益服务，而不是为老板或者业绩表服务。在这个过程中，触点经理就是企业内部跨职能的客户需求代言人。

● 减少官僚主义。删除传统的预算编制过程、员工年度会议和老式的目标奖励机制。日新月异的时代是无法提前一年做出计划的，而季度目标只会培养出短视的思维。取而代之的做法应该是让大家一起来制定随机应变的大纲、灵活的目标以及不同的未来可能性。在聘任、评比和升职等过程中引进民主决选程序。用团队奖励取代个人奖励，并且一定要跨越部门的局限。在员工的帮助下将监控和监测以及与之相应的表格文书减掉至少 50%，以便让大家终于能把力气花在自己本来的工作上去。写报告这样的事情可不会给任何人带来乐趣。

● 调整领导机制。以命令指示为中心的领导方式以及与之相连的听命行事的企业文化，还有一成不变的岗位描述和事前规定好的职业道路，这些统统都过时了。请采用轮换式领导角色，其形式为流程负责人、项目负责人以及与领导人员地位相同的专业人员。高效率的交流机制在这一切当中都是最重要的一个主题。成为管理人员的只能是识人专家，这里需要的是主持人、机会制造者和推动者。信任、赏识、对错误的宽容都是成功管理中的重要原则，要开展大型集体交流会来促进大家参与流程。

● 实现协作：调动起团队的自我调控力，激活“集体的智慧”，并为大家的主动性和权限创造更大空间，并且应是跨部门性的。“用护栏代替手铐”并且“勇于尝试”是这里要提到的口号，“反驳你的老板”是必不可少的。不可或缺的东西还有：持续不断的学习愿望、极高的自由度、简短的决策过程、全面的透明度、最高的灵活度和员工各负其责。同时也请注意，创造力作为未来的关键资源，只能在一个“微笑”的、人人都感觉自在的企业文化中得到充分发挥。

* * * * *

这样一来，你就为你的企业打下了良好的基础以应对未来，下一步就是对企业的所有领域进行数字化。但是，大家最终的目的并不是迷恋技术，而是要聚焦于顾客以及顾客的需求。本书就为你指出了前行的道路。

我很高兴你读完了全书，在此向你致以衷心的谢意。

而现在的任务就只有一个了：不要等待，立即动手。

Published in its Original Edition with the title

Touch. Point. Sieg.：Kommunikation in Zeiten der digitalen Transformation

Author：Anne M. Schüller

By GABAL Verlag GmbH

图书在版编目（CIP）数据

触点／安妮·M. 许勒尔著；李琪译. —北京：中国人民大学出版社，2019.5

ISBN 978-7-300-26836-1

Ⅰ.①触… Ⅱ.①安… ②李… Ⅲ.①企业管理-市场营销学 Ⅳ.①F274

中国版本图书馆 CIP 数据核字（2019）第 051839 号

触点

——高黏性高转化的用户运营秘籍

安妮·M. 许勒尔 著

李琪 译

Chudian

出版发行	中国人民大学出版社		
社　址	北京中关村大街 31 号	**邮政编码**	100080
电　话	010－62511242（总编室）		010－62511770（质管部）
	010－82501766（邮购部）		010－62514148（门市部）
	010－62515195（发行公司）		010－62515275（盗版举报）
网　址	http://www.crup.com.cn		
	http://www.ttrnet.com（人大教研网）		
经　销	新华书店		
印　刷	北京联兴盛业印刷股份有限公司		
规　格	148mm×210mm　32 开本	**版　次**	2019 年 5 月第 1 版
印　张	11.125 插页 2	**印　次**	2019 年 5 月第 1 次印刷
字　数	240 000	**定　价**	59.00 元